문답으로 읽는
20세기 한국경제사

문답으로 읽는 20세기 한국경제사

초판 7쇄 발행 2025년 3월 1일
초판 1쇄 발행 2010년 11월 29일

지은이 정태헌
기획 역사문제연구소
펴낸이 정순구
책임편집 정윤경
기획편집 조수정 조원식
마케팅 황주영

출력 블루엔
용지 한서지업사
인쇄 한영문화사
제본 한영제책사

펴낸곳 (주) 역사비평사
등록 제300-2007-139호 (2007. 9. 20)
주소 10497 경기도 고양시 덕양구 화중로 100, 506호(화정동 비전타워21)
전화 02-741-6123~5
팩스 02-741-6126
홈페이지 www.yukbi.com
이메일 yukbi88@naver.com

ⓒ 정태헌, 역사문제연구소 2010

ISBN 978-89-7696-323-9   04910
      978-89-7696-320-8 (세트)

책값은 표지 뒷면에 표시되어 있습니다.
잘못 만들어진 책은 구입하신 서점에서 바꾸어 드립니다.

문답으로 읽는
20세기 한국경제사

정태헌 지음 | 역사문제연구소 기획

20世紀
韓國史
SERIES

역사비평사

■ 발간사

'20세기 한국사'를 펴내며

'20세기 한국사' 시리즈는 지난 한 세기 동안 우리 과거에 무슨 일이 일어났는지를 독자들에게 정확하게 전달하는 데 일차적인 목적을 두었다. 개항을 시발로 1987년 6월항쟁에 이르기까지 식민화, 해방과 분단, 전쟁, 독재의 성장, 민주화로 요약되는 20세기의 한국사에서 중요한 사건과 주제를 골라 책을 집필하고 하나의 시리즈로 묶었다. 시리즈 각권은 필자 자신의 관점을 내세우기보다는 학계의 연구성과를 바탕으로 과거에 일어났던 역사적 사실을 정확하게 기술하는 데 중점을 두었다. 역사를 어떻게 해석하고 평가할 것인가는 가능하면 독자의 몫으로 남겨두고, 역사적 사실을 최대한 객관적이고 공정하게 기술함으로써 무엇보다 가장 믿을 만한 역사서술이라는 신뢰감을 주려고 노력했다. 이 시리즈가 왜곡된 역사적 사실을 바로잡아 있는 그대로 전달함으로써 독자 스스로 20세기 한국사를 평가·해석하고, 나아가 이를 통해 건강한 역사의식을 가진 시민사회를 만들어가는 데 기여하기를 기대한다.

역사문제연구소가 역사대중서 '20세기 한국사' 시리즈를 발간할 수 있었던 것은 전적으로 김남홍 선생의 후원 덕분이다. 김 선생께서 연구소를 처음 방문하신 것은 2004년 12월이었다. 본인이 원치 않아 아쉽게도 선생에 대한 소개를 할 수 없지만, "우리 후손들에게 과거의 역사가 사실대로 알려지기를 바라는 나의 평소 소망을 담은 책자"를 써달라는 선생의 간곡한 부탁만은 발간사를 빌려 밝혀두고자 한다. 이 시리즈 발간을 통해 선생의 뜻깊은 소망이 이루어지기를 기원하며, 진심으로 감사드린다. 더불어 시리즈 발간작업을 총괄해온 역사문제연구소 연구원 문영주, 배경식, 은정태 선생과 시리즈 간행을 흔쾌히 허락해주신 역사비평사 김백일 사장께도 깊은 사의를 표한다.

2007년 7월
역사문제연구소 소장
방기중

차례

발간사 : '20세기 한국사'를 펴내며 · · · · · · · · 4

프롤로그

01 근대를 어떻게 인식해야 할까? · · · · · · · · 14

식민지의 근대 / 식민지자본주의 / 구성원의 정체성을 부정하는
'식민지적 근대' / 주권국가, 경제발전과 민주화를 위한 기본전제

02 근대주의라는 허상 · · · · · · · · 24

"우리도 한번 잘살아보세" / 식민지사회의 실상에 눈감게 한 근대주의 /
전향과 동화, 식민정책을 긍정하게 된 이유 / 가정의 사슬을 벗어나

1부 / 구한말·대한제국시기

03 '자본주의 맹아론'의 한계와 의미 · · · · · · · · 36

'봉건'의 지역적 차이점과 공통점 / 조선 후기에 나타난 탈중세 움직임 /
조선의 전통은 무조건 뒤떨어진 것? / 자본주의 맹아론, 폐기 아닌 재구성이 필요

04 구한말—대한제국 상공인들의 경쟁전략 · · · · · · · · 50

조선 상공인들의 좌절된 미래 / 상인들의 역동적 활약상 /
나라 잃은 상인들의 한계

05 화폐—금융주권은 왜 중요할까? · · · · · · · · 64

화폐주권의 박탈, 조선 상공인의 파산 / 은행설립 시도의 무산 /
식민지 금융기구로서의 한국은행—조선은행

2부 / 일제 식민지 시기

06 식민지 지배하 조선인 은행자본의 운명 ······ 80

1905년 화폐공황과 조선인 은행 / 조선인 은행자본을 배제한 식민지 은행정책 / 은행자본가로의 입신, 이룰 수 없는 꿈

07 일제가 실시한 토지조사사업의 배경과 본질 ···· 92

조선의 토지소유권 관념과 등기제도 / 대한제국의 토지조사사업—광무양전 / 일본인들의 불법적 토지소유를 '합법화' 하다 / 식민지자본주의 개발—수탈의 틀을 만들다

08 식민지자본주의, 국가 없는 자본주의 ······ 106

국가는 자본주의 경제운영의 기본전제 / 국가의 내용은 구성원에게 달려 있다 / 국가의 힘을 배경으로 한 민족자본 / 일본인이 주도하는 시장경제

09 누구를 위한 '산미증식' 인가 ······ 120

조선과 일본 간의 쌀 거래 진실 / 농민 생존기반을 파괴한 식민지 지주제 / 산미증식계획과 중소지주층의 몰락 / 농민운동의 고양과 농촌진흥운동 / 전시체제기의 약탈적 식량공출

10 일제시기 공업화의 본질 ······ 134

일제로부터 자본주의를 배웠다? / 일제의 필요에 의한 조선공업화 / 조선사회를 쥐어짠 병참기지화정책 / 철도, 자원약탈과 침략수단 / 생산성과 공장가동률의 저하 / 조선인 자본가의 몰락 / 조선인 대부분은 미숙련 노동자

11 수탈의 천국, 식민지 조선 ······ 148

수탈을 위한 펌프질 / 전쟁수행을 위한 물자수탈 / 조선에서 사용된 자금의 용도 / 전쟁수행과 식민통치에 유용된 조선총독부 재정 / 자금유출을 주도한

식민지 금융기구 / 강제저축, 저축의 탈을 쓴 폭력적 수탈 / 살인적 물가급등 / 해방 이후에도 계속된 자금유출

12 일제의 조선인 강제동원 ······ 164

강제동원의 규모 / 일본 국가와 재벌의 유착 / 폭력성과 강제성, 강제동원의 본질 / 탈주하는 노동자들 / 임금탈취 / 학살과 유기로 점철된 강제동원의 종말

3부 / 해방 이후

13 해방된 조국의 독립국가 경제구상 ······ 180

대한민국임시정부의 경제구상 / 대생산기관의 국유화와 토지국유화 / 자본주의 경제의 선순환을 위한 토지개혁 / 피폐해진 경제를 복구하는 공통의 대안

14 남북한의 경제체제 구상 ······ 192

분단과 전쟁이 아닌 타협과 공존의 가능성 / 제헌헌법과 북한헌법에 담긴 좌우연합론, 경제계획론 / 한국전쟁 이후 달라진 남북의 경제정책

15 해방 후 남한 경제의 총체적 부실 ······ 202

미군정의 경제정책 부재와 남북교역 단절 / 일본인의 통화남발, 불법대출과 예금인출 / 귀속재산의 허상과 실체 / 미군정의 귀속재산 관리부실 / 귀속재산 불하, 불로소득과 정경유착의 기원 / 경제종속의 고리가 된 원조

16 해방 후 농촌경제의 실상 ······ 216

식량정책에 실패한 미군정 / 당연시되었던 토지개혁 / 결코 적대적이 아닌 토지 개혁 방법론의 차이 / 지연된 농지개혁 / 농지개혁의 시행시점 / 농지개혁의 효과

17 경제개발계획의 기원과 배경 ······ 228

독재자도 백성을 의식한다 / 이승만-장면 정부의 경제개발계획과 그 배경 / 박정희 정권 경제개발계획의 양면성

18 독재와 경제성장 240

박정희 독재가 경제를 성장시켰다? / 유신정권은 국민의 저항으로 무너졌다 / 북한의 체제논리와 비슷한 박정희 찬양논리 / 경제성장 먼저, 민주화는 그 다음? / 민주화 없는 경제발전은 없다 / 박정희 시대 경제성장이라는 신화 / 경제발전과 민주화의 전제조건인 주권국가

19 북한 경제의 변화상 256

북한에도 개인 기업이 있었다? / '사회주의 생산력'에 대한 지나친 자신감 / 유일체제의 한계노출 / 대내외 환경의 악화와 계획경제의 한계

20 개성공단과 남북의 평화체제 270

개성공단은 어떻게 만들어졌나 / '퍼주기'가 아닌 비즈니스
남북 간 평화체제의 시발점, 개성공단

에필로그

21 민주적 '조화경제'를 향하여 280

금융주권은 민주적 '조화경제'의 필수전제 / 선무당이 불러온 유동성 위기, IMF 금융위기 / IMF, 외국 투기자본의 수호자 / 은행주권의 상실 / 투기성 외국 자본에 대한 환상 / 금융주권과 금융 민주화, 자율화, 안정화 / '민족경제론'을 재해석한다 / 민주적 '조화경제'를 향하여

부록 참고문헌 296
이 책에 쓰인 사진의 출처 306
찾아보기 307

프롤로그

01 근대를 어떻게 인식해야 할까?
02 근대주의라는 허상

01

근대를 어떻게 인식해야 할까?

20세기 한국 경제사를 살필 때, 전근대에서 근대로의 이행이라는 주제와 맞닥뜨리게 됩니다. 원래 '근대'란 서양사의 경험을 통해 규정된 개념입니다. 그렇다면 한국사를 돌아볼 때 우리는 '근대'라는 개념을 어떻게 이해하고 받아들여야 할까요?

식민지의 근대

　유럽인들도 그랬지만 나중에는 유럽을 모방하려 무척이나 애썼던 일본인들도, 문명과 근대를 거론하면서 자신과 다른 것은 무조건 야만시하고 무시했습니다. 이처럼 자기중심으로 가치를 설정하고 문화적 차이에 대해 서구적인 것만 우월하다고 보는 인식을 오리엔탈리즘이라 부르기도 하지요. 그런데 특별히 훌륭한 문명이 따로 있을까요? 사실은 허구적이고 작위적이지요. 1970년대 초, 문숙이라는 여배우가 있었습니다. 그녀는 후에 미국에 가서 자연치유 전문가가 되었는데, 서양에서 오랜 연구 끝에 찾은 건강식이 자신이 어린 시절 먹던 촌스런 전통음식임을 알고 깜짝 놀랐다고 합니다. 중세 유럽에서는 나이프와 포크를 쓰지 않고 대부분 손으로 식사를 했답니다. 지금의 관념으로 보면 얼마나 더럽습니까? 그렇게 따지면 우리는 오래 전부터 숟가락 젓가락을 써온 '문명인'입니다. 일본 사람들도 숟가락을 안 썼는데, 참 야만적인 식생활이라고 해야겠네요.
　원래 식민植民이란 특정 지역에 다른 민족이 이주하는 것, 이를테면 유럽의 백인들이 북아메리카 원주민들을 대량학살하고 스스로 그 땅의 주인이 되는 것을 말합니다. 총을 겨눈 채 침략해 들어가 기독교 문화를 기준으로 선민과 비非선민을 구분하고, 원주민을 야만인이나 짐승으로 설정하고 나면, 인간사냥, 즉 제노사이드(genocide)를 자행하면서도 최소한의 인륜人倫조차 느낄 수 없을 정도로 잔인해지는 겁니다.
　일제도 그런 식민방식을 상정한 적이 있지요. 1908년에 세워진 동양척식주식회사가 10년간 일본인 24만 호를 조선으로 이주시킨다는 계획을 세웠습니다. 가구당 5명이라 치면 일본인 120만 명의 이주계획이었습니다. 자작농 중심 이주계획으로, 그들의 경작 면적은 2정보 이상으로 고작 1정보도 안 되는 조선인보다 훨씬 넓었기에, 만약 이 계획이 실현되었다면 적어도 2백만 명 이상의 조선인들이 한반도에서 사라지거나 다른 나라로 흩어져야 했겠죠. 그런데 이런 침략을 감행하기는 쉽지 않았어요. 지금도 문화적으로 뒤떨어진 일본에게 나라를 빼앗긴 것을 분통해하는 분들이 많잖아요? 그러면 일본이 사회문화적으로 감당하기 어려운 조선을 어떻게 통치해야 했을까요? 먼저 자기들이 익숙하고 편한 제도와 문화를 한반도에 이식하고, 그 제도나 문화와 다른 것은 뒤떨어진 것, 야만적인 것이라고 선전하고 주입하는 겁니다. 물론 제국주의는 식민정책과 제국주의 자본운동에 필요한 인간군을 효율적으로 동원하기 위해 식민지사회에 이성과 합리성을 이식합니다. 그러나 이는 겉모습이고 실제 내용은 전혀 달랐습니다. 식민지 사람들에게 자기 문화와 역사에 대한 열등의식을 주입해 민족의식과 정체성을 배제하는 기능적 교육이 수반되기 때문입니다. 그리하여 조선인들은 만성화된 각종 차별에 저항하면서도 식민정책을 수용하는 이중성을 보이게 되죠. 근대의 중요한 특징이 주체로서의 개인을 자각하는 것인데, 식민지배는 이를 원천적으로 부정한 겁니다.

식민지자본주의

보통 말하는 '식민지근대화론'이라는 개념은 사실 내용상 모순적입니다. 식민지사회가 근대화되었다는 사실 자체를 부정할 수 없기 때문이지요. 문제는 어떤 근대인가, 주체가 누구이고, 결과가 무엇인가 하는 점입니다. '식민지근대화론'의 요체는 한국사회가 스스로 근대화할 수 없어 일본의 침략에 의해 비로소 자본주의화되었고, 이를 바탕으로 독립 이후 비로소 경제성장을 할 수 있었다는 겁니다. 식민사관의 내용과 아주 비슷하죠?

일제 지배하에서 경제운용 시스템은 분명히 자본주의화되었습니다. 이미 일본이 자본주의 경제로 운용되는 상황에서, 일제나 일본인 자본가에게 그것이 가장 효율적으로 한반도를 수탈할 수 있는 시스템이었기 때문입니다. 따라서 이런 경제는 결코 일반적인 자본주의 개념으로 설명할 수 없습니다. 경제학자들이 이런 고민을 해줘야 하는데, 조선에 이식된 자본주의에 대한 고민 없이 엉뚱한 얘기만 늘어놓으니 딱하지요. 하여간 다른 개념이 필요한데 편의상 '식민지자본주의'라고 불러봅시다.

식민지자본주의란 기업가를 뒷받침할 주권국가가 없는 가운데 외래 식민권력의 무력을 기반으로 형성된 식민지사회에서 전개되는 자본주의를 총체적으로 일컫는 개념입니다. 조선 경제의 축적기반이 됨은 물론 축적의 보루가 되는 국가가 없는 상태에서, 외래 권력과 외래 자본가의 이해관계에 따라 운영되는 자본주의지요. 한마디로, 조선인의 입장에서 보면 '국가 없는 자본주의'를 말합니다.

식민지자본주의 경제는 조선인을 위한 경제정책이나 분배정책에 따른 내적 발전이 불가능한 구조였습니다. 앞으로 얘기하겠지만, 일본 자본이 주도하고 독점한 시장경제의 틈새에는 적지 않은 조선인 상공인들이 존재했습니다. 하지만 주어진 상황에 적응하고 분투했음에도 자신들의 국가가 없고, 자신들의 이해관계를 관철시킬 제도적 통로가 없었지요. 결국 그들은 개별적 차원에서 식민지자본주의구조에 수동적으로 적응해야 하는 주변적 존재였습니다.

　일각에는 식민지 경제가 성장을 했느냐 안 했느냐 하는 질문을 던지고 이상한 결론을 끌어내는 사람들이 있는데, 사실은 이 질문 자체가 어불성설입니다. 식민지자본주의에서 개발과 성장이 없었다면 어떻게 수탈이 가능했겠습니까? 문제는 개발과 성장의 주체가 누구였으며, 식민지자본주의의 귀결이 어떠했는가 하는 점이지요. 어느 날 갑자기 뻔한 통계를 들이대며 "일제시대에도 경제가 성장했다"는 새삼스러운 주장을 하면서 마치 새로운 발견이라도 한 것처럼 펼쳐놓으니까 "어, 그래?" 하고 호들갑스럽게 반응하는데, 그만큼 우리의 식민지사회에 대한 인식이 뒤떨어졌다는 증거일 겁니다.

　원元이 고려를 지배했던 방식과 일제가 조선을 지배했던 방식의 차이를 봅시다. 고려는 원의 지배를 받았지만, 직접통치를 당한 것이 아니라 요구하는 것만 바치면 되었습니다. 근대 이전의 지배복속관계는 그런 것이었어요. 당연히 약탈이나 수탈의 수준도 훨씬 떨어집니다. 그러나 제국주의시대에는 차원이 달랐지요. 아예 자기들이 그 땅의 주인이 되기 때문입니다. 비유를 한다면, 전근대시대에는 강국이 금을 요구해서 캐어 바친다 해도 여전히 생산자가 주체가 됩니다. 그런데 제국주의시대에는 아예 금광을 개발하는 주체도, 주인도 제국주의가 됩니다. 겉으로는 근대적 광산과 공장이 들어서고 경제도 성장지표를 보이니까 착시현상이 일어나나 봅니다. 하지만 수탈을 제대로 하려면 개발을 해야 하고, 개발을 하려면 그 틀(자본주의)이 필요한 겁니다.

이러한 식민지자본주의의 귀결과 관련하여, 경성제대 교수였던 스즈키 다케오鈴木武雄가 해방 직후에 쓴 글은 역설적으로 당시 한국 경제의 실상을 정확하게 설명해주고 있습니다. 그 역시 일제하의 조선 경제에서 자원개발과 공업화가 이루어졌다고 평가합니다. 그런데 그는 해방 이후 조선 경제의 구매력이 크게 축소된 이유로 재조선 일본인 및 일본 자본의 철수와 빈농층의 퇴적을 지적합니다. 결국 그는 해방 이후에도 한국이 일제시기처럼 식량공급국가로서 1차 산품을 일본에 수출하고 일본에서 공업제품을 수입하는 수직적 한일관계를 맺게 될 것이라고 전망했습니다. 그의 주장에서 두 가지가 눈길을 끕니다. 먼저 40여 년간의 식민지 '개발'에도 불구하고 해방 이후 한국은 여전히 빈농층이 다수를 차지하는 농업국으로 남아 있었다는 점입니다. 그리고 1942년 현재 한반도 총인구의 2.9%에 불과했던 극소수 일본인들이 퇴각한 탓에 구매력이 격감했을 정도로, 조선 경제는 철저하게 일본인과 일본 자본이 주도하고 있었다는 점입니다.

구성원의 정체성을 부정하는 '식민지적 근대'

말하자면 제국주의는 침략지역의 정치·경제·사회·문화를 송두리째 바꿔버리려 하면서, 기존 제도 중에 수탈과 식민통치에 적합한 것은 적용하고 그렇지 않은 것은 없애버리는 거지요. 그러니까 근대는 근대인데, 다른 마땅한 개념이 없으니 일단 '식민지적 근대'라 불러봅시다.

식민지적 근대는 식민지자본주의를 토대로 제국주의가 이식한 근대를 통해 형성된 식민사회의 특징을 가리키는 개념입니다. 무엇보다 일본인과 일본 문화가 기준이 되고, 조선인이라는 사실만으로 폄하되고 차별받는 대상이 됨으로써 구성원인 조선인으로서의 정체성과 존엄성이 훼손되어 스스로를 열등하다고 생각하도록 만듭니다.

사람이 살아가면서 정체성 자체를 부정당하면 참 힘들지요. 일제시기에 조선인들은 철들기 전부터 학교에서 또는 일상생활에서 자기 역사와 문화의 정체성을 부정하는 식민사관을 지속적으로 주입받았습니다. 한겨레신문사 사장을 지낸 송건호 선생은 한국 언론의 상징이지요. 그분이 언젠가 "중학교 다닐 때까지 일본이 우리나라이고 대동아전쟁(태평양전쟁)에서 이겨야 한다고 생각했는데, 학교 밖으로 나오니까 그때야 비로소 조선 사람인 걸 알았다"는 이야기를 하신 적이 있어요. 또 저는 한 재일동포에게 어차피 일본어를 모어(母語)로 하고 일본사회에 정착해서 살아야 하는데, 국적이 뭐 그리 중요하냐고 물은 적이 있습니다. 그는 일본사회가 한국인(조선인)이라는 사실만으로 차별을 가하지 않을 때가 되면 국적 변경도 생각할 수 있을 거라고 답하더군요. 자연히 드러나는 자신의 정체성을 원천적으로 부정당하면 인간으로서 온전히 살아갈 수가 없겠지요.

누구의, 어느 계층의 민주화냐를 따지기 이전에, 식민지배를 받는 동안 정작 근대가 표방하는 가장 중요한 가치인 민주화를 위한 교육과 훈련의 기회는 사회 모든 분야에서 봉쇄되었습니다. 이 점은 해방 후에도 민주주의가 발전하는 데 장애요인이 되었지요. 세계사적으로 근대의 큰 특징은 주권국가의 절대적 중요성을 드러낸 점에 있습니다. 이 점을 가볍게 보면 안 됩니다. 국가는 구성원에 대한 억압체의 성격과 함께, 구성원이 주체가 되어 내용을 채워가는 '과정'을 과제로 안고 있는 겁니다. 그 과정은 바로 개인의 자각과 정체성의 확산, 즉 민주화의 출발을 의미합니다.

주권국가, 경제발전과 민주화를 위한 기본전제

민주화는 단순히 왕정제도의 존폐 여부에 달려 있는 게 아닙니다. 실제로 국왕제도를 유지한 채 자유민주주의제도를 유지하는 나라는 많습니다. 그리고 자유민주주의제도는 민주화를 위한 방식과 절차 중 하나에 불과합니다. 선거제는 전근대의 세습제보다 분명히 진일보한 혁명적 제도였지만, 자금력과 영향력을 지닌 소수의 후보자들 중 한 명을 선택해야 하는 제한적 권리행사에 불과하다는 점도 분명합니다.

근대는 권력의 세습을 끊었지만, 부富의 세습은 당연하다고 간주하면서도 상속세를 통해 제한을 가하기도 합니다. 부의 세습을 둘러싼 문제가 사회발전을 위해 중요한 의제가 될 시기가 올 겁니다. 즉 민주화는 특정한 제도로 제한해서 이해할 게 아니라, 구성원의 정체성과 인간으로서의 존엄성에 대한 인식이 성장해가는 포괄적 과정으로 이해해야 합니다. 민주화의 과제가 어디까지인지는 답하기 어렵습니다. 인간의 의식이나 상상력 자체가 너무 제한적이라, 어느 시점까지 인식되지 못했던 모순이 시간이 지나면서 문제의식으로 비화되고 사회화되는 경우가 허다하기 때문이죠.

물론 식민지배 기간 동안 일본에서조차 남녀평등권은커녕 제한적인 보통선거제조차 시행되지 않았을 때, 우리 민족운동세력들은 1920년대 이래 민주주의의 상징적 기초인 보통선거권과 남녀평등론을 당연하게 수용하고 있었습니다. 대한제국 황실은 망국 이후에도 여전히 조선인들의 관념 속에 깊이 남아 있었지만, 1920년대 이후에는 되찾아야 할 국가의 상징으로 거론되지 못했습니다. 당시 일본은 법적으로 천황의 나라였고, 각료 명칭을 총리대신-대신大臣으로 칭하는 오늘날에도 사실은 여전히 천황의 나라입니다. 이는 일본사회 구성원들의 선택이지요. 그러나 한반도 구성원들은 끊임없이 국체를 바꾸려 시도했습니다. 그 결과 식민지배 아래서 민족운동세력들은 되찾아야 할 국체를 '공화국'으로 설정하는 데 합의할 수 있었던 겁니다. 때문에 대한'제'국이 주권을 상실한 지 10년도 안 되어 수립된 임시정부의 명칭이 대한'민'국이 될 수 있었던 것이지요.

민주주의의 기초적 제도는 해방 후 주권국가를 수립하고 헌법을 만들면서 비로소 실현될 수 있었습니다. 그러나 민주주의가 구성원들의 삶과 의식에 체현되는 것은 다른 차원의 문제였지요. 이를 위해서는 또 다른 과정으로서 내부 권력과의 투쟁과 조율과정이 필요했습니다. 식민지배는 구성원의 훼손된 정체성과 존엄성을 회복하는 데도 무거운 짐을 안겨줬지만, 분단까지 불러오면서 한국인들이 민주화의 내실을 채우는 과정을 더욱 힘들게 했습니다. 그런 과정을 겪으면서 주권을 회복한 이후 비로소 대한민국의 내용이 현격한 변화를 보이기 시작한 겁니다. 주권국가가 존재할 때 구성원의 노력에 의해 비로소 국가의 성격과 내용을 바꿀 수 있는 기반이 만들어지는 겁니다.

어떤 경제학자는 "경제가 성장하면 민주주의고 통일이고 간에 모든 문제들이 해소"된다고 주장하면서 일제시기와 해방 이후, 오늘날까지를 이어서 설명하더군요. 참 속류적인 유물론 인식이지요. 식민지 조건하에서 과연 민주화와 사회발전이 경제성장을 통해 자연스럽게 이루어질 수 있을까요? 아니죠. 주권국가가 있어야 가능한 겁니다.

한국 국민들은 해방 이후 세계사에 유례없는 민주화운동의 역량을 발휘했습니다. 민주적·민족적 국민의식의 확산은 국가권력의 변화를 촉구했습니다. 단순히 '한국에 거주하는 사람'에 불과했던 '거민居民의식'에서 벗어나 농지개혁, 교육열 등을 배경으로 양질의 한글세대 노동력이 대거 배출되었고, 이들에 의해 민주적·민족적 국민의식이 확산된 데서 경제성장과 자본축적도 비롯된 것입니다. 이런 변화를 따라 군사정부는 이전 정권이 준비하고 시행했던 경제개발계획안을 활용한 것이고요. 즉 해방 이후 한국 경제의 성장과 축적동력은 민주적·민족적 국민의식의 성장이 일면으로 국가권력의 정책변화를 추동하고, 또 다른 일면으로 지배정책에 흡수되는 가운데 이루어진 겁니다. 원했든 원치 않았든, 국가권력과 민이 서로 피드백을 나눈 결과였습니다.

북한은 한국전쟁으로 인한 피해가 남한보다 훨씬 심했지만, 1960년대까지 북한 경제는 남한보다 높은 성장률을 보였지요. 일제하에 경영경험을 쌓은 자본가가 많았음에도, 한국은 1960년대까지 북한 경제를 의식해야 할 정도였습니다. 주권국가의 존재가 이렇게 중요한 것입니다. 내부 축적을 동반한 한국의 경제성장은, 대외종속성에도 불구하고 일차적으로 국가주권을 회복한 조건에서 경제정책을 수립하고 민의 민주화 역량과 피드백했기 때문에 가능했던 겁니다.

02

근대주의라는 허상

경제발전의 배경과 동력은 무엇일까요? 해방 이후 한국의 경제성장이 가시화되면서 한국 학계에 식민사학 같은 역사인식이 나타나게 된 이유는 무엇일까요? 한국사회의 어떤 문제 때문에 이처럼 그릇된 역사인식이 나타난 것일까요? 식민지배를 통해 근대가 들어왔고 그 근대는 곧 자본주의이니, 하여간 자본주의는 좋은 것이고 발전적이라는 근대주의가 빚어낸 허상 때문입니다.

"우리도 한번 잘살아보세"

나라의 주권을 빼앗기면서 근대를 겪게 된 한국인들은, 구체적으로 근대가 무엇이고 어떤 의미를 지니는지 따져보기도 전에 근대를 선망하게 되어버렸습니다. 동시에 우리 것은 무엇이든 뒤떨어진 것으로 생각하게 되었죠. 우리 사회가 얼마나 근대주의의 강박에 얽매여 있었는지는 "우리도 한번 잘살아보세"라는 1960년대 노랫말에도 잘 드러납니다. 근대화를 먹거리 해결, 즉 산업화로 본 겁니다. 어서 빨리 우리도 서양의 근대를 성취해야 한다는 근대주의는, 정작 근대를 말할 때 빼놓을 수 없는 핵심내용인 민주화를 근대화와 대립된 개념으로 간주할 정도로 엉터리였지요.

결국 근대주의의 관성에 따라 근대사를 인식했던 모순이 터지고 맙니다. 식민지배를 통해 비로소 선진사회로 발전했다는 식민사관 논리가 대두된 것이지요. 식민지자본주의 아래서 성장한 생산력의 궁극적 향방이나 귀결이 무엇인가에 대한 고민 없이, 식민지 민의 삶의 질에 관한 문제의식 없이, 일제시기에도 '하여간 자본주의는 발전'했고 이 경험이 1960년대 이후 경제성장에 밑거름이 되었다고 주장하는 것입니다. 물론 근거는 전혀 없는 일종의 선언인 셈입니다.

주권국가를 상실하고 다른 민족에 의해 인간으로서의 권리를 송두리째 부정당했던 식민지라는 본질적 문제를 도외시할 만큼, 우리 사회에서 근대주의의 위력은 대단합니다. 물론 이런 역사인식이 나타난 것은, 1980년대 이후 한국의 경제성장이 부각되고 냉전에서 자본주의가 승리하면서 보수화되어가는 사회 분위기 탓도 있습니다.

하지만 여기 간과해선 안 될 역설적 진실이 있습니다. 근대주의는 결국 서구 근대가 명목상 규정한 자유와 평등의 내용을 철저히 추구하지 못할 뿐 아니라 궁극적으로 그것을 부정한다는 점이에요. 실제로 서구 근대의 기반인 자본주의와 제국주의 자체가 이미 불평등과 그에 따른 무한경쟁을 전제하고 있잖아요. 서구사회 내에서 근대의 내용이 일정하게 충족될 수 있었다면, 그것은 그 이면에 제국주의의 개발-수탈을 동반한 식민지적 근대가 존재했기 때문입니다. 즉 식민지적 근대의 극복은 근대의 형식을 채우는 데 머무르는 것이 아닙니다. 세계사적으로 근대를 넘어서는 길이기도 합니다. 물론 서구 근대가 표방한 명목상의 해방선언은 실질적 해방을 위한 실천적이고 구체적인 과제를 제시했다는 큰 의미를 지니지요. 그러나 자유와 평등의 내용이 선언한 대로 채워져 현실화되거나 그에 근접한다면, 그때는 이미 근대 이후의 어떤 시대가 시작되고 있음을 의미할 겁니다. 아직은 멀었습니다만.

식민지사회의 실상에 눈감게 한 근대주의

식민지 인식의 변화과정을 살펴봅시다. 1980년대 중반까지의 연구경향을 보면 '근대=자본주의는 발전적이고 좋은 것'이라는 근대주의에 사로잡혀 근대나 자본주의 개념을 식민지사회에 적용할 수조차 없었습니다. 1980년대 후반에 이르러서도 그런 시도를 접하면 '저것 식민사학 아닌가' 의구심을 갖고 대하는 경우까지 있었으니까요.

실제로 일제시기 이래 강고했던 전통적 식민지상의 뼈대는 '제국주의 이중성론'과 그에 따른 '교조적 봉건론'이었습니다. 즉 제국주의는 식민지사회를 본국처럼 자본주의사회로 변모시키는 것이 아니라, 의도적으로 식민지사회에 봉건제를 온존·강화시킨다는 논리이지요. 이는 엄연히 식민지 경제에 관철되고 있었던 자본주의의 실체를 부정하고, 식민지사회를 자본주의보다 뒤떨어진 봉건사회로 규정하기 위한 것이었습니다. 그런데 이렇게 되면 당연히 일제와 일본 자본이 주체가 되어 조선 경제를 자본주의 운동논리로 작동시키고 있는 식민지자본주의의 객관적 현실을 주관적으로 부정하게 됩니다. 그러다 보니 제국주의가 봉건제를 강화시켰다고 주장하는 거지요. 헛다리짚는 격입니다.

이런 억지스러운 논리를 주장하게 된 가장 큰 이유는, 자본주의는 좋은 것이고 발전적인 것인데 제국주의가 그것을 식민지에 이식할 리 없다는 근대주의의 관성에 휩쓸렸기 때문이었습니다. 그러다 보니 주권국가의 '자본주의'와 (국가 없는) '식민지자본주의'를 구분하지 못하고 그냥 자본주의 일반론으로 접근했던 겁니다. 관념적으로 자본주의를 부정했던 일제시기 마르크스주의자 대부분이 이 함정에 빠져 있었습니다.

그 결과 식민지사회에 대한 인식에서 일제가 "하여간 빼앗아갔다"라는 타성적 인식이 오래 지속되었습니다. 이를 '원시적 수탈론'으로 개념화할 수 있겠네요. 일제가 어떻게 수탈했고 지배했는가에 대한 과학적·현실적 분석이 결여된 논리였습니다. 식민지 민의 정치적·사회적 무권리상태, 그리고 식민권력의 폭력이 어우러진 농촌과 공장의 열악한 노동조건도 막연히 일제에 의해 강화된 봉건제 때문이라고 이해했습니다. 여기에는 자본주의=근대는 민주주의를 수반한다는 편견도 깊게 배어 있었습니다. 그러나 근대 자체가 민주화는 결코 아니지요. 구성원의 힘, 그리고 이를 결집할 수 있는 조건을 만드는 과정에서 민주화의 역량이 키워지는 것이니까요.

국가의 폭력이 유난히 심했던 독일이나 일본의 근대가 자연스럽게 민주화를 수반한 것이 결코 아니었지요? 한국 역시 제도적 민주화를 경험한 것은 해방 이후 주권국가의 역사가 40여 년이나 흐른 뒤였습니다. 그게 봉건성 때문일까요? 물론 주권국가 자체가 없는 식민지사회에서는 식민지 민의 존엄성과 정체성이 파괴·통제되고, 민주주의가 말살된 상황에서 계급·계층갈등 표출이 억압되기 때문에, 전근대적 요소가 아주 강고하게 작용합니다. 초보적인 민주화조차 이루기 힘든 조건이지요. 그러나 그걸 싸잡아서 봉건제 강화라고 이해하면 본질을 잘못 보는 일입니다.

일제하 조선사회의 전근대적 요소는 전통문화와 관습에 따른 경우가 많았고, 조선총독부의 필요에 따라 해체대상이 되기도 했습니다. 실제로 1930년대 농촌진흥운동이나 그 일환이었던 생활개선운동은 조선총독부가 주체가 된 '반(反)봉건-근대화 캠페인'이었습니다. 조선총독부의 관심사는 오로지 식민통치와 수탈의 효율성을 높이는 것이었으므로, 시대적 상황에 따라 농업생산력을 가로막는다는 판단이 설 때는 부재지주나 마름, 신분적 폐습 등 각종 봉건적 요소의 척결에 나섰던 것입니다.

전향과 동화, 식민정책을 긍정하게 된 이유

식민지배가 지속되면서 식민정책에 동화되어 전향하는 사람들이 나타나게 되는 사상적 배경을 보면, 역시 근대주의로 세상을 바라봤다는 점이 큽니다. 1930년대에 들어서면 식민지 농업정책이 전환되어 조선총독부가 반反봉건운동을 대행하는 상황으로 바뀝니다. 막연히 반反봉건 과제를 강조하던 민족운동세력이 혼동을 일으킨 것은 당연한 일이었지요. 근대주의에 빠져 식민정책의 배경과 본질을 보지 못한 채 조선총독부가 근대화정책을 시행한다고 인식하는 현상이 나타났습니다. 점점 독립의 희망도 희미해지는 와중에 일부 운동세력은 논리적 모순과 실천적 파탄을 드러냈습니다. 한말부터 구관습, 구사상, 구제도의 타파를 주장했던 민족주의세력이 식민정책에 동화된 경우가 많았습니다.

한편에는 "하여간 일제가 빼앗아갔다"는 전통적인 식민지상이 있고, 또 한편에는 "하여간 자본주의는 발전했다"는 최근 일부 경제학자들의 식민지상이 있습니다. 후자는 식민사학의 아류에 속합니다. 반면 일제하 마르크스주의자들 중 봉건파 입장, (민족적) 근대주의의 사회개량론, 1980년대 들어 전통적 식민지상을 수렴한 이른바 식민지 반半봉건사회구성체론은 전자에 속합니다. 두 인식은 크게 다른 것 같지만, 사실 논리적으로 동전의 양면이었습니다. 식민지사회에 작동되는 근대화=자본주의화의 실체를 보지 못했다는 점에서 같기 때문이죠. 실제로 일정한 시점에 이르러 결국 식민정책의 근대화 현상에 매몰되어 전향·동화하는 양상을 보더라도 비슷합니다.

일제하에 인정식이라는 마르크스주의 농업경제학자가 있었습니다. 그는 전시戰時증산을 위한 조선총독부의 '조선 농촌 재편성정책'이 농촌의 봉건성을 타개하는 근대화정책이라면서 전향을 선언합니다. 그는 제국주의와 봉건제가 결합한다는 제국주의 이중성론에 따라, 농업경영의 영세성, 분산성, 반半봉건적 고율高率지대地代가 근대적인 기계적 영농의 도입을 방해한다고 봤습니다. 조선 농촌을 "어떠한 본질적인 변화도 없었던" 봉건적·반半농노적 수취관계가 지배하는 비자본주의적 범주로 본 거지요. 그는 1938년 4월에 체포되어 11월에 석방되었는데, 그 무렵 "마르크스주의 입장에서 조선의 농촌 문제를 연구"하는 사람들은 "연구방법 그 자체를 버리든지 농촌의 현실 그 자체를 완전히 왜곡"해야 하는 "딜레마" 속에서 대부분 연구방법을 고수하기 위해 현실을 왜곡한다고 주장하면서, 자신의 기존 연구를 청산하고 전향을 선언했습니다.

이처럼 식민지자본주의의 실체를 보지 못하는 교조적 봉건론은 근대─자본주의를 극복하자는 본래의 뜻과 달리 사실은 근대주의에 깊이 빠져 있었습니다. "호미와 보습밖에 모르는" 미개한 조선 농촌을 "청소할 수 있는 유일한 대도大道는 조선 농업을 근대화의 방향으로 재편성하는 것이고, 농경의 기술을 기계화하고 농민생활에 과학과 문명을 취입하도록 하는 방법"뿐인데, 조선총독부의 '조선 농촌 재편성정책'이 그것을 실현했다는 거지요. 결국 근대주의의 박제화된 봉건론은 일제가 조선사회를 근대화시켜준다는 자가당착에 빠져 동화정책에 흡수되고 말았습니다.

한 가지 재미있는 사실이 있습니다. 지금 과거 식민사관과 비슷한 방식으로 일제하 조선 경제를 인식하는 일부 경제학자들은, 1980년대 후반까지만 해도 식민지 경제에 자본주의를 적용할 수 없다면서 식민지 반봉건 사회론을 고집스럽게 주장하던 이들입니다. 그런 사람들이 이제 태도를 바꾸어 일제시기에 자본주의화가 이루어졌다면서 '자본주의 만세!'를 외치고 있는 셈입니다. 인정식의 경우와 비슷하지요? 이는 1930~1940년대와 1980년대라는 시점의 차이를 떠나 같은 논리적 모순이 반복된 것이고 똑같은 청산논리라고 할 수 있습니다.

가정의 사슬을 벗어나

일제의 식민사학은 비슷한 상황에서 서구 자본주의를 빨리 '캐치업'한 일본과 달리 한국은 애초부터 그럴 능력이 없었다고 규정하는 데서 출발합니다. '가정'을 '근대적 논리'로 포장한 것이지요. 오늘날의 식민지근대화론은 해방 후 한국 경제의 성장배경이 식민지배에 있다는 가정을 추구한다는 점에서 동일합니다. 식민지배를 몰가치적으로 설정하거나 때에 따라서 합리화하기도 합니다.

가정을 통해 식민지배를 합리화하는 식민사학은 서구나 일본의 근대를 무조건 좇아야 한다고 설정하는 근대주의의 산물이기도 합니다. 뭔가 후대에 '좋은' 영향을 끼쳤다고 생각될 만한 요소가 일제시기에 있었다면, 그것을 일제의 지배 덕분이라고 가정하는 경우가 많습니다. 참 일면적이고 주술적이기까지 합니다. 상식적인 반문을 해보죠. 20세기의 세계사적 환경이 자본주의 경제인데, 과연 조선이 독립국이었다면 기업가나 교육자를 키울 수 없었을까요? 오히려 일제가 물러난 뒤 공장에 조선인 기술자들이 없어 생산현장이 마비되고 말았던 것처럼, 식민지자본주의의 실체가 무엇인지 보여주는 사례는 허다합니다. 문화적 정체성과 직결되는 박물관의 경우를 볼까요? 유물유적의 조사와 자료수집, 전시, 보고서 간행과정에는 민족의식이 수반된다는 우려 때문에, 조선총독부는 조선인들을 이 과정에서 배제시켰습니다. 그래서 해방 후 이 분야에서는 조선인 전문가를 찾아볼 수 없는 형편이었습니다. 국가주권이 있었다면 이런 인력을 키울 수 없었을까요?

절대빈곤에 허덕이던 1950~60년대엔 아무도 식민지배의 유산을 입에 올리지 않았습니다. 당시의 빈곤이 조선 경제를 고갈시킨 일제지배와 전쟁의 산물이었기 때문이죠. 그게 식민지배의 결과를 보여주는 진실이었습니다. 그런데 1980년대 중반 이후 한국의 경제성장이 가시화되자, 아무런 검증 없이 경제성장의 배경으로 일제하의 인프라스트럭처(Infrastructure)[1]나 인적 유산, 일본인이 남기고 간 귀속재산을 부각시키는 이들이 나타났습니다. 일제의 수탈은 간과한 채 엄청난 인플레를 거친 1948년도의 명목가치로 환산된 귀속재산을 부각시키기도 합니다. 일제시기에 일본인(회사)들이 자산 소유를 위해 자금을 투여한 것은 사실이지만, 뒷날의 액면가대로 투자한 건 물론 아니었지요. 예를 들어 토지조사사업이나 임야조사사업에 의해 창출된 국유지(림)같이 헐값에 일본인에게 불하된 자산의 경우,

---

[1] 경제활동의 기반을 형성하는 기초적 시설들. 도로나 하천, 항만, 공항 등 경제활동에 밀접한 사회자본으로 '기간시설'이라고도 불린다.

액면가대로 투자한 자산이 아니거든요. 게다가 일제시기의 물적 유산은 한국전쟁을 겪으면서 대부분 파괴되고 말았고요.

식민지근대화론의 역사인식엔 특징이 하나 있습니다. 일제시기와 해방 후의 연속성을 강조하는 반면, 병합 이전의 역사와 일제시기의 연속성은 부정하는 것이지요. 그래서 일제의 지배 때문에 가능했다, 반대로 일제 지배가 없었다면 불가능했다는 가정을 반복하곤 합니다. 한쪽으로 쏠리면 보고 싶은 것만 보인다고 하죠. 너무 지나친 견강부회牽强附會입니다.

1부
구한말·대한제국 시기

03 '자본주의 맹아론'의 한계와 의미
04 구한말-대한제국 상공인들의 경쟁전략
05 화폐-금융주권은 왜 중요할까?

03

'자본주의 맹아론'의 한계와 의미

식민사학 극복과정에서 제기된 '자본주의 맹아론'은 조선 후기의 사회변화 양상이 유럽식 자본주의를 향한 움직임이었다고 해석했습니다. 단선적이고 도식적인 논리로서 과장된 해석과 오류, 그리고 한계가 분명했지요. 그러나 과연 거기 담겨 있는 문제의식까지 버려야 할까요?

'봉건'의 지역적 차이점과 공통점

근대 이전에도 지역 간 문화교류는 아주 활발했지요. 실크로드가 대표적인 예 아니겠습니까? 우리나라에서도 이런 교류의 흔적은 쉽게 찾을 수 있어요. 경주에 가면 확연하게 외모가 구별되는 서역인 석상이 원성왕릉을 지키고 있고, 고구려 고분벽화에도 서역인과 그들의 놀이가 그려져 있습니다. 고대에도 문화교류의 폭은 우리의 상상 이상으로 넓었던 것입니다.

그럼에도 근대 이후와 비교할 때 근대 이전에는 지역별로 중심적 문화를 공유하고 영향을 받으면서도 국가별·집단별로 문화가 이루어지고 역사가 전개되었다고 봐야 합니다. 유럽지역과 유럽인들이 두려워하면서 '오리엔트'라 지칭했던 중동지역이 따로 놓고, 아프리카지역, 아시아지역이 제각각이었습니다. 즉 동북아지역은 한자문화권, 유럽은 라틴·기독교문화권이었습니다. 지금처럼 세계의 어느 한 곳에서 일어난 사건이 우리나라에 바로 영향을 미치는 사회는 아니었지요.

하지만 어느 지역이건 사람 사는 사회는 비슷한 점이 많게 마련이지요. 다만 제도나 문화는 지역적 조건과 환경, 사회 분위기에 따라 다르게 나타납니다. 서양과 동양의 중세는 당연히 다르고, 한국의 중세는 또 다릅니다. 서양 중세에는 '봉건제도'가 있었지요. feudalism을 한자어로 번역하면서 과거 중국에 있었다는 '봉건'이라는 용어를 끌어 쓴 것인데요. 서양 중세의 봉건제도에서는 왕이 제일 위에 있고 그 밑에 영주, 그 밑에 기사, 그리고 제일 밑에 농노가 있습니다. 왕은 영주에게 땅을 주고 영주는 왕에게 충성을 맹세합니다. 왕이 명령하면 무조건 따라야 하는 관계라기보다, 수직적 질서이긴 하지만 서로 필요에 따른 일종의 계약관계였습니다. 왕은 영주가 다스리는 지역에 간섭하지 않아서, 권력이 분산되어 있었습니다.

그러나 한국의 중세사회에는 제도로서의 봉건은 없었습니다. 그래서 종종 '중앙집권적 봉건제도'라는 표현을 쓰기도 합니다. 중앙집권적인데 봉건적이다? 모순이지요. 그러나 한반도에 제도로서의 봉건은 없었지만 유럽이나 다른 지역의 봉건제도와 내용적으로 흡사한 점이 많았기 때문에 꼭 모순된다고만 할 수는 없습니다.

이해를 돕기 위해 예를 들어봅시다. 왕건은 각 지역의 권력자들인 호족들과 힘을 겨루다가 하나하나 자기 통제하에 두게 되죠. 그렇게 세운 것이 고려왕조입니다. 그러면 고려는 세금을 어떻게 거둬들였을까요? 말하자면, 알아서 바치는 것입니다. 안 바치면 얻어터지기 때문이지요. 그러다 시간이 흐르면 한 단계 나아가 중앙조정에서 지방으로 관리를 파견합니다. 지방에 수령이 파견되면 제일 먼저 하는 일이 뭘까요? 사또의 제일 중요한 업무는 지정된 세금을 걷어 중앙으로 바치는 것입니다. 이를 위해서는 지역에서 영향력을 지닌 토호들과 친하게 지내야 해요. 그래서 사또가 부임하면 제일 먼저 그 사람들과 친해지려고 합니다. 세금 걷는 것만 문제없도록 하고 나머지는 너희들 알아서 하라는 거지요. 사실 사또가 6개월이나 1년 단위로 바뀌는데 무슨 실질적인 지역통치를 하겠습니까. 외관상 제도는 다르지만 내용상으로는 유럽의 중세사회와 비슷하지요? 하늘 아래 임금의 땅이 아닌 게 없다면서 普天之下 莫非王土 중앙집중제를 표방했지만, 사실 중세사회의 생산력 수준으로 중앙집중제는 불가능했습니다. 그것은 세계 어디나 마찬가지입니다.

중국과 한국의 역대 왕조를 보세요. 중국에서는 일시적으로 강한 왕조가 선다 해도 왕조 수명이 짧았지요. 지형적으로 봐도 오래 가기가 쉽지 않아요. 한족漢族이 원래 자기 땅이라 생각한 것은 흉노匈奴—얼마나 무서웠으면 이렇게 고약한 이름으로 명명했을까요—를 막기 위해 쌓은 만리장성 아래, 즉 황하와 양자강 사이의 드넓은 평원이에요. 그래서 '중원'이라고도 불렀지요. 이런 지형에서는 한때 강한 세력이 나타나 강력한 통일체를 세울 수는 있지만, 거꾸로 무너질 때도 급격하게 무너집니다. 한반도의 여러 왕조들도 관념적으로는 중앙집중을 표방했지만, 생산력 조건이나 지역적 환경 때문에 사실 실현되기 어려웠습니다. 중국 역시 마찬가지였고요. 어디든지 중앙집중이 가능해진 것은 근대 이후였습니다.

조선 후기에 나타난 탈중세 움직임

그런데 유럽지역, 그중에서도 영국의 자본주의가 영향력이 컸고 속도도 빨랐습니다. 영국을 기준으로 하면 유럽에서도 영국 외의 다른 지역은 모두 후진국입니다. 유럽의 다른 나라들도 초기에는 모두 영국을 따라가기에 바빴지요. 그렇게 해서 서유럽에서는 각각 자국 내에서 이른바 자본주의 경제라는 것을 이룩했습니다.

동북아지역은 어땠을까요? 중세 말기의 어떤 변화가 곧 영국식 자본주의를 향해 진행되었을까요? 사실 그건 모를 일입니다. 내재적으로 변화발전해왔지만, 그게 역사적으로 현실화되지 않았기 때문에 어떻게 변화했을지 알 수 없습니다. 이런 점을 생각해보면 '자본주의 맹아론'으로 명명했던 개념은 바뀔 필요가 있어요.

하지만 '탈중세'라 부를 수 있는 변화의 움직임은 뚜렷하게 나타났습니다. 18세기경에는 부를 통한 신분변동이 많아 양반질서가 무너지고 있었습니다. 돈을 주고 양반신분이나 벼슬자리를 사는 경우가 많았지요. 놀부도 돈을 밝히지 않습니까? 이것은 신분제 해체의 초기적 특징이지요. "네 죄를 알렸다" 하고 위협할 때 애써 모은 부를 강제로 빼앗기지 않으려고 기존 제도에 편승하는 것이지요. 그래서 전통양반들은 자신들을 지방양반과 구별하기도 했습니다. 혁명적 변화가 아니더라도 신분제에 불법적으로 편승하는 추이가 계속되면 신분의 차별성은 그만큼 약화되게 마련입니다. 또한 서민들 중에서도 지주층이 생겨났는데, 이들을 두고 김용섭, 송찬식 선생은 '경영형 부농', '광작廣作경영'이라 칭했고, 북한의 허종호 선생은 '서민지주'라고 불렀습니다.

한편 지배이념이었던 성리학을 공부한 양반들 가운데 기존의 성리학 패러다임은 더 이상 유효하지 못하다고 생각하는 그룹이 형성되어 '실학'이나 '양명학'으로 불린 새로운 학풍을 일으키기도 했습니다. 이들은 당시 사회를 보수적으로, 온건하게, 때로는 혁신적으로 비판했지요. 하여간 조선사회가 변하거나 개혁되어야 한다고 생각한 점에서는 비슷합니다. 때문에 후대 사람들이 당시의 이러한 학풍을 별도로 실학이라고 부른 것입니다. 그런데 실학자들은 다른 학문방법론에 익숙하지 않았기 때문에 고대 중국사회에서 이상적이라고 설정했던 모델을 기준으로 자신들이 실현했으면 하는 사회를 구상했습니다. 단순히 고대로 돌아가자는 복고적인 생각을 한 것이 아니라, 자신들의 이상을 당시 사람들에게 통용되는 익숙한 개념으로 설명하려 했을 뿐이지요. 유럽의 르네상스 잘 아시죠? 기독교 중심의 중세를 넘어서면서 그리스·로마시대의 학문과 가치에 관심을 기울였지만, 이것을 단순히 복고적 관심으로 이해하지는 않잖아요? 유럽의 새로운 시대를 여는 계기가 되었지요.

조선에서 탈중세를 향한 내재적인 갈등과 변화는 17세기 이후 19세기까지 꾸준히 지속되었습니다. 사람 사는 사회가 다 비슷하니까 어떤 경우에는 영국에서 나타난 변화과정과 비슷한 양상을 띠기도 합니다만, 어떻게 갔을지는 사실 알 수 없는 일이지요.

조선의 전통은 무조건 뒤떨어진 것?

식민사관이란 게 뭡니까? 한마디로 조선 사람, 조선 역사, 조선 문화가 '특수하게' 못났다고 강조하는 것입니다. 간단히 그 내용을 살펴봅시다. 한사군이나 임나일본부[2]를 설정해서 한반도는 역사의 시작부터 남의 속국

---

2 일본 야마토 정권이 4세기 후반 한반도 남부에 진출해 신라와 백제로부터 조공을 받았고, 특히 가야에 일본부라는 기관을 두어 6세기 중엽까지 직접 지배했다는 가설을 임나일본부설이라고 한다. 일제는 조선을 식민지화하면서 임나일본부설을 조선침략과 식민지배의 정당화논리로 이용했다.

으로 출발했으니 '한일병합'은 원래 모습으로 돌아간 거라고 주장합니다. 그리고 한반도 사람들은 능력이 없어 남의 지배를 받아야 한다고 근대 역사학의 논리로 포장해서 선전하고 각인시킵니다.

앞서 얘기했지만 근대 이전의 문화와 역사는 서로 영향을 주고받으면서도 기본적으로 각 지역별 나라별로 '다름'이 병존하던 세계였습니다. 침략국이 침략한 지역의 사회구조나 구성원의 의식까지 바꿀 수 있는 수준도 아니었고 그럴 필요도 없었지요. 각 나라와 지역별로 근대 이전—중세의 모습이 달랐듯이, 각 사회 내에서 새로운 변화를 지향하는 탈중세의 모습도 서구와 다르게 나타났습니다.

그러나 근대로 들어오면서 이런 '다름'은 차이가 아니라 서열로 규정된 역사발전의 '선후先後' 관념으로 수식되면서 차별의 대상이 되었습니다. 우월하다고 선전된 서구—일본의 근대는 자신의 제도와 관행을 침략지역에 이식하면서, 제도와 가치관을 똑같이 균일화하는 것, 즉 '세계화'를 요구했습니다. 그들이 침략한 지역에서 서구 근대를 추진한 기본동력인 자본운동에 필요한 제도나 기반을 마련하는 게 급선무였기 때문입니다. 이렇게 이식된 근대는 그들이 침략한 지역에서 '이전에' 이루어지고 있었던 변화를 부정하거나, 그들이 이식한 제도의 편의에 맞게 재편하게 됩니다. 그 편의에 맞지 않는 것은 뒤떨어진 것, 열등한 것, 따라서 없어져야 할 것이라고 반복적으로 주입되고 각인되었습니다. 이로써 한국인 스스로도 그렇게 사고하는 관성이 생겨나고, 침략과 지배를 수용하는 체념의식이 확산된 거지요.

이처럼 근대주의는 침략자의 위력으로 '문명'에 대한 해석을 독점하면서 서구 근대를 기준으로 한 사물 인식을 강요했습니다. 중국과 인도 역시 야만사회로 규정되었습니다. '늦음' 또는 '다름'을 이유로 모든 것을 부정당한 아시아는 발전의 싹도, 자율적인 변화도 불가능한 사회로 간주되었습니다. 서구 근대가 규정한 발전의 선후 논리는 상하 종속관계로 바뀌어 침략과 수탈, 지배와 피지배를 당연하게 받아들이도록 피식민 지역민들에게 각인되었습니다. 모든 사물에 병존하는 다름의 범주를 배제한 근대주의의 오리엔탈리즘적 문명-야만의 도식은 공생과 공존관계를 부정하는 사고지요. 앞에서도 말씀드렸듯이 불평등과 무한경쟁을 전제하고 자본주의와 제국주의에 기반한 근대주의의 큰 특징은, 역설적으로 서구 근대가 법제상 명목적으로 규정한 자유와 평등을 사실은 추구할 수 없다는 겁니다. 근대주의 개념 자체가 침략적이고 야만적이기 때문입니다. 이를 넘어선다는 것은 근대가 지닌 속성 자체를 극복하는 것을 의미합니다.

조선에 온 일본인들에게는 조선의 토지제도와 거래관행이 불편했겠지요. 더구나 1906년 2월 통감부가 설치되기 전까지는 일본인들의 토지소유 자체가 불법이었고요. 물론 조선인들 스스로는 토지거래나 상속 등 소유권 이동에 관한 조선 전래의 제도와 관행에 익숙했기 때문에 별 무리가 없었습니다. 광무양전光武量田은 이런 관행을 대한제국의 필요에 맞게 법제화하려는 것이었습니다. 그러나 일제는 일본식 제도를 조선사회에 이식하기 위해 새로운 토지조사사업에 착수합니다.

즉 조선사회에서 변화를 지향한 내재적 추동력이 없었다거나 변화가 불가능했던 것은 아니라는 얘기입니다. 내재적 변화의 시도나 움직임이 일본식 제도의 이식을 위해 부정되거나 재편되었던 것이지요. 이후 일본

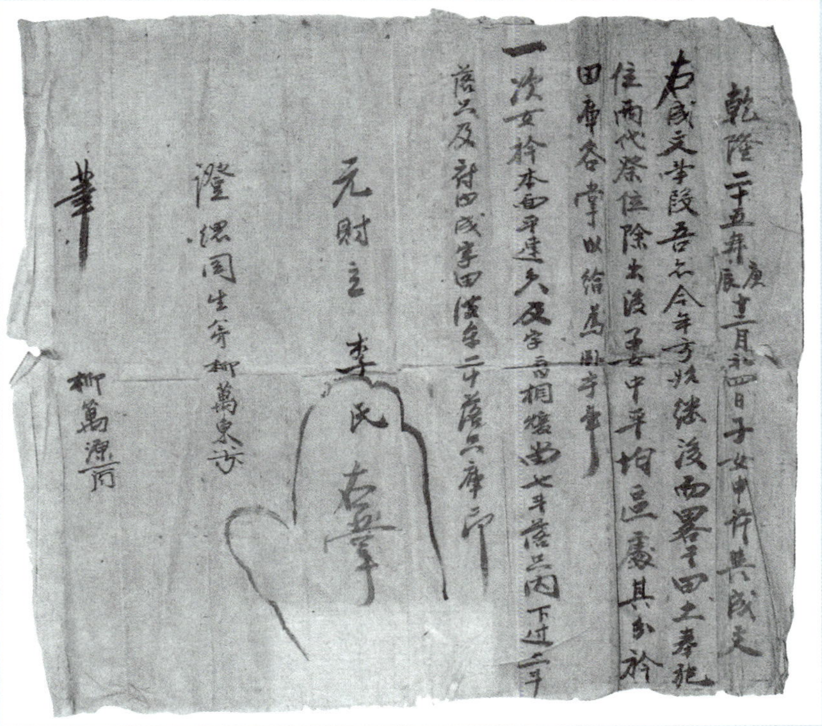

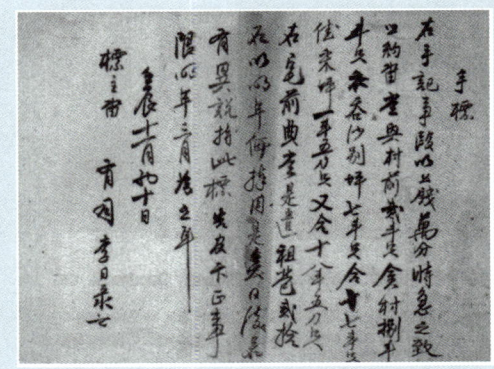

조선 후기 토지거래상황을 보여주는 문서

위의 허여성문(許與成文)은 재산 소유주가 자신의 재산을 나누어줄 때 작성하는 문서이다. 이 문서는 이씨(李氏)라는 여인이 자신의 전답과 창고열쇠 등을 자녀들에게 골고루 나눠주는 내용을 담고 있다.

아래의 수표(手標)는 토지의 매매, 임대, 차용 등을 할 때 계약이나 약속을 증명하기 위해 기록한 문서이다. 수기(手記) 또는 표(標)라고도 했다. 이 수표는 이일록(李日彔)이라는 사람이 세금납부가 급해 자신의 토지를 담보로 벼 20섬을 차용한다는 내용을 담고 있다.

식 제도가 시행되고 그것에 익숙해지면서 조선인들도 '다름'을 배제한 발전의 선후 굴레에 빠져들었고, 이전부터 전해 내려온 우리 것은 무조건 뒤떨어진 것으로 인식하는 관성도 깊어졌습니다.

자본주의 맹아론, 폐기 아닌 재구성이 필요

그러면 '자본주의 맹아론'이란 무엇이고 어떤 배경에서 등장했을까요? 1960년대 이후 한국사 연구는 일제가 심어놓고 해방 후까지 뿌리 깊게 남아 있던 식민사학에서 벗어나 한국사의 자주적인 흐름을 밝히고자 노력했습니다. 그 대표적인 예가 '자본주의 맹아론'이었습니다. 17세기 이후 조선 후기에 들어오면서 우리 사회에도 어떤 변화와 움직임이 있었는데, 이것은 유럽(사실은 유럽 전체가 아니라 영국)과 같은 자본주의를 향해 나아가는 과정이었다고 이해한 것이지요. 조선 후기의 변화를 단선적으로 영국식 자본주의를 지향한 것으로 설정하다 보니 당연히 과장된 해석과 오류가 많을 수밖에 없었지요. 그러나 당시까지 세계의 역사학계는 이러한 단선적 역사인식에 얽매여 있었고, 자신의 손으로 한국사를 재구성하는 시작 단계에서 이를 넘어선 방법론을 찾기 어려웠다는 현실도 함께 봐야 합니다. 물론 세월이 지나 한국의 역사학도 발전했으니 비판받는 것은 당연하고 새로운 시각이 나타나게 마련이지요.

그렇다고 식민사관 극복이라는 1960년대 당시 역사학계의 중요한 문제의식까지 간과하면 안 됩니다. 한국사도 다른 지역의 역사처럼 꾸준히 변화를 모색하고 발전하는 과정을 밟았다는 상식적인 역사상을 찾으려 했던 시도까지 틀린 것은 아니거든요. 즉 한국사에서 역사발전의 '보편성'을 드러내 식민사학이 강조하던 '특수성론'을 이론적·실증적으로 극복했다는 의의를 지니는 것입니다.

'맹아'는 말 그대로 어떤 대변화의 '싹'을 말합니다. 한국사 또는 한국인은 '특별히 못났다'는 인식을 강요했던 식민사관이 각인시킨 특수성을 극복하고 내적 변화를 찾는 것은, 일차적으로 제국주의 침략을 정당화하는 반인류적 역사인식을 넘어서기 위한 힘든 싸움이기도 했습니다. 이를 두고 일부에서 비판하는 것처럼 거창하게 민족주의를 들이댈 필요도 없어요. 자신과 자신이 속한 공동체의 역사(문화)를 남들이, 침략자들이 못났다고 강요하면 이를 극복하려 하는 것은 당연한 일 아닙니까? 인간은 누구나 정체성을 부정당하면 존엄성을 회복하기 위해 반응하게 마련입니다.

1960년대 들어 새로운 한국사 인식이 나올 무렵은, 해방 이후 한참이 지났지만 역사인식은 여전히 식민사학의 틀에 묶여 있는 상황이었습니다. 그러다 4·19 민주항쟁의 영향을 받으면서 한국사의 자율적 발전에 대한 문제의식을 가진 역사학자들이 등장했습니다. 식민사관에 젖어 있던 사학계의 계보를 밝히는 김용섭 선생의 글이 발표된 것도 이 무렵입니다. 자본주의 맹아론에 입각한 한국 중세사 연구는 임진왜란·병자호란 이후의 변화를 연구대상으로 설정했습니다. 그러다 보니 정작 개항 이후 식민지시대나 분단시대에 대한 문제의식이 취약한 가운데 과거의 '발전상'에 집중하는 형태가 되었습니다. 때문에 강만길 선생은 1974년 전국역사학대회에서 본인이 주창한 자본주의 맹아론을 중심으로 한 역사인식이 현실

모순을 외면하거나 미화시키는 방향으로 나아갈 우려가 있다고 지적하기도 했지요.

그런데 최근에는 이런 문제의식의 뿌리까지 내팽개친 채 배가 산으로 가는 경우를 종종 보게 됩니다. 자본주의 맹아론 비판을 통해 심지어 식민사관으로 돌아가는 경우까지 생겨났습니다. 사실 당시 자본주의 맹아론에는 여러 흐름이 섞여 있었습니다. 군사정부의 근대화정책을 조선 후기 발전상과 연결시켜 역사적 합리화를 모색하는 냉전적 근대주의의 흐름도 그 하나였지요. "과거에 우리도 이만큼 발전하고 있었다"는 자족적 역사인식은 냉전적 근대주의의 경제성장론으로 전화될 가능성이 컸습니다. 유럽의 역사발전과정을 그대로 한국사에 적용하고 '근대=자본주의=선善'이라는 도식적 전제를 깔아놓고 있었으니까요.

이런 함정에 빠지다 보니, 일제시기는 물론 해방 이후 1980년대 초까지 일제침략 이전에 우리도 근대화를 향해 나아가고 있었다, 일제침략은 근대=자본주의가 아닌 봉건적 수탈이었다는 관성적 인식이 이어지게 됩니다. 이런 근대주의적 역사인식은 조선 후기까지의 '발전'을 부각시킨 것과 달리, 제국주의에 의해 조선사회가 개편되고 자본주의 양식을 통해 이전 시기와 다른 수탈방식이 작동하는 현실을 탐구하는 데 큰 한계를 보였습니다. 그 와중에 일제의 지배로 한반도에 자본주의 경제가 작동되었고 경제가 성장했다는 점에만 초점을 두는 주장이 나타난 것입니다.

자본주의 맹아론이라는 개념보다는 '내재적 변화 또는 발전'이라는 개념이 19세기까지 조선사회의 변화과정을 설명하는 데 더 적합한 폭넓은 개념이라고 생각합니다. 한국사회 고유의 탈중세적 변화와 발전이 사회·

경제·문화적으로 광범위하게 이루어지고 있었지만, 국가주권을 빼앗기면서 자체의 힘으로 마무리되지 못한 탈중세 방향의 변화가 제국주의의 필요에 의해 종속적으로 흡수·재편되거나 배제되었다고 보는 시각이지요. 사실 내재적 변화 또는 발전이라는 개념 자체가 불필요하지요. 모든 사물에 변화하지 않는 게 있겠습니까? 그런데 워낙 한국사만은 그렇지 않다는 식민사학의 영향이 해방 후에도 강하게 남아 있다 보니 그걸 넘어서기 위한 것이었지요.

조선사회의 생산력이나 문화수준이 일본과 비교할 수준도 못되었다면, 일제시기를 지나면서 한국 문화는 완전히 사라지고 동양척식주식회사의 일본인 이주계획이 실현되었을지도 모릅니다. 역사의 격동기에는 큰 차이가 아닌 것이 한 순간의 상황판단 오류나 외적 환경에 대한 미숙한 대응 때문에 천양지차의 결과로 확대되어 나타나는 경우가 많지요. 한국이 일본에게 나라를 빼앗긴 상황에도 그런 점이 있습니다. 개인사에서도 이렇게 할까 저렇게 할까 하는 한 순간의 선택이 중요한 차이로 귀결되는 경험이 있지 않습니까?

04

구한말-대한제국 상공인들의 경쟁전략

구한말-대한제국기에는 궁과 관청에 물품을 조달하는 어용상인 외에 전국적 점포망을 지닌 거상들, 포구에서 활약하는 객주 등 다양한 상인들이 활약하고 있었습니다. 이들은 국가주권이 상실되기 전까지 변화하는 조선의 시장경제에 어떤 전략으로 임했을까요?

조선 상공인들의 좌절된 미래

일본에 가면 각 지방 양조장별로 고유한 맛을 지닌 수많은 일본주를 맛볼 수 있습니다. 부럽지요. 한국은 그렇지 못하니까요. 요즘엔 막걸리가 개선되고 지방의 유명한 전통주들이 선을 보이고 있지만요. 그러나 오늘의 이런 현상만 보고 원래 한국의 술은 다양성이나 제조방식이 떨어진다고 생각하면 그만큼 역사에 무지無知한 겁니다. 비슷한 문화를 공유한 사람 사는 사회가 그럴 리 있겠습니까? 우리도 조선시대까지 다양한 술과 제조방식을 전통적으로 이어왔지요. 그런데 일제가 대규모 양조장에서만 술을 생산하도록 하고 자가용주自家用酒 제조를 금지시키면서 제조방식의 전수가 끊어져버린 겁니다. 오로지 식민정책을 위한 재원財源으로 설정한 주세酒稅징수의 편의를 위해서였죠. 정작 자기 나라에서는 그렇게 하지 않으면서요. 때문에 일제시기에는 밀주密酒 단속이 참 심했습니다.

일본에는 백 년 역사가 넘는 기업이 2만 개 이상이고, 교토에는 1,300년 역사를 지닌 결혼용품 가게가 있다고 합니다. 마쓰시타, 미쓰이, 아사히 맥주, 산토리 위스키, 노무라 증권 등은 오사카 상인의 전통을 이은 기업이라고 합니다. 마찬가지로 한국에도 상인의 전통이 강했지요. 드라마 소재였던 김만덕도 그 예가 됩니다. 그녀는 관기 출신이었지만, 포구에 객주를 차려 거부가 된 뒤 심각한 흉년을 맞은 1793년에 구휼미를 내어 지금도 제주도에서 '의녀義女'로 칭송받고 있습니다. 이런 상인의 전통이 식민정책으로 맥이 끊긴 채 이제는 과거사가 되어버린 거지요.

오늘날 지방의 포구에 가면 객주라 불리는 이들이 있습니다. 지금은 수협이 수산물 거래를 주도하지만 김, 미역, 멸치 등 건어물 거래는 여전히 객주를 통해서도 이루어지곤 합니다. 객주가 어민에게 자금을 대고 생산물—어류를 위탁판매하는 거지요. 1980년대 중반까지만 해도 수협의 시설이나 자금제공, 서비스가 부족해서 객주가 자금을 대고 판매를 맡는 영역이 꽤 넓었다고 합니다. 지금도 영세어민들이 복잡한 절차 없이 어업자금이나 학자금을 객주에게 융통받는 선대제가 남아 있습니다. 원래 객주의 영업영역 중 하나였던 금융업이 일제에 의해 제도권 금융 밖으로 밀려나 고리대 성격으로 퇴화된 채 잔존하고 있는 셈이지요. 오늘날 이를 굳이 객주라 부를 이유는 없지만, 그만큼 힘이 컸던 이전 시기 객주의 이름을 빌린 겁니다.

상황 설명이 길었는데, 식민사관의 한국사 이해의 공통점은 조선 후기까지의 변화상—탈중세 움직임을 부정한 채, 이를 이후 시기와 철저하게 단절시켜 아예 변화의 가능성이 없었다고 강조하는 거지요. 경제체제가 뭐건, 가장 중요한 원칙은 그곳에 살고 있는 구성원들이 먹고 사는 데 기여해야 한다는 점입니다. 자본주의라면 상공인들이 중추가 되어 국민경제를 이끌어가는 것이지요. 그런데 외래 권력과 자본에 의해 조선 경제가 재편되는 상황을 두고, 겉모습이 비슷하다고 해서 이런 내용은 외면한 채 자본주의 일반론에 따라 기업과 시장경제가 발전했다고 보는 역사인식으로는, 정작 그곳에 사는 구성원들이 어떤 존재가 되었는가를 볼 수가 없지요.

어느 나라건, 자본주의가 발흥할 때는 국가권력과 유착하면서 특권을 가진 계층이 시장을 지배합니다. 일본에서는 정상政商이라고 부르지요. 좋다 나쁘다는 도덕적 판단을 떠나서 사실을 말하는 겁니다. 영국이나 네덜란드의 동인도회사(United East India Company)[1]도 그렇지요. 앞에서 한국사의 탈중세의 궁극적 방향이 어떻게 갈 것이었는지는 정확하게 알 수 없다고 말씀드렸습니다. 그렇지만 분명한 것은 서민지주, 객주나 여각, 개성상인이나 경강상인 같은 사상私商집단, 혹은 시전市廛상인이나 보부상들이 국가권력의 힘을 빌려 자신들이 주도하는 경제를 만들어가려고 애를 썼다는 점입니다.

일제가 대한제국의 주권을 장악하자마자 시행한 여러 정책을 보면, 거꾸로 이전까지의 사상도고, 객주, 광산업, 황실자본 등에 의한 조선의 상공업 발전상을 알 수 있습니다. 일제가 시행한 화폐정리로 조선 상인의 부는 일거에 소멸되고 일본인을 위한 시장이 조성되었습니다. 또한 외국인 회사의 설립을 통제하고 조선인 기업 보호정책을 꾀했던 대한제국 시기와 반대로, '조선회사령'은 조선인 자본의 회사설립을 억제하기 위한 것이었습니다.

그러면 일제는 왜 이런 정책을 시행했을까요? 일제나 식민사학이 주장한 대로 조선사회 내의 역량이 애초부터 없었다면 일제가 이런 정책을 시행할 이유가 없었지요. 결국 조선인 자본의 성장은 식민정책으로 막히

[1] 영국 동인도회사는 인도 및 극동지역과의 무역촉진을 위해 설립된 회사였다. 1600년 12월 31일 국왕의 특허로 조직되었으며 독점적 무역기구로 발족했지만 강한 정치적 성격을 띠었다. 18세기 초에서 19세기 중엽까지 인도에서 영국 제국주의의 첨병 역할을 했다. 네덜란드 동인도회사는 네덜란드인들이 자신들의 인도양 무역을 보호하고 스페인으로부터의 독립전쟁을 지원하기 위해 1602년에 세운 무역회사였다. 17세기 전반에 동인도제도에서 강력한 네덜란드 상업제국의 수단으로 번창하다가 1799년 해체되었다.

거나 왜곡되어 이후 존재형태나 인적 구성까지 바뀌게 되었던 것입니다. 그래서 일제시기 조선인 자본가의 위상이나 역할은 시장과 재생산과정을 둘러싸고 일본이나 다른 외국 자본과 경쟁하던 개항기에 비해 존재 조건이나 역할, 비중 면에서 큰 차이를 보이는 것입니다. 내부 변화의 힘이 외부세력에 의해 없어져 기억에서 사라졌다고 해서 원래 없었다고 생각하면 안 되지요.

상인들의 역동적 활약상

조선왕조의 상업체계는 궁이나 관청에 물품을 조달하는 어용상인 위주로 이루어져 있었습니다. 시전상인, 보부상이나 공인貢人 등은 궁이나 관청에 물품공급의 역役을 지는 대신 자신들 외에 허가받지 않은 난전상인을 억제하는 금난전권禁亂廛權이라는 독점적 특권을 받았습니다.

시전은 종로에 있는 점포를 대여 받고 세금을 내는 상인입니다. 상업발전에 따라 경영규모가 큰 전廛이 나타나게 되지요. 육의전은 대표적인 여섯 시전을 말합니다만, 여섯 개 이상도 될 수 있겠죠. 대동법 시행 이후 등장한 공인은 관청물품을 공납으로 조달하던 이전까지와 달리 물품 값을 받고 장인(수공업자)들에게 제작하도록 하는 선대제先貸制를 시행했습니다. 유럽의 상인자본과 비슷한 모습이었지요.

그러나 특권을 설정해 허가받은 상거래만 허용하는 체제가 지속되기는 어렵지요. 난전, 즉 허가받지 않은 사상私商은 객주, 여각, 개성상인이나 경강상인 등 전국적 점포망을 가진 대상, 그 외에 서울의 종로, 이현, 칠패 등이나 지방 장시에서 활동한 상인을 가리킵니다. 좌판상에서 거상에 이르기까지 범위가 넓지요. 18세기 이후에는 상품경제의 발전으로 자금력과 상술을 갖춘 사상도고都賈(매점 또는 독점)가 나타나게 됩니다. 사상도고 역시 권력과 유착하면서 시전은 위축됩니다. 이들은 객주나 여각, 선주인船主人 등을 통하거나 대리인을 생산지로 보내 지방상품을 매점하고 생산자에게 원료와 생산비를 선대하여 생산과정을 지배했는데, 소상인영역을 침해하고 물자난과 물가고를 불러올 정도로 규모가 커졌습니다.

때문에 정조 대인 1791년에는 신해통공辛亥通共으로 육의전을 제외한 시전의 금난전권을 혁파하게 됩니다. 재정 측면에서도 상거래를 자유롭게 하고 그에 따른 세를 거두면 큰 효과를 거두는 정책이라 할 수 있습니다. 하지만 지역마다 권세가와 상인의 유착은 계속되었습니다. 당시 상권은 권력의 배경을 업어야 유지할 수 있었던 겁니다. 개항 이후 외국 상인의 침투에 대응하여 1890년에 각전 상인 수백 명이 통리아문에 모여 동맹철시까지 단행하면서 보호와 특권을 요구합니다만, 갑오정권은 결국 1894년에 특권시장체계를 없애버립니다. 그러나 대한제국이 수립되자 시전상인들은 '황국중앙총상회'를 조직하여 수세권收稅權을 통해 다시 상권을 장악하려 했습니다. 이는 객주나 다른 사상들처럼 정경유착으로 상권을 회복해 외상에 대항하려는 방식이었습니다.

사상 중에는 개성상인인 송상松商이 유명합니다. 개성의 상인전통은 오랜 시간에 걸쳐 형성된 것입니다. 송악지방 왕건의 집안은 대대로 무역으로 부를 쌓은 해상세력이었는데 상권이 황해도, 강화도, 한강 일대까지 미쳤습니다. 조선왕조 들어 출세길이 막힌 사대부층이 상업경영에 적극적으로 나서서 복식부기인 사개송도치부법四介松都置簿法[2]까지 만들어 사용하고 있었습니다. 그만큼 거래규모가 컸던 거지요. 송상들이 관여하여 설립된 대한천일은행은 이 부기방식을 사용했다고 합니다. 거상들이 국가권력과 유착해 은행자본가로 성장하려 시도한 것이지요. 금융망 건설은 그들이 경제를 주도할 수 있는 환경을 마련하는 데 필수적 요소였습니다.

개성상인은 서울의 시전상인들이 관수품과 무역상품 조달권을 장악한 상황에서도 주요교통지의 객주나 여각을 통해 송방松房—지점을 설치하여 전국적 상업망을 유지하고 있었습니다. 전국의 포목가격을 좌우할 정도였고, 삼포蔘圃에서 선매한 인삼을 일본에 수출하고 은을 들여와 다시 중국에 수출하는 삼각무역으로 자금을 쌓아 광산개발 등에도 투자했습니다. 그러나 홍삼수출 권한이 일본인에게 넘어가면서 기반이 무너집니다. 개항 이후에는 인천항으로 진출해 개항장 안팎의 유통에 참여했는데, 이들의 상권인 평안도와 황해도에는 청상들이 진출하지 못할 정도였습니다. 평양상인도 인천항에 대동상회를 세워 수출입에 종사하면서 진남포 개항 이전까지 전국적으로 상권을 확대했습니다.

경강京江상인은 한강 유역의 용산, 마포, 서강, 송파진 일대의 사상들이었습니다. 수송업이나 주막경영을 하다가 점차 나루에 모인 물품의 거간居間

---

[2] 사개송도치부법의 특징은 사개에 있다. 사개는 거래내용 기록에 꼭 필요한 4가지, 즉 주는 사람, 받는 사람, 주는 것, 받는 것을 뜻한다. 사용되는 장부로는 일기日記와 장책帳冊 및 기타 각종 보조부가 있다. 거래가 발생하면 먼저 일기에 주고받는 사람의 이름이나 상호를 써서 서술적으로 기록했고 장책에 거래처마다 별도의 계좌를 만들어 기입했다.

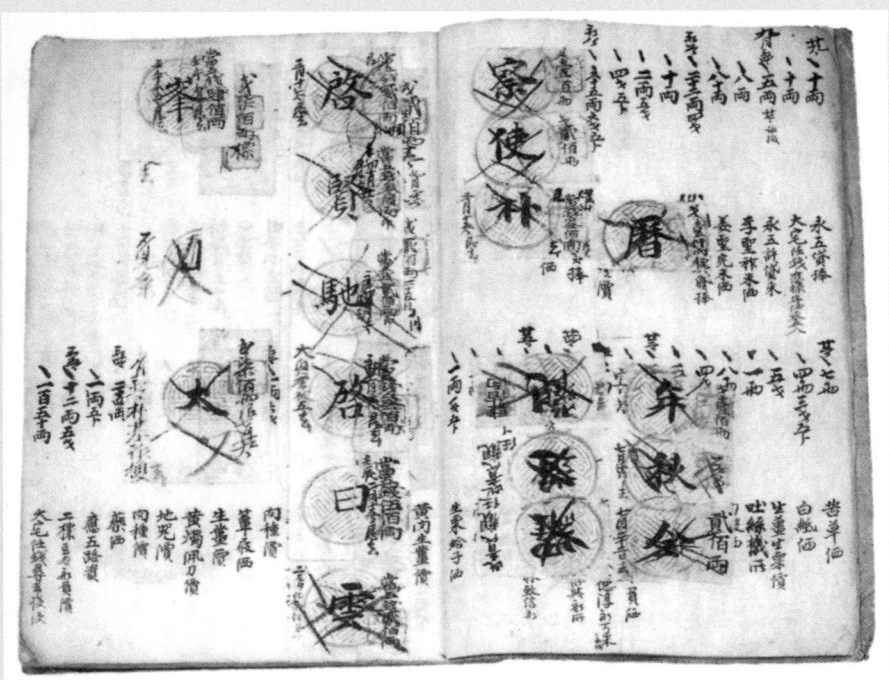

사개송도치부법(四介松都置簿法) 일기(日記)

조선 후기 상품화폐경제가 발전하면서 자금력과 상술을 갖추고 전국적 거래망을 가진 다양한 상인들이 등장했는데 이를 사상(私商)이라고 한다. 사상 가운데 가장 유명한 것은 지금의 개성에 근거를 두고 활동한 송상(松商)인데, 이들은 복식부기인 사개송도치부법(四介松都置簿法)으로 작성된 장부책으로 금전출납상황을 기록했다. 송상들이 관여하여 설립된 대한천일은행은 이 부기방식을 사용했다고 한다.

과 판매로 영역을 확대했고, 나아가 특권상인인 시전에 납세하고 판매권을 얻어 상권을 넓혀갔습니다. 교통요지인 한강 유역에서 미곡을 비롯해 소금, 목재, 어물, 땔나무柴木 등 한양 주민들의 필수품을 취급했고 매점매석도 서슴지 않았지요. 지방에서 사들인 쌀을 창고에 보관했다가 쌀값이 오르면 출하해서 폭리를 취하는 방식이었습니다. 1833년에는 서울의 미전상인과 객주, 경강의 미곡상인이 연합해 쌀을 매점매석한 탓에 빈민들이 폭동을 일으킬 정도로 경강상인의 경제력은 상당한 수준이었습니다. 경강상인은 중앙으로 수송하는 세곡과 한양에 사는 지주의 소작료를 운반하는 선박수송업도 독점했는데, 일본의 기선이 들어오면서 큰 타격을 입게 됩니다. 송상이 인삼수출권을 일본인에게 빼앗긴 것과 비슷한 상황을 맞게 된 거지요. 국가의 뒷받침이 없어져가는 상황에서 거상들도 생명력을 유지하기 어려웠습니다.

　이들과 달리 보부상은 영세 행상조직이었지요. 이들도 개항 이후 정부의 보호 아래 특권단체인 혜상공국, 상리국[3] 등으로 조직화되어 객주나 사상도고처럼 수세권과 독점영업권을 주고받으면서 특권상인의 지위를 점하게 됩니다. 이들은 지방상황을 전달하는 정보원과 치안단속의 역할도 겸했습니다. 동학농민전쟁 때 드러나듯이 보부상과 소상인, 농민은 서로 대립적이면서도 외국 상인의 진출로 피해를 입는 판매자와 구매자로서

3　혜상공국은 종래의 지방행상단인 부상負商(등짐장사)과 보상褓商(봇짐장사)을 통합해 1833년 8월에 설치한 관청으로, 전국의 부상과 보상을 관리·점검하여 무뢰배의 혼잡을 단속하는 것이 주임무였다. 상리국은 1885년 8월 혜상공국을 개칭한 관청으로 1894년 갑오개혁 때 농상아문에 소속되었으며, 1897년에 황국중앙총상회로, 이후 다시 황국협회로 개칭되었다.

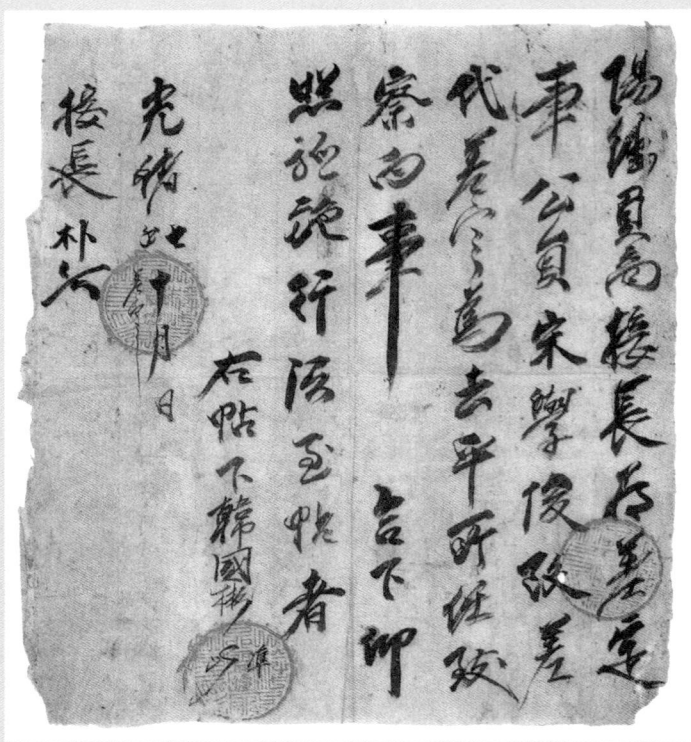

보부상 임명장

양덕(陽德) 부상(負商) 한국빈(韓國彬)을 접장(接長)으로 인정한다는 내용의 임명장이다. 보부상은 전국의 장시를 떠돌면서 장사를 하는 영세 행상조직으로, 봇짐장수인 보상(褓商)과 등짐장수인 부상(負商)을 합쳐 부른 것이다. 보상과 부상은 별개의 행상조합으로 성장했으나 고종 때 하나의 전국적인 조직으로 통합되어 정부의 비호를 받으며 만민공동회를 혁파하는 데 앞장서는 등 정치적 별동대의 역할을 했다.

유대관계 또한 적지 않았던 이중적 관계였습니다. 갑오정권 당시 상리국이 혁파되었지만, 대한제국 때는 황국협회 하부조직이 되었고, 1899년에 상무회사가 설립되어 재원이 절실했던 황실권력과 유착해 특권을 유지하려 했습니다. 그러나 정치적 별동대 역할에 머물렀고 이후 뚜렷한 세력으로 존재하지는 못했습니다.

나라 잃은 상인들의 한계

객주란 남의 물건客의 매매를 알선해주는 사람主입니다. 교통요지인 포구에서 물품의 위탁판매, 매매주선, 그에 따른 창고업, 수송업, 금융업, 숙박업 등을 겸하는 일종의 종합상사인 셈입니다. 객주업은 한강변에서 특히 번성했지요.

위탁판매의 경우 객주는 17세기부터 여객주인旅客主人, 포구주인浦口主人, 선주인船主人 등으로 불린 객상客商이 수송해온 물자를 시전상인이나 장시의 행상에게 중개하는 도매상에 해당됩니다. 조선시대에는 일정한 자리에서 대규모 화물을 도매하는 정주定住상인보다, 타지 사정에 어두운 객상이 객주에게 물품판매를 의뢰하고 객상에게 장기간 숙박장소를 제공하는 객주가 도매상 역할을 했습니다. 당시의 이런 상거러 관습은 물량과 경제력 이동에 따라 바뀔 수도 있었겠지요.

특히 미곡, 어염, 땔나무 등을 거래하는 경강의 객주는 매점매석으로 재산을 모아 시전의 금난전권을 위협할 정도였는데, 18세기 중엽에는 어물전에 세금을 납부하고 거래를 인정받았습니다. 객주도 어용상인인 시전상인처럼 권력과 유착된 특권을 갖고 상권을 확보해간 것입니다. 객주가 내는 포구세浦口稅가 특권을 수반한 것이지요. 제주도 객주 김만덕도 육지 물품인 옷감이나 장신구, 화장품 등을 양반층 여인들에게 팔고, 제주 특산물인 녹용과 귤 등을 육지에 팔아 부를 쌓으면서 관청물품을 조달하고 포구에서의 거래를 독점하는 주인권主人權(매매알선권)을 장악했습니다. 그에 반해 난전들의 무대인 지방장시는 여전히 소상인이 중심이었습니다.

또 객주는 고객이나 양반에게 예금과 정부예금을 받아 상인, 왕실이나 정부에 대출도 하고 어음을 발행하여 환업무 같은 금융제도를 만들어갔지요. 특히 어음을 많이 사용했는데, 이런 관행이 결국 은행권으로 발전하는 기초가 되었습니다. 19세기에는 거래량이 늘면서 가정용품이나 채소, 과일, 해산물, 곡물, 약물 등 물품별로 전문 객주가 생겨났고, 금융 전문의 환전객주, 숙박업 전문의 보행步行객주 등 업종별로도 분화되었습니다. 송기숙의 소설 『녹두장군』을 보면 객주 김덕호가 어음교환, 무기밀매 등을 통해 전봉준에게 자금과 정보를 제공하는 모습을 볼 수 있지요.

개항 후 개항장에 진출한 개항장객주는 주인권을 갖고 있던 경강상인이나 기존 객주와 달리 외국 상인과 조선객상의 매매나 금융을 주선하고 어음유통을 통해 자본을 축적합니다. 엽관운동에도 나서 특정 화물에 대한 독점취급권을 얻기도 했지요. 하지만 개항장객주와 외국 상인의 결탁관계는 1883년 조영朝英수호통상조약 이후 외상이 내지 행상을 시도하면서 대립관계로 변했습니다. 이런 상황에서 개항장객주는 상회사를 조직해 특권을 강화하는 방식으로 대처합니다. 원산상회소나 인천객주상회와 같은 객주상회사는 수세를 대행하고 매매주선권을 보장받는 조직이었지요. 길드와 같은 폐쇄적 동업조합과 비슷합니다. 예를 들어 인천객주상회는 1893년에 영업세 20만 냥을 징수했다고 합니다. 물품별, 지역별로 조직된 도都객주, 도여각, 도주인 등의 동업조직도 수세 대행기구였습니다. 상권보호가 절실한 개항장객주와 이들에 대한 일괄수세를 통해 재정을 늘리려는 정부의 이해관계가 합치된 거지요.

이후 대한제국이 내장원[4] 중심으로 중앙집권적 상업통제정책을 구상하면서, 상회사의 회장은 사원들이 선출했습니다만 사장은 정부관료가 맡아 국가권력과의 밀착이 강해졌습니다. 인천객주상회가 1897년 신인천신상紳商회사로 개칭된 것도 그 반영입니다. 특권은 개항장객주들이 상권을 유지하는 기반이었습니다. 정부는 1899년 영업세 수세를 위해 인천, 부산 등 25개 객주에게 전관지역매매주선독점권을 나누어주려 했지만, 청·일 양국의 반대로 실패했습니다. 결국 상인단체들은 특히 을사조약 체결 뒤 그들의 보루였던 관허제와 특권을 잃어버리게 됩니다. 즉 객주는 외상과 경쟁하기 위해 정부—황실과 결탁하면서 특권을 통해 상권을 유지하려 했지만 국가주권이 없어지면서 기둥을 잃게 되었던 것이지요.

잡세혁파와 특권상업 폐지 등 갑오정권의 자유주의적 상업정책은 외상의 경제침탈에 대응하는 방식이 되기 어려웠습니다. 그에 반해 대한제국의 상업정책은 특권상인의 보호육성에 중점을 두었습니다. 상인들에게 독점특권을 주고 세수입을 거두는 형태로 이해관계를 나눈 거지요. 어느

---

4 1895년에 세워진 왕실의 보물·세전世傳·장원莊園 등의 재산을 관리한 관청.

나라에서든 자본축적의 초기단계에는 영세상인을 침탈하고 시장을 독점하는 정책이 나타납니다. 1895년에는 상인단체와 국가권력의 연합체인 상무회의소가 설립되고 민간상인조직은 금지되었어요. 관료가 상무사 임원을 맡음으로써 국가가 상인단체를 적극 통제한 것입니다.

일본인 은행이 인천·한성 등에 설치되고 일본 상인의 자금동원력이 커지자, 동업조직이나 업종전문화방식으로 대응하던 조선 상인들도 황실과 관료의 힘을 업고 은행설립에 적극 나서게 되었습니다. 이런 정책이 효과를 발휘하려면 자체적인 금융망(기관)을 구축하고 화폐주권을 유지해야 합니다. 그런데 1904년 이래 대한제국이 주권을 빼앗기면서 일이 어렵게 되지요. 많은 상인들이 일제의 '화폐정리'가 불러온 전황錢荒, 즉 금융공황 때문에 자금유동성이 막혀 연쇄도산을 맞았습니다. 대한제국기에 1904년까지 200여 개 이상의 회사가 설립되었지만, 때가 너무 늦기도 했거니와 그나마 일제의 회사억제정책으로 기를 펴지 못했습니다.

05

화폐-금융주권은 왜 중요할까?

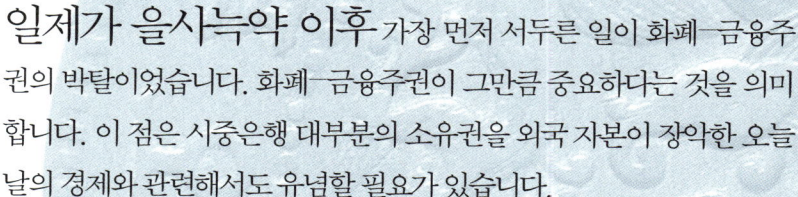

일제가 을사늑약 이후 가장 먼저 서두른 일이 화폐-금융주권의 박탈이었습니다. 화폐-금융주권이 그만큼 중요하다는 것을 의미합니다. 이 점은 시중은행 대부분의 소유권을 외국 자본이 장악한 오늘날의 경제와 관련해서도 유념할 필요가 있습니다.

화폐주권의 박탈, 조선 상공인의 파산

 개항 후 조선왕조-대한제국은 정책시행 시기를 놓치고 상황을 오판해 국민경제 형성에 실패했습니다. 식민지자본주의의 출발은 금융주권 상실에서 비롯됩니다. 금융-생산-판매 연결망에서 결정적 축인 금융주권의 부재는 국민경제 형성을 불가능하게 합니다. 조선인 상인들이 은행자본으로의 성장을 꾀했지만 결국 무위에 그쳤지요. 한말 이래 자본가층의 결정적인 한계는 국가주권의 중차대함을 인식한 경우가 드물었다는 점입니다.
 19세기 들어 서구 국가들은 외국 통화를 자국에서 몰아내고 단일통화를 만듭니다. 국가가 단일통화의 전국적 발행권을 장악하거나, 메이지 초기 일본처럼 지역별로 은행들이 국가통제 아래 은행권을 발행하여 화폐주권을 세운 거지요. 발행차익은 재정수입원으로 활용되고, 국민경제의 기반인 재정금융정책을 세웁니다. 단일화폐유통은 구성원들에게 '국민'으로서의 정체성도 심어줍니다. 화폐주권은 통화와 금융관리를 주관하고 여타 금융기관 감독권을 갖는 중앙은행을 통해 실현됩니다.
 그러나 개항 이후 조선 경제는 이와 반대되는 길을 걸었지요. 화폐주권이 잠식되다가 결국 완전히 빼앗겼습니다. 개항장을 중심으로 멕시코 은화, 러시아의 루블 은화, 일본 화폐 등 외국 화폐들이 유통되자, 정부는 '신식화폐조례'(1892)를 제정하여 1냥 은화와 5냥 은화(외국인 전용)를 본위화폐로, 2전 5푼 백동화, 5푼 동화, 1푼의 구전화舊錢貨 등 3종을 보조화폐로 하는 새로운 화폐제도를 도입했습니다. 그러나 은화제조에 필요한 은이 부족했을뿐더러, 청국 등 열강이 반대하고 일본이 자금지원 약속을 지키지 않아 중단되었지요. 게다가 보조화폐인 백동화를 일본인들까지 불법제조하는 일이 벌어지고, 주조차익을 노려 재정조달용으로 화폐발행이 남발되어 인플레가 심해졌습니다. 개항장에서는 백동화보다 일본 화폐가 더 유통되는 형국이 벌어지게 됩니다.

1894년 갑오정권은 은본위제 시행을 위해 '신식화폐발행장정'을 공포했습니다. 본위화폐로 5냥 은화, 보조화폐로 1냥 은화, 2전 5푼 백동화, 5푼 적동화, 1푼 황동화 등 5종의 화폐를 주조하고, 이미 통용되던 다른 화폐와 병용하도록 규정했습니다. 문제는 백동화 남발과 일본 화폐(1엔 은화)의 국내통용 허가로 화폐주권이 잠식되었다는 점입니다. 1902년부터는 일본의 사립은행인 일본제일은행이 개항장에서 아예 제일은행권(1엔, 5엔, 10엔)을 유통시켰습니다. 대한제국의 재정책임자였던 이용익은 보부상 조직인 상무사나 특권상인들과 연계해 일본 화폐 배척운동까지 벌였지요.

결국 러일전쟁을 계기로 대한제국의 화폐-금융주권 수립시도는 완전한 실패를 고하게 됩니다. 이용익은 일본으로 납치당했고, 일본 각의는 이토 히로부미伊藤博文가 작성한 대로 한국의 군사·외교·재정·교통·통신·척식권리를 일본이 장악한다는 '대한방침 및 대한시설강령'(1904. 5. 31)을 결정했습니다. 화폐와 재정주권 장악과 관련하여, 일본이 빨리 일본인 "고문관을 들여" "징세법 개량, 화폐제도 개혁 등에 착수하여 한국 재무의 실권을 장악掌握"해야 한다고 강조한 점이 주목됩니다.

실제로 이후 하야시 곤스케林權助와 윤치호(외부대신서리)가 체결한 '한일외국인고문용빙에 관한 협정서'(1904. 8. 22)에 의해 대장성 주세국장 메카다 다네타로目賀田種太郎가 재정고문으로서 재정금융에 관한 전권을 장악합니다. 그의 첫 임무인 '화폐개혁'은 일본의 화폐제도를 한국으로 확장하는 것이었지요. 대한제국의 화폐발행권을 박탈하고 전환국을 폐지했습니다. 나아가 일본제일은행이 국고금을 취급하도록 해서 일본 화폐를 신화폐로 삼고 엔화 유통권을 넓혀갔습니다. 대한제국의 화폐('구화폐')를 없애고 '신화폐'(일본제일은행권)로 대체하기 위해 외국 화폐가 자유롭게 유통되도록 한 것은 물론이고요. 일본제일은행이 실무를 맡은 '화폐정리'를 통해, 일본은 대한제국의 화폐발행권과 국고업무, 즉 금융과 재정주권을 완전히 장악해버립니다.

'화폐정리'를 위해 '구백동화 교환에 관한 건'(1905. 6. 24. 탁지부령 제1호)에 의해 구화폐 교환이 시작되었지요. 한국인들이 신화폐를 사용하지 않자, 일제는 한국 상인들이 사용하는 엽전이나 백동화를 무담보 무이자로 빌려주되 신화폐로 상환해야 한다는 조건을 붙입니다. 그런데 한국 상인들은 정작 상환시점에 이르러 시중에서 신화폐를 구할 수 없으니 은행에서 구화폐를 신화폐로 교환해야 했는데, 이때 구화폐 가치를 절반 이하로 평가하거나 받아주지 않는 방법을 썼던 겁니다.

결국 이 과정에서 한국인들이 소유한 화폐가치는 1/3 수준으로 떨어졌고, 특히 백동화 소유자의 피해가 막심했습니다. 어음 만기가 되어도 신화폐를 구하지 못해 일시적 유동성 문제로 도산하는 업체가 속출했습니다. 이것이 당시 '화폐공황'의 실상입니다. 이처럼 화폐주권 박탈은 상인들의 대거파산, 민족경제의 기반이 되어야 할 금융주권의 박탈로 귀결되었습니다. 일본은 이 화폐공황을 기화로 제일은행권 유통을 확산시켜, 이미 '병합' 전부터 제일은행권이 전국적으로 유통되고 있었습니다.

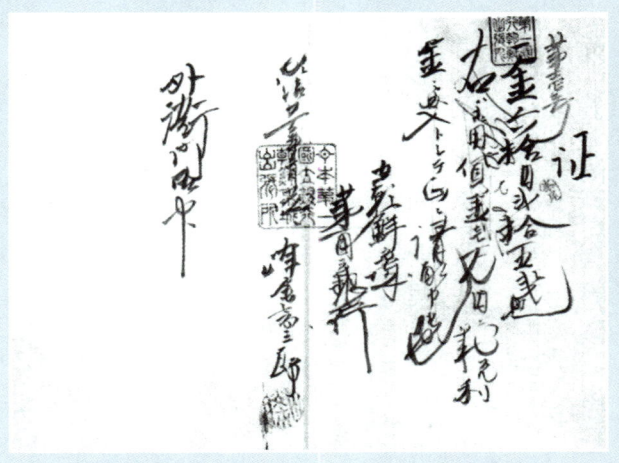

화폐주권의 박탈

일제는 대한제국의 화폐-금융주권을 박탈하기 위해 1902년부터 일본제일은행이 발행한 제일은행권을 개항장에서 유통시켰다. 일본화폐 배척운동까지 벌였으나 일제의 압력으로 결국 대한제국의 화폐발행권은 중단되고 금융과 재정주권을 완전히 빼앗겼다. 화폐주권의 박탈은 상인들의 대거파산, 민족경제의 기반이 되어야 할 금융주권의 박탈로 귀결되었다. 문서는 일본제일국립은행(경성출장소)으로부터 대한제국 정부가 도입한 차관에 대한 영수증이다.

은행설립 시도의 무산

조선시대에 대부업, 창고업, 환업무—어음교환 등의 금융업은 객주와 같은 상인자본이 담당하고 있었습니다. 국가재정운영의 일환이었던 외획外劃[1]도 상인들과 관권이 결탁한 가운데 금융수단으로 활용되었지요. 이를 배경으로 새로운 형태의 금융기관인 은행설립이 거론되었습니다. 이미 1878년에 부산에 출장소를 설치한 일본제일은행을 경험한 상황이었고, 「박영효 건백서」[2]도 은행설립을 제기했었지요. 조세금납까지 시행된 상황이어서 상인들과 권력이 결합한 은행설립이 모색되고 있었던 겁니다.

그러나 19세기 말까지 대한제국은 전통적 금융을 체계화시켜 국민경제의 기반이 될 은행을 설립하지 못했습니다. 갑오정권의 탁지아문에 신설된 은행국도 신구화폐 교환으로 업무가 제한되어 있었습니다. 새로운 경제환경에 부응하는 판단이 그만큼 뒤떨어져 있었다는 의미겠죠. 처음 선보인 일반은행은 1896년 6월에 창립되어 1897년 2월부터 영업을 시작한 조선은행입니다. 갑오정권이 시행한 조세금납제를 배경으로 국고금의 예치나 출납을 활용한 대부업 성격이 컸습니다. 안경수(은행장), 김종한 등이 심상훈(탁지부 대신)의 힘을 얻어 주식회사(자본금 10만 원)로 설립한 만큼 권력

---

1 외방직획外方直劃의 줄임말로, 조세곡 또는 조세금을 중앙에 수송하지 않고 곧바로 지출하는 방식. 이 과정에서 매개 역할을 하는 상인들이 국고를 자금원으로 활용하면서 은행기능을 수행하는 셈이 된다.
2 갑신정변 이후 일본으로 망명한 박영효가 1888년 초 고종에게 올린 건백서. 갑신정변에 임했던 자신의 정세관을 밝히는 한편, 이후 국정개혁을 시급함을 주장하면서 8조의 개혁방안을 제시했다. 이 문서를 통해 개화파의 정책, 특히 경제개혁의 기본구상을 알 수 있다.

친화도가 경영에 중요했습니다. 그러나 『독립신문』에 주주모집 광고를 79차례나 할 정도로 주주-자금모집이 어려웠고, 결국 1901년에 해산되었습니다.

한성은행(자본금 20만 원)도 조선은행과 비슷한 시기인 1897년 2월부터 영업을 시작했습니다. 국고를 예치받고 금납제를 배경으로 각 관찰부에 지점(지소)을 두는 등 정부지원을 받았습니다. 1903년에 이를 인수한 친일 자본가 한상룡의 평가라 조심스럽기는 합니다만, 1~2년 동안 "전당포식 은행"영업을 하다 중지되었다고 합니다. 이들 두 은행은 '고권股券(주식)'의 외국인 양도를 금지하는 등, 국민경제를 주도할 정상政商은행의 출범가능성을 타진하는 마지막 시험대였습니다.

1899년 1월에는 거상들과 심상훈, 민병석, 이용익, 이근호 등 고관들이 합작해서 고종의 내탕금內帑金[3] 3만 원까지 지원받아 대한천일은행(자본금 5만 6천 원)을 설립했습니다. 민병석(농상공부 대신)이 은행장, 이근호가 부은행장을 맡았지만, 탁지부 대신에게 제출한 청원서(1899. 1. 22)에 서명한 6명 중 5명이 상인들이었습니다. 고종에게 내탕금 하사를 청원한 김두승, 조진태, 백완혁 등 거상들이 은행설립에 적극 나선 거죠. 1899년 3월 말 현재의 불입주금 4,800원 가운데 송문섭, 김두승 등 상인 9명이 400원씩 불입했습니다. 물론 상인이더라도 퇴직관리로서 현직고관이나 황제와 연결되는 배경을 지닌 재력가들이었지요.

---

3 조선시대 임금의 사재私財를 보관하던 창고를 내탕고라 한다. 내탕금은 내탕고에 넣어두고 임금이 개인적으로 쓰던 돈을 말함.

황제의 출자를 과시한 관상유착은행이었던 대한천일은행은 일반은행업은 물론 공전公錢수송, 태환권 발행, 부동산 전당급채典當給債 등의 영업으로 중앙은행 성격도 띠었습니다. 창립 직후인 1899년 8월~10월간에 5만 원의 국고금을 받았고, 1902년에 영친왕이 은행장, 이용익이 부은행장에 취임하는 등 황실은행의 성격이 강해졌습니다. 1899년 4월에 개성, 5월에 인천에 지점을 설치하는 등 초기 영업은 순조로웠습니다. 그러나 투자자들에 대한 배당률이 1899년에 41%, 1900년 58%, 심지어 화폐공황을 겪었던 1905년에도 26%나 되었습니다. 즉 장기적 투자전망보다 단기 고수익을 노린 고리대업 성격이 컸던 겁니다.

대한제국 시기에는 중앙은행을 설립하는 다양한 방안이 있었습니다. 한반도에서 열강의 세력균형기―아관파천기[4]였던 1898년, 대한제국은 금본위제(보조화폐는 은화) 시행을 결정했습니다. 1900년 9월에는 당시로서는 초대형 은행(자본금 250만 원)인 대한제국특립제일은행 설립이 추진되었습니다. 중앙은행을 상정했던 것 같습니다. 이후 1901년 2월에 '화폐조례'를 제정해 화폐발행권의 정부귀속을 명시하고, '신식화폐발행장정' 이후 유통되던 1엔 은화유통을 금지시켜 화폐주권 회복을 시도했습니다. 1903년 3월에는 '중앙은행조례'와 '태환금권兌換金券조례'를 공포하여 주식회사(자

---

[4] 을미사변과 단발령 이후 항일의병 투쟁이 거세지자, 친러파 이범진 등이 러시아 공사와 공모해 1896년 2월 11일 고종을 정동에 있는 러시아 공사관으로 피신시킨 사건. 이 사건으로 김홍집의 친일내각이 무너지고 친러내각이 수립되어 일본의 침략은 일단 견제되었다. 그러나 1897년 2월 20일 고종이 다시 환궁하기까지 1년 동안 러시아를 필두로 한 구미열강은 황실을 보호해주는 대가로 각종 경제적 이권들을 약탈했다.

대한천일은행

1899년 1월 고종의 지원과 상인들의 주도로 설립된 대한천일은행은 창립 초기에는 대한제국의 중앙은행 역할을 했으며, 한국 고유의 회계기법으로 알려진 사개송도치부법을 사용했다. 지금의 우리은행 전신이다. 고종은 러시아에서 차관을 도입해 대한천일은행을 중앙은행으로 육성하려는 계획을 세웠으나 일본의 방해로 실패했다. 사진은 1909년에 준공한 대한천일은행 본점 건물로, 현재 우리은행 종로지점으로 사용되고 있다.

본금 300만 원)로서 대한제국인만의 주식소유, 중앙은행의 태환은행권 독점 발행, 국고금 출납과 해관세 등 세수 수납기구로서 중앙은행 임무를 규정합니다. 1903년 8월 심상훈(탁지부 대신)을 중앙은행 총재로, 이용익(내장원경관)을 부총재로 임명하여 실제로 착수에 들어갔지요. 이는 국고금 출납이나 세관의 관세관리를 일본제일은행이 장악한 상황에서 금융주권을 세우려는 대한제국의 마지막 시도였습니다.

그러나 금태환 화폐를 발행하기 위한 금 보유량이 절대적으로 부족했습니다. 국내산 금은 1897년에 금본위제로 이행한 일본 등지로 대량유출되고 있었지만, 대한제국은 이를 사실상 방치해왔던 겁니다. 정부는 급한 김에 홍삼전매수입 등을 통해 황실재정에서 일부를 조달하고 나머지는 차관으로 보충하려 했지만, 이권을 노린 열강의 견제로 성사되지 못했습니다.

식민지 금융기구로서의 한국은행-조선은행

대한제국의 중앙은행 설립시도가 무산된 뒤 통감부는 한국은행을 설립합니다. 1909년 7월 '한국은행조례' 공포로 11월부터 영업을 시작한 한국은행은 일본제일은행의 업무와 직원을 인계받고 1엔, 5엔, 10엔의 한국은행권 발행을 시작했지요. 총재 등 중역은 모두 일본인이었습니다. 이 은행은 1911년에 조선은행으로 개칭하여 엽전과 일본제일은행권 회수에 주력하면서 한국은행권(1914년 9월부터 조선은행권 발행)을 유통시켰습니다. 1921년

한국은행(조선은행)

일제는 1909년 11월부터 영업을 시작한 한국은행의 명칭을 1911년 조선은행으로 바꾸었다. 조선은행은 일본의 중앙은행인 일본은행을 보조하는 대표적인 식민지 금융기구로, 일반 상업은행 업무도 겸하면서 조선인 일반은행이 성장하는 길을 철저하게 막았다. 또 식민통치비를 현지에서 조달하기 위해 조선은행권을 발행하여 일제의 대륙침략정책 수행을 위한 도구로 이용했다. 사진은 1912년 1월에 준공한 조선은행 본점 건물이다.

부터는 실물가치가 있는 엽전을 제외한 구한국 화폐의 유통이 전면금지되어 식민지 화폐제도가 정착됩니다.

일제는 조선에서 일본은행권을 유통시키지 않고 한국은행권-조선은행권을 발행했습니다. 왜일까요? 가장 큰 이유는 조선에 일본은행권이 유통되면 유사시 일본은행권의 태환기초가 위협받을 수 있다는 우려 때문이었습니다. 조선은행권은 일본은행권을 정화[5]의 대부분으로 해서 발행되었는데요. 이는 조선인의 일본은행권 태환요구에 대비하기 위한 것은 아니었고, 일본과의 상품 및 자본거래의 편리를 위해 조선은행권-일본은행권의 등가교환관계를 유지하고 재조선 일본인의 본국으로 이윤송금 등에 대처하기 위해서였습니다.

조선은행권 발권제도의 식민지성은, 조선은행이 이자율을 인하하여 조선의 경제개발을 위해 적정한 통화를 공급하는 기능을 하기 어려웠다는 점에서 잘 드러납니다. 일본보다 높았던 당시 조선의 이자율이 인하되면 대출수요가 증대되고 통화증가와 수입증가가 초래되어 정화인 일본은행권의 유출증가로 이어지게 됩니다. 따라서 일본에서 자금이 유입되더라도 조선에서는 조선은행권 발권을 위해 일본은행권이 퇴장하게 되어 바로 조선에 대한 투자로 연결되지 못하거나 실질적인 구매력이 수반되지 않았던 거지요.

즉 조선은행은 조선의 중앙은행이 아니라 일본의 중앙은행인 일본은행

---

5 명목가치와 소재가치가 같은 본위화폐로 금본위국에서는 금화, 은본위국에서는 은화 따위를 이르며, 환시세에 상관없이 국제적인 평가로 유통된다.

을 보조하는 식민지 금융기구의 하나였고, 주주의 배당이익을 추구해야 하는 주식회사로서 일반상업은행 업무도 겸했습니다. 이런 상황에서 조선인 일반은행은 성장할 수가 없었지요. 일제시기에는 대부분의 법령이 일본 국왕과 정부의 위임을 받은 조선총독의 제령制令으로 규정되었습니다. 그러나 조선은행만은 일본 국왕의 '칙령'인 '조선은행법'으로 규정해 일본 정부가 총재임명권과 업무감독권을 장악하고 있었습니다.

　중앙은행은 엄격하게 획정된 영토 내에서 국민통화를 발행하지만, 조선은행권은 1910년대부터 만주에 유통되어 일제의 각 점령지역에서 유통되었습니다. 중일전쟁 이후 조선은행은 일본 전비조달의 핵심기구가 되어 중국 점령지의 엔계 통화권을 매개하는 역할을 맡았습니다. 특히 조선은행권 발행제도가 1941년 최고한도 내에서 자유롭게 발행준비를 할 수 있는 '최고발행액 제한제도'로 바뀜으로써, 중국 점령지와 만주의 엄청난 인플레이션 파고가 고스란히 점령지·식민지 민중의 고통으로 전가되었습니다. 일본 경제는 조선 경제를 방벽 삼아 인플레 부담을 최소화했지요. 즉 조선은행과 일제가 식민통치비를 현지에서 조달하기 위해 고안한 화폐발행제도인 조선은행권은, 조선 경제와 무관하게 일제의 대륙침략정책 수행을 위한 도구로서 운용되었습니다.

2부
일제 식민지 시기

06 식민지 지배하 조선인 은행자본의 운명
07 일제가 실시한 토지조사사업의 배경과 본질
08 식민지자본주의, 국가 없는 자본주의
09 누구를 위한 '산미증식'인가
10 일제시기 공업화의 본질
11 수탈의 천국, 식민지 조선
12 일제의 조선인 강제동원

06

식민지 지배하
조선인 은행자본의 운명

■

일제 식민지 은행정책은 궁극적으로 조선인 은행의 존재를 부정하는 것이었습니다. 크고 작은 조선인 은행자본이 일제와 결탁하거나 내적 견실성을 추구하면서 생존을 기도했지만, 그들의 행로는 순조롭지 않았습니다. 조선인 은행자본은 어떤 전략을 추구했고, 그 결과는 무엇이었을까요?

1905년 화폐공황과 조선인 은행

　1905년의 폭력적 '화폐정리'가 낳은 화폐공황은 일제가 조선인 은행을 지배 종속시키는 일대 기회로 활용됩니다. 그 전에 이미 일본제일은행의 에이전트가 된 한성은행의 경우를 봅시다. 대한제국은 '화폐조례'(1901. 2. 12)를 공포하고 금본위제 시행을 위한 5백만 원 상당의 차관도입을 러시아·일본 등에 타진합니다. 그러자 일본은 러시아 차관을 막기 위해 시부사와 에이이치澁澤榮一의 일본제일은행 자금을 조선인 은행을 통해 차관으로 제공한다는 방식을 모색하지요(물론 차관은 이뤄지지 않았지만요). 그에 따라 1903년 12월 다가키 마사요시高木正義 일본제일은행 경성출장소 소장이 이재완을 끌어들여, 그의 측근인 한상룡이 한성은행의 경영을 맡게 됩니다. 때문에 한상룡도 1903년 이후의 한성은행을 일본 "국책은행의 하나"라고 생각했습니다.

　이후 한성은행은 점포비와 대출자금으로 3만 5천 원을 빌려준 일본제일은행이 파견한 행원에게 업무감독을 받게 되었습니다. 담보품을 감정하고 대출액을 결정하면, 일본제일은행 행원이 담보를 재감정해 그에 따라 돈을 빌려주었습니다. 한성은행 영업은 일본제일은행의 '에이전트'에 불과한 수준이었지요. 한성은행 대출이자율이 시중금리보다 쌌기 때문에 영업은 땅 짚고 헤엄치기였습니다. 반면 외래 자본에 의해 배제된 전통적 금융권인 뚝섬이나 서강객주들은 피해가 커서 저항도 적지 않았습니다. 영업장에 돌이 날아들어 행원과 손님들이 이불을 뒤집어쓰는 일이 비일비재해서 청원순사를 배치해야 할 정도였으니까요.

그러나 한성은행도 화폐공황 때 부실대출이 쌓여 경영난을 맞게 됩니다. 결국 주총에도 참석했던 메카다를 통해 납입자본의 2.7배나 되는 탁지부 대하금(10만 원)을 받고, 800주를 인수한 일본제일은행이 한성은행의 최대 주주가 되면서 경영난을 해결했습니다. 물론 통감부가 관할하는 탁지부가 한성은행에 출장소를 설치했다고 할 정도로 대출은 물론 잡비지출까지 일일이 감독받는 상황을 감수해야했지요.

대한천일은행 역시 화폐공황으로 휴업에 들어갔습니다. 그리고 탁지부 차관 아라이 겐타로荒井賢太郎의 「대한천일은행 정리요강」에 따라 증자(5만 6천 원→15만 원), 정리 및 개업자금으로 20만 원 제공, 정부(통감부)가 추천하는 지배인의 고용과 중요사항의 정부승인 등을 조건으로 1906년 6월 납입자본의 4.7배나 되는 탁지부 대하금(24만 엔)을 받아 영업을 재개하면서 지배인 이즈미 미키타飯泉幹太의 경영통제를 받게 됩니다. 1909년의 증자(공칭 50만 엔, 불입 12만 5천 엔) 때는 탁지부 대하금의 일부를 출자전환하여 통감부가, 병합 후에는 조선총독이 최대주주가 되어 일본인 은행으로 탈바꿈했습니다. 1911년 2월 조선상업은행으로 개칭한 뒤 경영이 부진했던 일본인 은행인 조선실업은행과 합병(1924. 4)된 것을 계기로 조선총독부 재무국장이었던 와다 이치로和田一郎가 두취(은행장)로 취임했는데, 10명의 중역진 중에 조선인은 3명뿐이었지요. 1928년 6월에는 삼남은행을 합병하고 삼남은행 두취였던 박영철이 1931년 1월부터 1939년 3월 사망할 때까지 명예직에 가까운 두취로 남았지만, 전무였던 호리 쇼이치堀正一가 대표취체역이 되고 1940년 12월엔 모든 중역을 일본인이 차지하게 됩니다.

한일은행은 청일전쟁 당시 일본군에게 군량미를 제공한 거상 조병택을

조선식산은행

일제 식민지 은행정책의 큰 특징은 특수은행(금융조합 포함) 중심으로 운영하고 궁극적으로 조선인 은행의 존재를 부정한 것이다. 조선식산은행은 1918년 10월 각지의 농공은행을 합병하여 설립된 식민지 특수은행으로, 동양척식주식회사와 함께 일제가 식민지 경제지배를 위해 설립한 핵심적 금융기구이다. 사진은 조선식산은행 본점 건물이다. 조선식산은행은 1954년에 한국산업은행으로 개편되었다.

두취로 하여 1906년 8월에 설립(자본금 15만 원)된 은행입니다. 화폐공황을 타개하기 위해 경성상업회의소 상인들이 나선 은행이었습니다. 그러나 일본과 유대관계를 가진 조선 상인들이 자체적인 은행을 갖고자 했던 시도 역시 오래 가지는 못했습니다.

조선인 은행자본을 배제한 식민지 은행정책

은행의 존재양태는 경제의 성격과 본질을 보여줍니다. 둥지의 어미새(국가)가 품어줘야 새끼(자본주의)가 알을 깨고 나올 수 있는데, 이때 환경조성과 영양공급(은행)이 필수적이지요. 그런데 남의 둥지에서 덕이를 독점한 뻐꾸기(일제 특수은행과 일본인 은행)는 살기 위해 발버둥치는 둥지의 원래 주인(조선인 은행)을 하나하나 떨어뜨립니다. 이게 바로 식민지 조선인 은행의 모습이었습니다.

일제 식민지 은행정책의 큰 특징은, 특수은행(금융조합 포함) 중심으로 운영하고 궁극적으로 조선인 은행의 존재를 부정했다는 점입니다. 한국은행-조선은행, 농공은행-조선식산은행, 금융조합 등 특수은행이 총독부 지원을 받으면서 예금·대출 등 일반은행 업무까지 취급했습니다. 특수은행이란 채산성 등의 문제 때문에 상업금융기관인 일반은행이 자금을 공급하기 어려운 부분에 대한 정책적 자금배분을 위해 정부출자로 설립된 은행을 말합니다. 중앙은행을 비롯해서 중소기업이나 농어민 대출전담 등 각종 국책 특수은행이 있지요. 물론 은행시장에서 점하는 비중은 일반은행이 더 크게 마련입니다. 일본도 1910~1940년간에 일반은행이 예금의 73~76%, 대출의 68~69%를 차지했습니다. 1차대전 이후의 반동공황反動恐慌(1920)과 관동대지진으로 발생한 진재공황震災恐慌(1923) 등 연이은 불황을 거치면서 1931년에는 일반은행이 680개로 정리되었지만, 가장 많았던 1901년에는 1,867개나 되었습니다. 자본금이 10만 원도 안 되는 소은행이 그중 1/4 정도나 되었지요.

그러나 조선에서는 1910년대에 20개의 일반은행이 신설된 뒤 1920년까지도 21개에 불과했습니다. 무엇보다 1912년 '은행령' 제정 당시 신설은행의 최저자본금을 30만 엔으로 정하여 대자본가들만 은행설립에 참여할 수 있도록 제한함으로써 통제의 편의를 꾀했기 때문입니다. 게다가 1928년 말의 개정 '은행령'은 최저자본금을 200만 엔 이상(기존 은행은 100만 엔, 5년 유예)으로 올렸습니다. 1년 전에 일본에서 진재공황 타개책으로 개정된 '은행법'의 100만 엔(도쿄·오사카에 본지점을 둔 은행은 2백만 엔)보다 2배나 높았지요. 경제규모나 소득수준이 일본과 비교가 안 되는 조선에서 이렇게 정한 겁니다. 결국 향후 은행신설을 불허하겠다는 뜻이었고, 은행합병의 시작을 의미했습니다. 조선에서 '제도권 금융'에 포함될 수 있는 계층은 그만큼 제한적이었던 겁니다.

조선에서는 일본인 은행을 포함한 일반은행의 예금비중이 1910년대 말부터 늘어났지만 1924년(31.1%)이 최대였고 1930년대 이후 한 번도 20%를 넘지 못했습니다. 대출비중도 10%대였고 20%를 넘은 적이 없습니다. 즉 조선에서 일반은행은 조선식산은행이나 조선은행 등 특수은행을 보조하는 역할에 불과했던 겁니다.

식민지 은행정책은 일본제일은행을 통해 화폐-금융주권을 장악하면서 조선에서의 은행업을 일본인이 독점하도록 하는 방식에서 출발했습니다. 일본제일은행은 이후 통감부 정책으로 한국은행에 업무를 넘겼지만(1909), 조선지점에서 거둔 순익이 1897년에 총 순익의 11.4%, 1909년에 39.5%나 될 정도였습니다. 조선지점은 한마디로 '황금알을 낳는 거위'였지요. 그리고 한성농공은행(1906)을 시작으로 각지에 설립된 11개 농공은행이 7개로 정리된 뒤, 동아일보의 뒷날 표현을 빌면 조선식산은행(1918)의 "아가리로 들어간" 방식, 즉 '키워서 모아 잡는' 방식이 이후 조선총독부의 일반은행정책에 원용되었습니다. 농공은행은 식민정책 수행을 위해 설립된 특수은행으로서 탁지부가 파견한 일본인 지배인이 경영을 장악하고 있었습니다. 그런데 일제는 1914년 5월까지 농공은행의 주주·중역에, 그리고 식산은행 설립 전까지 중역에 조선인만 임명해 조선인 유산층에게 농공은행이 조선인 은행이라는 착각을 조장했습니다. 실제로 한성은행, 대한천일은행, 한일은행의 설립주체들은 농공은행에 주주나 중역으로 적극 참여했습니다. 호남 대지주 현기봉은 광주농공은행을 두고 "우리 자본을 우리가 육성한다고 자본을 공동출자해 설립"한 것으로 생각했다가, 동척이 농공은행 돈을 제 돈처럼 끌어다 전라도 땅을 마구 사들이고 식산은행으로 통합되는 상황에서 분노하기도 합니다. 결국 식산은행 설립 이후 조선인 중역들은 상담역으로 전락함으로써 제자리(?)를 찾게 되었지요.

이처럼 식민지자본주의 경제는 자유시장 개념으로 설명할 수가 없습니다. 조선총독부는 한상룡이나 김연수 같은 친일 '귀족'조차 은행의 소유나 경영권을 유지하도록 놔두지 않았습니다. 일제가 조선인 은행을 일본인

은행화한 방식은 크게 세 가지였습니다. 첫째는 상공인에게 대재앙을 안겨준 1905년의 폭력적 '화폐정리'에서 비롯된 유동성 위기 당시 한성은행과 대한천일은행에 자금을 빌려줌으로써 경영지배를 통해 일본인 은행화했던 방식입니다. 둘째는 재력가들에게 은행설립을 부추겨 20여 개 은행을 신설하도록 한 1910년대가 지난 뒤, 주기적으로 닥치게 마련인 유동성 문제나 경영난을 계기로 조선은행 출신 중역을 투입하여 경영권을 장악하고 합병으로 흡수했던 1920년대 이래의 방식입니다. 셋째는 호남은행이나 호서은행처럼 건실하고 안정적인 경영을 유지하는 은행까지 결국 강제 합병시켰던 1930년대 이래의 방식이었습니다.

물론 일반상업은행 영업을 시장에만 맡기는 나라는 없고, 어디서나 국가-정부가 규제를 합니다. 은행은 다른 기업과 달리 경제에 미치는 파급효과가 커서 어느 나라든 유동성 위기가 닥치면 국가가 개입하는 거죠. 그렇다고 해도 은행의 소유권이나 경영권 자체를 앗아가는 경우는 드뭅니다. 하지만 1920년대 후반 이후 조선인 은행은 유동성 문제에 봉착하면 경영권, 나아가 소유권까지 날아가는 판이었습니다. 이런 난관에도 불구하고 안정적인 경영을 해낸 경우에도 결국 경영권과 소유권을 유지할 수 없었습니다.

물론 은행합병 대상에는 중소 일본인 은행도 포함되었습니다. 그러나 일본인에게는 일본인 은행과 특수은행을 이용할 수 있는 금융망이 조선인보다 훨씬 넓게 열려 있었습니다. 반면에 조선인 은행을 통한 '제도금융권'의 혈맥을 통제당한 조선인 경제권은 그렇지 못했지요. 조선인 은행이 사라질 때마다 지역경제나 언론에서 안타까움과 분노를 드러낸 것은 단순히 민족감정 차원의 문제가 아니었습니다. 조선인 은행이 조선인 경제권에 절대적으로 필요했던 당시의 현실 때문이었죠.

은행자본가로의 입신, 이룰 수 없는 꿈

그렇다면 조선인 은행은 결국 어떻게 되었을까요? 먼저 한성은행의 한상룡은 1911년 1월 한성은행의 10배 증자(300만 원)를 결정합니다. 데라우치 마사타케寺內正毅 총독의 허가를 받아 '합방유공자'인 '귀족'들에게 일제가 준 '은사공채恩賜公債'를 흡수한 겁니다. '귀족은행'이라 불려 3·1운동 당시 배척대상이 되고 모라토리엄(예금지급정지)까지 해야 할 상황에 몰렸지만, 조선총독부, 조선은행, 일본제일은행 등의 지원으로 위기를 넘겼습니다. 그후 1921년 1월에는 오히려 2배 증자(600만 원)를 단행했지요. 1918년 11월에는 도쿄, 1922년 3월에는 오사카에 지점을 개설할 정도로 황금기를 구가했습니다. 도쿄지점 개업축하연에는 시부사와 에이이치를 비롯한 내각 대신들과 하라 다카시原敬 수상 등 일본 정재계 거물들이 두루 참석할 정도였습니다.

그러나 1923년 1월 한상룡이 두취로 취임한 직후 1923년 9월 1일 발생한 도쿄대지진에 따른 일본의 지진공황으로 1924년 8월에 한성은행은 정리대상으로 전락합니다. 자금력이 취약한데도 마당발 로비력에 의존하여 확장만 생각하면서 일본에 지점을 설치했다가, 일본지점에 쌓인 부실채권을 감당할 수 없게 되었기 때문이지요. 결국 1926년 2월 조선은행

부산지점장 츠츠미 나가이치堤永市가 전무로 들어와 경영권을 장악합니다. 1926년 1월 사이토 미노루齊藤實 총독관저에서 열린 신년연회에서, 한상룡은 앞으로 이런 자리에 참석하지 못할지도 모른다고 걱정하면서 취중 실수까지 범할 정도로 심한 심적 동요를 보였습니다.

일본인 전무가 경영권을 장악한 뒤에도 한성은행 영업은 좋아질 수 없었습니다. 일본 경제가 긴 침체에 빠졌고 1927년에는 진재어음 정리 문제가 발단이 된 금융공황이 일어났거든요. 1926~1928년간에는 일본은행 차입금이 총예금과 비슷한 규모로 급증했습니다. 결국 1928년 3월 야마나시 한조山梨半造 총독의 명령으로 한성은행은 식산은행의 자회사가 되어버립니다. 이때 한상룡은 사재 5만 원을 대기 위해 24년간 살았던 가회동 저택을 떠나는 수모까지 당했지요. '새장 속의 새'였던 존재조건을 부정하고 '조선의 시부사와 에이이치'를 꿈꿨지만 실현될 수 없는 꿈이었습니다. 조선총독부는 결코 한상룡이나 조선인 은행의 국가가 될 수 없었던 겁니다.

한편 은행경영이 견실한 경우에도 강제합병은 피할 수 없었습니다. 현준호는 1920년 호남은행(자본금 150만 원)을 설립한 뒤, 한상룡과 달리 조선인 중역-주주구성의 중요성을 인식하고 견실한 운영을 통해 부실채권 등에 따른 유동성 문제를 최소화했습니다. 지역평판이 좋아서인지 1933년에는 호남은행이 전라남도평의회에서 도금고로 지정되기도 했는데, 총독이 거부했었지요. 어쨌든 1942년까지 경영도 안정적이었고 배당률은 매년 7~8%에 이르렀으며, 1920~1942년간에 자본금도 급증(공칭 150 → 200만 원, 불입 37.5 → 187.5만 원)한 데다 조선은행에 자금과 경영이 종속된 적도 없었습니다. 그럼에도 조선총독부는 1942년 2월 동일은행에 합병할 것을 명령했습니다.

해동은행은 1920년 민철훈이 주도한 또 하나의 '귀족은행'이었습니다만, 귀족들 간의 다툼 끝에 1927년 7월 김연수가 대주주로서 경영을 맡으면서 운영도 건실해졌습니다. 그러나 이 은행 역시 이미 일본인 은행이 된 한성은행에 1938년 1월 합병됩니다. 김연수가 해동은행 경영에 나선 것은 조선총독부의 은행합병정책이 결정된 이후였습니다. 당시 일본 재벌들이 은행을 소유하여 '기관은행'으로 삼고 있던 것을 눈여겨보았던 김연수는 일제의 도움을 받아 금융제국을 건설할 꿈을 꾸었지, 합병대상이 되리라고는 예상하지 못했겠지요.

호서은행은 1913년 5월 충남 예산에서 대지주 유진상, 성낙헌 등에 의해 설립(자본금 30만 원)되었습니다. 1919년과 1921년의 증자로 자본금이 확대되었고(200만 원), 본점을 교통요충지 천안으로 옮긴 1927년에는 충남제사주식회사를 설립하여 공업부문에도 진출했습니다. 금융-유통-제조업의 지역경제 네트워크를 구성한 호서은행 역시 자금기반과 경영실적이 좋은 은행이었지요. 그러나 1929년경 독립운동자금 대출혐의에서 비롯된 정치적 위기가 경영위기로 귀결되어 결국 1931년 1월 한일은행에 합병되었습니다. 합병 직후 개칭된 동일은행이 1942년 호남은행을 합병할 때 성씨 가家의 주식은 박흥식에게 넘어가버려 결국 주주대열에서도 탈락하게 됩니다.

한일은행은 개업 후 몇 년간 순항하다가 1911년 말 주주들의 내분이 일어났습니다. 1908년 증자 당시 백인기가 댄 자금의 사용처를 놓고 조병

택은 개인적 차입이라 주장하고, 백인기는 신주 인수자금으로 위탁했다고 주장하면서 소송이 일어난 거죠. 1912년 백인기의 승소로 조병택이 물러나고 한성은행 대주주이기도 했던 "조선귀족 제일류의 자산가" 민영휘가 행장이 되면서 백인기가 경영실세로 부각되었습니다. 그러나 백인기에 대한 부실대출로 자금순환이 막혀 한 달간 휴업(1915. 9. 22~10. 19)하는 지경에 이르자, 조선은행은 민영휘로 하여금 한일은행 경영권을 잡도록 했습니다. 1915~20년간에 예금과 대출이 급증하는 가운데 민영휘의 아들 민대식이 두취를 맡게 되었습니다. 그러나 호서은행 합병 이후 개칭된 동일은행도 부실대출이 누적되어, 1933년 3월 조선은행 출신 일본인 상무취체역 이치가와市川眞次郞가 취임해서 경영권을 장악합니다. 결국 1943년 7월 동일은행은 한성은행과 합병되어 조흥은행이 만들어졌습니다.

07

일제가 실시한 토지조사사업의 배경과 본질

◤

일제가 토지조사사업을 시행해서 비로소 토지소유권 개념과 토지에 대한 등기제도를 조선에 정착시켰다는 것이 식민사학의 주장입니다. 그런데 과연 대한제국 시기에는 그런 것이 전혀 없었을까요? 또한 일제가 실시한 토지조사사업의 목적과 그 결과는 무엇이었을까요?

조선의 토지소유권 관념과 등기제도

오늘날 우리의 소유권 관념은 조선총독부가 1910년부터 8년 동안 시행한 토지조사사업과 비슷한 무렵 실시된 임야조사사업에 따른 등기제도에 익숙해져 있습니다. 그런 제도 속에서 살아왔기 때문이지요. 하지만 그 이전에는 다른 방식과 관습에 의해 매매나 전당, 상속이 이루어졌습니다. 즉 사문서를 통해 소유권 이동이 아무 문제없이 이루어지고 있었던 겁니다. 우리 것과 다른 새로운 제도가 이식되어 익숙해지는 과정을 거치면, 무조건 세련되고 선진적인 것처럼 느끼는 경향이 있지요. 반면 과거의 것은 겪어본 적도 없으면서 뒤떨어진 것으로 인식합니다. 익숙함이 꼭 세련되거나 우월한 것은 아닌데, 이런 인식이 더 큰 문제입니다.

조선왕조와 대한제국도 양전量田을 시행했습니다. 토지의 번지, 위치, 등급, 용도, 면적, 소유자 등을 조사한 양안量案을 해당 읍·면, 도와 중앙의 호조에 각각 한 부씩 보관하고, 양안을 기초로 소유자의 변화와 수확량을 조사해 세금을 결정했지요. 조선왕조의 양전은 고려 말(1389)에 78만 여 결結의 토지를 파악한 것에서 시작되어 이후 171만여 결로 늘어났습니다. 임진왜란과 병자호란 등 전쟁통에 농토田結는 황폐해지고 토지대장이 없어진 경우도 많아서, 선조 대 이래 인조, 숙종 대에 전국 또는 삼남지방(충청도, 경상도, 전라도)에서 양전을 했습니다. 숙종 대의 경자양안 형식을 보면 자호字號, 지번地番, 양전방향, 토지등급, 지형, 장광척長廣尺, 결부수結負數, 사표四標, 진주陳主 또는 기주起主 등으로 표시되어 있어요.[1]

동서양을 떠나 전근대사회에서는 문서로 규정된 법보다 실생활의 관행과 관습이 사회규범을 대신하는 경우가 많았습니다. 예를 들어 '양반만 과거에 응시할 수 있다'는 법은 없었습니다. 그러나 양인이나 노비가 과거에 응시할 수 없는 실질적 제도인 관행과 관습이 강하게 작동했지요. 이것은 오늘날보다 사회가 덜 복잡하거니와 관행과 관습을 어기면서 남을 속이는 것이 어려웠기 때문입니다.

또 당시 관습에서는 실소유자인 양반이 양안에 자기 이름을 명기하는 것이 점잖지 못하다고 여겨 노비 이름이나 가명 등을 사용한 경우가 많았습니다. 그렇다고 해서 토지를 매매, 상속할 때 문제가 발생한 적은 없었지요. 관官의 인증절차 없이 개인이 작성한 재산관계문서인 '깃기'를 주고받는 것으로 매매가 성립되었습니다. 이 과정에서 한쪽이 사기를 쳐서 문제가 생겼다는 기록들은 보이지 않습니다.

그러나 조선 후기에는 중세사회의 특징인 신분과 경제력의 일치관계가 깨지게 됩니다. 노비나 양인 출신의 서민지주가 생겨났죠. 신분제사회였

---

1 자호는 양전 단위(5結)를 천자문 순으로 표시한 것. 제1·2·3의 지번은 자호 내의 필지筆地 순서를 나타낸 것이다. 남범南犯·북범北犯 등은 양전방향을 나타낸다. 남범은 북에서 남으로 북범은 남에서 북으로 양전을 실시했음을 표시한다. 토지등급은 1~6등이며 지형은 방답方畓·직답直畓·제답梯畓·규답圭畓 등으로 구분된다. 동서장東西長·남북광척수南北廣尺數는 지형의 실제 거리를 양전척量田尺으로 측량해서 표시한 것이다. 결부수(1結=100負, 1負=10束)는 지형의 실제 면적을 준정결부법에 의해 등급별로 계산해서 얻어진 전답의 넓이로, 전결에 대한 세의 부과는 이것을 기준으로 한다. 동서남북의 사표는 전답의 인접지역을 표시한 것이고, 진기는 기경전起耕田·진전陳田을, 주主는 토지의 소유자를 말한다. 기주를 기재할 때 기주가 양반일 경우에는 직함이나 품계를 표시하고 본인의 성명, 가노家奴의 명名을 첨기하도록 했으며, 평민일 경우 직역과 성명을, 천민의 경우 천역 명칭과 명名만을 기록하도록 되어 있었다.

세종 때 만든 측량기구인 기리고차 상상도
기리고차(記里鼓車)는 세종 23년(1441)에 중국 것을 개량하여 만든 거리를 측정하는 도구이다. 기리고차는 말이 끄는 수레에 사람이 타고 바퀴의 회전수에 따라 울리게 되어 있는 종과 북의 소리를 듣고 거리를 측정했다. 수레가 반 리를 가면 종을 한 번 치게 하고 수레가 1리를 갔을 때는 종을 여러 번 울려 거리를 측정했다고 한다.

던 만큼 양반이나 지방관이 이들의 재산을 우격다짐으로 빼앗는 경우도 있었지만, 그럴 때도 송사를 벌이고 깃기만 제시하면 노비나 양인들도 자신의 소유권을 증명할 수 있었고 인정도 받았습니다. 깃기는 국가의 도장이 찍히지 않았을 뿐 사회적으로나 법적으로 오늘날의 등기 비슷한 소유증명서 역할을 한 겁니다.

개항 후 일제가 철도부설을 위해 수용한 토지를 정부가 보상할 때도 가명 또는 차명으로 등재된 토지에 대한 원소유자의 권리를 인정했습니다. 이때 보상대상으로 인정받은 이들은 모두 광무양안에 토지소유자로 등장합니다. 가명이나 노비명으로 소유자가 기재되었더라도 원소유자들은 소유권을 인정받았으며, 국가가 이들의 소유를 법적으로 확인하는 데는 별 문제가 없었습니다.

대한제국의 토지조사사업—광무양전

사회 관습은 현실적 필요에 따라 변하고, 제도 역시 그에 맞게 변하는 겁니다. 즉 근대국가와 근대민법체제가 확립되면 그에 따른 소유권의 법인화과정과 절차도 이루어지게 마련입니다. 19세기 후반 들어 상품화폐경제와 토지상품화가 촉진되어 먼 지역 사람과의 거래가 많아지다 보니, 사문서를 넘어 국가가 소유권을 공인하는 제도가 필요해졌습니다. 갑오개혁도 소유관계를 근대법 형태로 보장하고 이를 바탕으로 식산흥업을 추진하자는 것이었지요. 또 개항 후 일본인들이 불법적으로 토지를 소유하고 확대해가는 상황에 대응해야 했습니다. 실제로 한성부는 1893년 외국인의 토지소유를 금지하는 법령을 제정했습니다.

광무양전은 이런 변화된 상황에 따라 전통적 관습을 토대로 근대적 토지소유제도로 개혁해 재정을 확보하고자 1898~1904년에 시행된 것입니다. 양지아문은 '양지아문직원급처무규정量地衙門職員及處務規定'(1898. 7)의 발포로 설치되어 이듬해 6월부터 1901년까지 아산군 등 124개 군의 양전을 시행했습니다. 이때 양안과정은 실제로 들에 나가 측량한 기초 자료(野草冊)를 지방관아가 모아 편집(中草冊)해서 양지아문이 확정(正書冊)하는 단계를 거쳤죠. 이후 '지계아문직원급처무규정地契衙門職員及處務規定'(1901. 11) 반포로 지계아문이 설치되어 양지아문의 양전사업을 계승해 94개 군에서 양전을 시행했고, 강원도와 충청남도 일부 지역에 국가의 토지소유권 공인문서인 지계를 발급했습니다. 지계를 발급할 때는 양안에 등재된 소유자가 제시한 깃기 등을 조사하여 실소유자인가를 확인하는 사정의 단계를 거쳤습니다.

즉 광무양전은 지역 범주를 넘어 전국 단위로 확대된 토지상품화 추세를 반영해서 사적인 토지거래를 법적으로 확인해 거래상 불안요인을 없애려 한 것입니다. 개항장 거류지 10리 밖에서 외국인의 토지소유를 금지시켜 반외세적 성격도 지녔습니다. 모든 토지의 소유권에 대한 국가의 법인을 꾀한 광무양전은 이전 시기의 양안과 질적으로 달랐고, 조선총독부가 시행한 '조선토지조사사업'과 목적이 같은 것이었어요. 그러나 광무양전은 전국 군의 2/3 정도 되는 218개 군의 조사를 마친 시점에서 메카다가 재정고문으로 부임하면서 무산되고 말았습니다.

양지아문 수기사 크럼의 측량모습(1898)

광무양전은 전통적 관습을 토대로 근대적 토지소유제도로 개혁하여 재정을 확보하고자 1898~1904년에 시행되었다. 대한제국은 광무양전사업에 근대적 측량기술을 도입하기 위하여 1898년 9월에 미국인 크럼(R. E. Leokrumm, 한국명 '거럼')을 수기사로 초빙했다. 9월 15일에 서울에 온 크럼은 한성부 일대의 토지를 측량하여 우리나라에서 제작된 최초의 근대식 지도인 〈대한전도〉를 제작했다.

광무양전의 절차와 내용은 조선사회의 관습을 바탕으로 변화해온 탈중세 방향과 필요성에 따른 것이었습니다. 전통적 관습이 여전히 남아 실제 주인이 아니라 분록分錄 또는 대록代錄으로 기재되는 경우도 있었지요. 이런 점이 일본의 지조개정地租改正이나 '토지조사사업'과 달라서 '안 된다, 모자란다'는 식으로 한계를 부각시키기도 합니다. 그러나 당시 상황 속에서 구체적으로 바라봐야 합니다. 가장 중요한 실소유자 파악에 문제가 없었다면, 모든 제도가 그렇듯이 다른 부수적 사안은 필요에 따라 얼마든지 수정 보완할 수 있는 겁니다. 가명이나 차명인 경우 소유자 본명으로 바꾸는 절차가 필요하겠지요. 또 광무양전은 납세자를 지주로 확정하지 않았고 면적표기에서 토지수익에 대한 객관적 평가가 떨어지는 전통적인 결부제結負制[2]를 따랐습니다. 그러나 절대면적 단위인 두락斗落도 함께 표기했어요. 따라서 절대면적 단위로 바꾸거나 과세표준으로 지가地價산정절차를 밟더라도 그에 소요되는 노력이나 시간은 토지조사 자체에 비하면 훨씬 적습니다. 외국인에게는 지계발급을 금지했기 때문에 당시 불법적으로 자행되던 일본인의 토지잠매潛賣를 막는 일도 가능했습니다.

일본인들의 불법적 토지소유를 '합법화'하다

정작 중요한 사실은 일제가 대한제국이 광무양전의 성과를 향유하도록

---

2 절대면적이 아닌 생산량에 따라 토지면적이 달라지는 토지측정방법.

놔둘 수 없었다는 점입니다. 그리고 조선의 관습에 익숙하지 않고 불편함을 느낀 집단이 일본인들이었다는 점을 주목해야 해요. 조선인들 사이에는 소유권 이동에 하등 문제가 없었지만, 일본인들은 당연히 메이지유신 이후 지조개정에 의해 익숙해진 자기들에게 편리한 방식대로 소유권이 인정되는 쪽이 편했겠지요. 일본인들이 조선에서 쉽게 토지를 취득할 수 있었던 이유 중 하나는, 역설적이게도 조선사회에서 전통적으로 유지되어 온 사적 소유권의 전통과 불문법에 따른 토지거래 관행이 있었기 때문이라는 점도 간과해서는 안 됩니다.

불법적으로 거류지 밖에서 땅 사재기에 여념이 없었던 일본인들이 제일 먼저 통감부에 요구했던 게 무엇인지 아세요? 돈 주고 산 것이든, 사기를 쳤든, 자기 소유라고 주장하는 땅에 대한 법적 소유권을 일본식으로 인정해달라는 거였어요. 그래서 통감부는 임시법령을 만들었지요. 개항장 밖의 외국인 토지소유를 금지한 규정을 없앤 '토지가옥증명규칙'(1906)과, 그동안 일본인들이 불법적으로 소유한 부동산에 대해 법적 권리를 주기 위한 '토지가옥소유권증명규칙'(1908)이 바로 그것입니다. 즉 대한제국의 주권을 장악한 통감부가 일본인들의 불법적 토지소유를 '합법화'해준 것이지요.

이런 임시조치는 일본인의 조선 '진출'을 촉진하고 이미 와 있던 일본인의 재산권을 보장해줄 법적 장치를 마련하기 위한 것이었습니다. 일본이 조선을 완전히 강점한 뒤에는 일본인에게 안정적이고 자유로운 토지투기를 유도하고 소유권을 보장하는 제도적 장치를 마련해야 했기 때문에, 자신들이 주체가 된 토지조사를 다시 실시하게 된 겁니다.

식민지자본주의 개발-수탈의 틀을 만들다

'조선토지조사사업'의 결과, 조선총독부 재정수입에서 지세地稅가 2배 가까이 급증했습니다. 대한제국이 산업화 재원으로 구상했던 지세수입이 식민통치비로 유용되어 결국 조선사회의 생산적 발전을 가로막게 된 거죠. 일본에서는 메이지 시기 식산흥업정책의 중심 재원이 바로 지세수입이었습니다. 국가주권이 이처럼 중요한 거예요.

시행주체가 명백하게 다르면 그 의미와 결과 역시 판이할 수밖에 없습니다. 광무양전이 외국인의 토지소유를 금지하고 대한제국의 근대화 기반을 마련하기 위한 것이었다면, 조선총독부의 토지조사는 이 금지규정을 없애고 경작권, 개간권, 도지권, 입회권入會權[3] 등 농민의 관습적 권리를 부정함으로써 일본인들의 토지확대에 장애가 되는 요인을 없애는 것이었습니다. 그리고 12만여 정보에 이르는 방대한 황실소유지는 조선총독부 소유―국유지가 되었죠.

일제가 아무것도 없는 맨땅에서 토지조사를 한 게 아닙니다. 광무양전 당시 작성된 여러 자료를 활용하면서 자기들에게 편한 부분은 계승한 것이지요. 조선사회 스스로 새로움을 지향할 추동력이 없었다거나 새로운 전화가 불가능했던 게 아니라, 그런 시도가 일본식 제도이식을 위해 부정되거나 재편된 겁니다.

---

3 한 지역에 사는 주민이 그 지방 관례나 법규에 의해 일정한 산림, 원야原野, 늪, 못 따위에서 공동으로 이익을 얻을 수 있는 권리.

'토지조사사업'에 대한 전통적 인식은 1970년대까지만 해도 일제의 토지약탈에 중점을 둔 경우가 많았습니다. '신고'주의를 잘 몰랐던 농민들이 토지를 빼앗겼다는 점을 부각시킨 것이지요. 그러나 이런 인식은 일제의 약탈을 낮은 차원에서 보고 조선사회의 사적 소유와 거래관행을 부정하는 셈이 됩니다. 토지국유제사회도 아닌데, 사람에게는 자기 소유를 지키려는 관성이 있게 마련이지요. 일제가 신고주의방식을 택한 것도, 조선사회의 사적 소유와 거래관행을 인정해야 했던 현실적 이유 때문이었습니다. 그걸 부정하면 식민통치 자체가 이루어질 수 없는 상황이었지요. 지주 대표인 지주총대가 사업의 민간담당자로 종사했고, 소유권 사정과정에서 대부분의 토지는 지주의 신고대로 소유주가 확정되었습니다.

1980년대 들어 연구수준이 높아지면서 토지약탈론과 전혀 다른 인식틀이 모색되었습니다. 즉 '토지조사사업'에 의한 근대적 소유권과 지세제도의 확립은 대한제국 정부가 광무양전을 통해 지향했던 지주적 개혁을 계승했다는 것이지요. 두 사업에 반영된 계급관계가 같았고 일제가 식민지 지주제를 체계화하기 위해 지주층을 근간으로 삼았기 때문입니다. 물론 둘의 의미는 전혀 다릅니다. 대한제국은 근대화의 축적기반―개혁의 물적 토대를 구축해 지세수입을 증대하려 했습니다. 그러나 조선총독부는 이를 저미가·저임금정책을 위한 식민통치의 재정기초로 삼았습니다. 결국 '토지조사사업'은 조선 농업을 일제의 수탈공간으로 바꾼 거죠.

'토지조사사업'의 일차적인 주목적은 납세책임자 확보였지, 주인이 멀쩡히 있는 민유지를 빼앗는 것이 아니었습니다. 물론 황실소유지나 임야의 경우처럼 토지약탈이 이루어진 것 또한 분명한 사실입니다. 이를 통해

'토지조사사업'은 국유지가 된 방대한 황실소유지를 불하받은 일본인 대지주들이 쉽게 성장하고 정착하는 배경이 되었습니다. 황실지는 동양척식주식회사나 후지흥업不二興業을 비롯해서 가다쿠라片倉, 히가시야마東山, 후지이藤井 등 일본인 토지회사나 이민자들에게 헐값으로 불하되었거든요. 해방 후 남한에서 일본인 농지(신한공사)는 26.9만 정보(경작지의 12.3%)나 되었고, 이 신한공사 경지의 52%가 기름지고 수익성 높은 전라도에 집중되어 있었습니다. 이런 현상을 시장경제의 결과라고 할 수 있을까요?

뿐만 아니라 '토지조사사업'은 경작권, 개간권, 도지권, 입회권 등 농민들의 권리를 부정했습니다. 근대적 소유권이라고 해서 일물일권一物一權만 존재한다는 발상은 도식적입니다. 대한제국의 양전사업은 위에서 언급한 권리들을 인정하는 방향이었습니다. 이는 물론 향후 각 권리주체 간의 거래에 따라 일물일권으로 갈 수도, 일물중권重權으로 갈 수도 있었겠죠.

또 하나, 1918년 5월부터 시행된 '임야조사사업'을 통해 한반도 임야의 60%가 국유림으로 창출됐다는 점을 주목해야 해요. 또한 '삼림법'(1908. 1) 이래 '조선임야조사령'(1918. 5)에 이르는 과정에서, 특히 '삼림법'은 임야자원을 함께 이용해오던 지역공동체의 입회권을 부정했습니다. 국유림의 상당 부분이 일본인에게 불하되었어요. 1923~1942년간에 국유림은 949만 정보(59.8%)에서 533만 정보(32.8%)로, 사유림은 534만 정보(33.6%)에서 969만 정보(59.6%)로 바뀌어 국유림 불하를 통한 사유림의 급증 추이를 잘 보여줍니다.

국유화된 토지는 식민지자본주의의 '개발 – 수탈'의 틀로서 일본인 농장이 확대되는 주요배경이 되었습니다. 일부 경제학자들이 일제가 토지조사를 통해 조선 사람들의 농지 40%를 빼앗아갔다고 기술한 교과서를 고쳐야 한다고 목소리를 높인 책(金鴻植 外, 『朝鮮土地調査事業의 硏究』, 민음사, 1997)을 낸 적이 있습니다. 이 책의 공동저자 중 한 명은 과거 다른 글에서 조선사회는 토지국유제 때문에 자가발전이 불가능해서 식민지화되는 것이 숙명이었다는 주장을 한 적도 있습니다. 조선총독부가 조선 사람의 '농'지 40%를 빼앗아갔다는 것은 분명 사실과 다릅니다. 하지만 이 말을 임야를 포함한 '토'지로 바꾸면 사실이 됩니다. 결국 그 경제학자들은 글자 하나를 갖고 침소봉대하면서 난리를 쳤던 거예요. 대한제국의 소유지와 방대한 임야가 조선총독부의 소유가 되었고 대부분 일본 사람들에게 불하되었다는 사실을 외면하면서까지 말입니다.

08

식민지자본주의, 국가 없는 자본주의

◤

'자본주의'를 얘기할 때 흔히 수요와 공급, 개인과 기업을 중심으로 생각하게 되지만, 자본주의 경제를 유지하고 재생산해내는 데 중요한 역할을 하는 것이 '국가'입니다. 국가 없는 자본주의였던 일제시기 식민지자본주의를 자본주의 일반론으로만 이해한다면 역사적 진실을 볼 수가 없습니다.

국가는 자본주의 경제운영의 기본전제

자본주의 경제에는 세 주체가 있습니다. 개인(가게)과 기업, 그리고 정부, 즉 국가입니다. 이것은 중고교 시절 사회 시간에 배운 내용일 겁니다. 아무리 복잡한 수식으로 설명해도 경제학의 기본은 수요와 공급입니다. 시장논리지요. 그런데 이 논리에는 국가 개념이 빠져 있습니다. 그러나 국가가 존재하고 제대로 정책을 세우고 운영해야만 시장이 작동하고, 비로소 기업과 개인이 활동할 수 있는 겁니다. 이를 간과하고 시장만 얘기하면 안 되지요.

미국이 영국의 식민지로 계속 남아 있었다면 오늘날의 미국이 될 수 있었을까요? 답은 명확하지요? 그게 상식적 사고예요. 원래 사람 사는 사회를 대상으로 하는 학문은 상식을 이론화한 것입니다. 해상권을 장악한 영국이 영국 선박의 사용을 강제하고, 식민지에 대해서는 특산품만 장려하고 본국 산업의 경쟁력 제고를 막는 상품수출을 제한하는 한편 고율의 관세를 부과하는 등 종속적 경제정책을 강요했습니다. 이런 식민정책은 북미 이주민들을 독립해야 한다는 이해관계로 뭉치게 하는 배경이 됐습니다. 그렇게 해서 일어난 것이 미국 독립전쟁이지요. 독립 이후 비로소 미국이라는 국가의 잠재력이 나타나기 시작합니다.

강한 자는 자유롭게 경쟁하자고 주장하게 마련입니다. 그래서 아담 스미스가 나옵니다. 『국부론』도 정글경쟁만 강조하는 게 아닌데, 주류경제학자들은 덮어놓고 시장만 얘기합니다. 이에 반해 후발국인 독일은 자유경쟁을 했다간 자신들이 망할 것 같거든요. 그래서 보호무역정책을 들고 나왔고, 국가통일 후 유럽에서 가장 빠른 속도로 공업국이 되었습니다. 국가의 경제정책이라는 게 이렇게 중요한 겁니다.

유럽 국가들의 경우, 국가가 힘을 갖고 강력한 산업정책과 보호무역을 실시하여 자본을 축적할 수 있었고, 분리되어 있던 시장을 통일할 수 있었습니다. 미국은 2차대전 전까지 자국의 산업보호를 위해 가장 강력한 보호주의 경제정책을 시행한 나라였습니다. 중상주의단계부터 국가와 국가정책은 국민경제 형성에 필수조건이었습니다. 자본주의 경제는 서구에서든 어디에서든 방임된 시장경제하에서 자본가의 힘만으로 전개된 적이 없습니다. 그리고 시장은 언제나 국가에 의해 조정되어왔습니다. 자본주의는 명분상 '자유'와 '시장'을 구가합니다만, 국가의 개입과 주도가 원초적으로 내재된 것이었어요. 근대 자본주의가 태아라면 국가는 엄마인 셈이죠.

그런데 아주 역설적인 사실이 있어요. 시장은 어쩔 수 없이 시장을 없애려 한다는 거지요. 수많은 사람과 경쟁해야 하니 얼마나 피곤합니까. 그러니 당장 나부터라도 경쟁자들이 없어지기를 바라겠지요. 그래서 담합이 가능한 과점, 나아가 독점을 추구하게 마련인데, 이 상황에 이르면 시장은 폭력적 가격기구가 됩니다. 현실에서 시장기능이 존재할 수 있도록 조율할 수 있는 기구는 국가뿐입니다. '보이지 않는 손'의 신화는 '보이는 손'의 개입을 전제로 만들어진 겁니다. 보이지 않는다고 한 비유가 나온 자체가 원래 없었기 때문일지도 모릅니다.

국가의 내용은 구성원에게 달려 있다

국가는 현실적으로 부정할 수 없는 실체입니다. 국가가 억압체라고 부정하기만 해서는 대안을 찾기 어렵습니다. 현실적으로 싫건 좋건 구성원의 모든 것을 책임질 수밖에 없는 궁극적인 단위이기 때문입니다. 중요한 것은 어떤 내용과 형식의 국가를 만드는가에 있는데, 이는 다름 아닌 구성원의 몫입니다. 국가의 주권이 구성원(국민)에게 있다는 대한민국 헌법 제1조의 규범은 명분에 그치는 것이 아닙니다. 국가권력이 의식해야 하는 민의 범주는 재벌일 수도, 기업(부르주아) 일반일 수도, 폭넓은 시민사회일 수도 있습니다. 사회민주화 수준에 따라 스펙트럼이 대단히 넓은데, 그 정도는 구성원이 성취한 민주화 수준에 비례합니다.

그런데 최근 한국에서는 공동체의 가치보다 개인을 부각시키는 포스트모더니즘을 받아들인다는 사람들의 역사인식이 갈팡질팡하는 모습을 보입니다. 사실은 누구나 개인의 권리와 편함을 찾아 포스트모던하게 살고 싶지요. 나부터 그렇습니다. 그러나 아주 상식적인 얘기지만, 사람은 결코 개인일 수 없습니다. 중요한 것은 문제의식만큼 살고 있는 곳의 내용을 채워가야 한다는 것이겠지요.

사실 포스트모더니즘 비슷한 사고는 이미 20세기 전반기에도 풍미했었습니다. 아나키스트들이지요. 행정부, 국가권력, 이게 다 개인을 억압하는 것이라고 보면서 테러도 불사했습니다. 이들은 자본독재보다 공산독재인 볼셰비즘을 더 증오했는데, 그래서 극우로 변신하는 경우가 많았나 봅니다. 20세기 전반기의 공산주의 역시 국제주의를 표방하고 국가와 민족의 영역을 넘어서야 한다고 주장했지요. 그게 이루어지지 못한 이유는 전제 자체가 비현실적이었기 때문입니다.

　20세기 후반기의 포스트모더니즘은 서유럽에서 자국의 근대국가가 개인을 억압할 뿐 아니라 근대 자체가 다양성을 부정하고 유럽 중심 사고에 출발한 인위적인 것이라는 비판적 문제의식에서 출발한 것입니다. 이를 수용한 한국의 학자들은 민족과 민족주의담론에 의해 억압받는 젠더나 개인 문제를 부각시키고, 그 억압체계에서 벗어나 개인을 봐야 한다고 강조했습니다. 그런데 이 사람들이 일제시기에 대해 쓴 글을 보면, 과연 당시의 역사적 상황과 조건에 맞게 적용하는가에 대해서는 회의적입니다. 조선 민족이라는 억압체를 비난하는 반면, 그보다 더 큰 억압체제로서 한반도를 강점했던 일본 국가주의에 대해서는 문제의식이 안 미칩니다. 결과적으로 식민지배를 용인하는 셈이 됩니다.

　실제로 일제지배 기간 동안의 경제성장에 초점을 두는 경제학자들 중에는, 자기 연구가 포스트모더니즘 역사연구 경향과 같다고 말하는 이들이 있습니다. 독립이나 주권 문제를 떠나 '자본주의'만 강조하는 것, 국가와 민족 문제와 무관하게 '개인'을 부각시키는 게 딱 맞아떨어진 거죠. 희한하게도 두 논리는 1990년대 이후 비슷한 시점에 함께 대두되었습니다.

국가의 힘을 배경으로 한 민족자본

　유럽 각국의 자본주의는 국가의 힘을 바탕으로 산업육성, 계급 간 이해관계 조정, 대외경제정책 수행을 통해 일국 내에서 자기완결성을 추구하면서 출발했습니다. 즉 어느 국가에서든 자본의 출발점은 '민족자본'이었습니다. 민족자본은 국가의 힘, 이를 배경으로 창출되는 시장, 그리고 구성원의 이해관계를 조율하면서 일국 내에서 리더십을 발휘하고 축적의 정당성을 확보해갔습니다. 뒷받침해주는 국가를 빼놓고 자본축적을 논할 수 없지요. 그런데 그들이 침략의 길로 나설 때 민족자본은 '제국주의 자본'이 됩니다. 제국주의 자본이란 민족자본일 때와 달리 식민지에서 식민지민의 처지나 조건을 고려할 필요 없이 그야말로 자유롭게 초과이윤을 추구할 수 있는 자본을 말합니다.

오늘의 세계화 경제에서 아무리 개방을 논하고 자본이 국경 없이 넘나들어도, 자본가에게는 힘 있는 나라의 국적이 필수적입니다. 무엇보다, 그래야 자신이 투자한 곳의 정부가 자신에게 불리한 조치를 취하지 못하도록 압력을 가할 수 있지요. 자신이 지배하고 주도하는 틀을 만들기 위해 개방을 강조하지만, 세계적인 투기-금융자본도 결국 본원적인 힘의 바탕은 민족자본의 성격을 지니는 겁니다. 금융개방을 이야기할 때도 개방을 요구하는 주체의 이익이 있고, 개방되어야 하는 상대가 존재하죠. 그냥 막연하게 시장의 자유를 거론하는 건 철없는 말이에요. IMF 금융위기 때 한국 정부가 경청한 '조언'이 누구의 이익을 위한 것이었는지 생각해보세요. 금융위기로 몰려들어온 투기-금융자본은 한국인의 처지나 조건을 고려할 필요 없이 오로지 인수 후 매각—시세차익을 추구하는 제국주의 자본의 특징을 그대로 드러냈습니다.

대공황 이후 케인즈 경제학의 뉴딜정책, 독일의 나치즘, 스웨덴의 조합주의, 이탈리아의 파시즘 등 형태는 다양했습니다만, 자본주의 경제에 대한 국가의 개입이나 주도는 초기부터 당연한 것이었습니다. 전후에도 특히 독립국의 경제개발에서 국가의 경제개입은 당연시되었고요. 신고전파 경제학의 신자유주의 논리가 횡행하면서 국가의 경제개입을 비판적으로 보는 시각이 확산되었는데, 이는 냉전체제가 붕괴되면서 미국의 경제력이 세계화 논리로 전세계를 주도한 것과 동시적인 현상이었습니다. 정작 미국은 국가의 힘을 배경으로 하면서도 상대국에게는 국가의 보호망을 해체할 것을 강요한 셈이지요. 그러면 세계화 경제에 효과적으로 적응하기 위해서는 어떻게 해야 할까요? 그에 대응해야 하는 국내 경제를 위해 국가의 강력하고 효과적인 경제정책이 설정되어야 하는 게 당연합니다. 국내 경제는 국민이 살아가는 터전이기 때문입니다.

국가와 시장을 강조하는 데는 이유가 있습니다. 일제시기를 두고 경제성장을 강조하는 경제성장론자들은 시장을 근대문명이라고 강조하거든요. 문명이라는 개념 자체가 허구성이 큰 것이지만 말이죠. 외적 충격으로 인해 개항 이후 조성되었던 수출시장을 배경으로 지주의 축적 기반이 근대적 산업구조로 발전하는 데 필수적인 요소가 국가 아니었겠어요? 일제시기에 조선은 식민지정책에 따라 일본으로 무관세로 싼 값의 쌀을 수출해서 일본 경제의 임금부담을 줄일 수 있도록 미곡생산지대로 규정되었지요. 이를 '식민지 지주제'라 부릅니다.

경제성장론자들은 쌀을 일본에 파는 거니까 거래일 뿐 수탈이 아니라고 강조합니다. 조선인의 국가가 있었다면 상황이 달랐겠지요. 일본 자본주의의 절대적 필요 때문에 일본으로 수출되는 식량이었으므로, 관세주권을 통해 조선 내 축적 조건을 만드는 데 활용했겠지요. 또 농공 간 협상가격차[1] 때문에 농업국으로만 남을 수 없었을 테니, 공업화를 추진하는 재원으로 사용할 수도 있었을 겁니다. 그런데 조선인에게는 '국가'가 없었습니다. 주류경제학에서 말하는 것처럼 농업국과 공업국이 '서로 비교우위에 있는 영역으로 교역하면 상호이익'이라는 식으로 식민지 지주제 아래의 쌀 단작單作경영을 시장질서에 따른 거래의 결과라고 우기면 참 난감하지요. 이런 논리는 경제정책 결정의 주체인 국가의 영역을 빼놓고 있습니다.

한 예를 들어보죠. 방곡령사건 아시죠? 일본 상인의 입도선매까지 동반되어 곡물유출이 심해지고 조선의 식량수급도 어려워진 데다 1888년에는 전국적으로 흉년까지 들어, 폭동이 일어날 양상마저 보였습니다. 해서 1889년 9월, 미곡수출항인 원산항을 관할하는 함경도 관찰사 조병식이 방곡령을 선포했지요. 국가의 주권행사라는 게 이런 겁니다. 식민지하에서는 이러한 주권행사가 불가능했지요.

또 하나, 농업과 공업은 같은 선상에서 경쟁할 수 없다는 점을 생각해야 합니다. 자연조건에 제약을 받는 농업은 1년에 2모작, 많아야 3모작 이상이 불가능합니다. 비닐하우스를 사용해도 씨를 심어 수확할 때까지 절대적 기간이 길게 소요되지요. 그러나 공업은 생산성이 높고 잘 팔리기만 하면 얼마든지 재투자할 수 있습니다. 시장만 있으면 100만 원으로 초기 투자를 했더라도 1년에 열 번을 팔면 1천만 원 투자한 셈이 됩니다. 농업은

---

1 독점자본에 의해 생산된 가치 이상의 상품가격과 독점가격이 형성되지 않는 농산품 간의 가격차. 즉, 공산품 가격이 농산품 가격을 상회하는 현상을 말한다. 특히 1930년 공황 이후 쌀값 하락으로 협상가격차가 더욱 크게 벌어졌다.

그게 안 되죠. 그래서 협상가격차라는 것이 생기는 것이고, 식량을 시장논리에만 맡길 수 없어 정부보조금 등으로 그 차이를 메워 국가가 농사지을 조건을 보장해주는 겁니다. 그래서 농업에서는 이론과 달리 지주, 차지농(농업자본가), 농업노동자 등 이른바 자본주의적 분해가 이루어지기 어렵고 자영 소농경영 형식으로 수렴되는 경향을 보이는 겁니다.

미국에서는 도시를 벗어나면 끝없는 지평선 너머까지 옥수수 밭이나 목장이 펼쳐져 있습니다. 미국은 농업으로도 세계를 지배하는 나라예요. 그런 미국도 농업경영의 단위는 자영소농입니다. 비행기까지 동원해 농사를 지을 정도로 1인당 경작면적이 넓어서 그렇지, 기본적으로 자영소농이에요. 국가는 시장경쟁을 견뎌내고 계속 농사를 지을 수 있도록 보조금도 줍니다. 자본주의 경제에서 농업은 공업과 경쟁할 수 없기 때문이지요.

일본인이 주도하는 시장경제

식민지자본주의란 국가가 없는 가운데 식민지에서 전개된 자본주의의 운영과 현상을 총체적으로 일컫는 개념입니다. 즉 자본축적기구의 확보를 위해 조선인 자본가계급을 뒷받침해야 할 국가수립이 압살된 채, 일본제국주의와 일본 자본이 조선 경제의 운영과 정책결정의 주체가 된 경제체제이지요. 세 가지 중요한 특징을 들 수 있습니다. 첫째, 식민지자본주의의 재생산과정은 식민 모국과의 종속적 연결로 완결되기 때문에, 조선사회 구성원의 이해관계에 따른 경제구조를 만들지 못합니다. 둘째, 이런 재생산과정은 조선에서 일본으로의 부의 유출을 수반하고 이를 일본 정부와 조선총독부가 결정합니다. 셋째, 식민지자본주의는 조선의 직접생산자에 대한 착취를 기반으로 하지만, 직접생산자의 재생산을 보장하지 않습니다. 조선총독부는 식민통치의 필요에 따라 조선인과 조선 경제를 고려했겠지만, 근본적으로 궁극적으로는 그 점에 초점을 두거나 고려할 책임도 없었습니다.

주류경제학 방법론으로는 식민지자본주의의 특징을 볼 수 없습니다. 식민지 조건의 현실에 맞게 이론을 재구성하지 못한 채 시장경제와 기업가만 논하기 때문이죠. 한국의 사회과학은 그런 점에서 참 문제입니다. 기존의 방법론으로 설명이 안 되면 이론을 재구성해야 하는데, 그러지 않고 설명이나 해석이 안 되는 부분은 논외로 한다는 단서 아래 엉뚱한 이야기를 하는 경우가 많아요.

국가주권과 그에 따른 정책이 자본주의에 결정적으로 중요한 관건인데, 식민지하에서는 조선에 필요한 경제정책이 아니라 그 반대되는 정책이 수립되는 상황이 펼쳐졌습니다. 일본은 러일전쟁 승리 이후 통감부 설치를 전후해서 식민정책의 기반을 다지기 위해 몇 가지 주목되는 정책에 착수합니다.

먼저, 앞서 이야기한 것처럼 '화폐정리'를 해서 조선인 상공인의 몰락과 금융공황을 불러왔지요. 이 때문에 한성은행과 대한천일은행도 일시 문을 닫았으며, 상공인들 가운데 자살자가 속출했습니다. 사실 조선사회에는 각종 형태의 시장이 이미 존재했습니다. 그것을 통감부가 일본인 자본이 독점하도록 재편한 겁니다. 조선에 없던 시장을 일제가 새로 만든 것이

독부 건물

조선총독부

식민지자본주의란 국가가 없는 가운데 식민지에서 전개된 자본주의의 운영과 현상을 총체적으로 일컫는 개념이다. 그런 의미에서 조선총독부는 합의된 절차에 의해 한반도 구성원의 주권을 대리하고 이들의 이해관계를 반영하는 '공적 통치행위'의 주체가 아니라 무력과 폭력을 동반한 외래 식민권력일 뿐이었다. 그래서 식민지 자본주의 경제를 자본주의 일반론으로 보려는 자체가 난센스이다. 사진은 1925년에 완공된 조선총독부 청사.

아니라, 이미 존재하던 시장을 일본인 자본의 시장으로 바꿔놓은 것이죠. 이런 문제를 빼놓은 채 덮어놓고 시장만 논하면, 딱한 노릇이지요.

조선총독부가 서둘러 제정한 '조선회사령'도 특기할 만합니다, 회사설립이 조선총독의 허가사항이 된 것인데, 아직 조선으로 '진출'할 일본 자본의 힘이 부족한 상황에서 조선인 상공인들이 힘을 키우는 것을 막기 위한 조치였지요. 조선인의 국가라면 이런 일이 가능했겠습니까? 누가 시장을 독점하고 유력한 힘을 가지게 되었나 하는 중요한 문제를 빼놓은 채 시장만 논하면 안 되겠지요?

식민지자본주의 아래서 시장은 일본인 자본이 주도하거나 독점하는 상태가 되었습니다. 물론 그렇더라도 어디나 틈새시장이 존재합니다. 요즘엔 생필품을 구입할 때 차를 끌고 대형마트로 가지요? 그래도 집 앞이나 동네 아파트 단지에는 구멍가게가 하나씩 있습니다. 식민지자본주의하의 일본인 자본과 조선인 자본의 관계를 마트와 구멍가게의 관계에 비유할 수 있습니다. 구멍가게도 열심히 하면 마트가 될 수 있겠지만, 현실적으로 불가능에 가깝잖아요? 일본인과 평등하게 경쟁할 수도 없고 이해관계를 관철시킬 제도적 통로도 없는 상황에서도, 틈새시장에 적극 적응하면서 분투한 조선 상공인들은 참 많았습니다. 하지만 이들은 수동적인 존재였지요.

조선총독부를 국가나 정부에 비견해서 설명하는 경우가 종종 있는데, 이는 아주 잘못된 생각입니다. 가치가 들어가게 마련인 용어사용은 신중해야 합니다. 조선총독부는 조선 사람, 조선 기업인의 이해관계를 반영하거나 절차를 통해 권한을 위임받은 권력체가 결코 아니었어요. 무력과 폭력을 동반한 외래 식민권력일 뿐이었습니다. 조선사회의 입법·사법·행정을 한손에 장악한 조선총독은 누구에게 책임을 집니까? 일본 국왕과 일본 정부입니다. 즉 조선총독부는 '공권력에 의한 공적 통치행위'의 주체가 아닙니다. 합의된 절차에 의해 한반도 구성원의 주권을 대리하고 이들의 이해관계를 반영하는 공적 주체가 아니었기 때문입니다.

그러니까 식민지자본주의 경제를 자본주의 일반론으로 보려는 자체가 난센스라는 겁니다. 자본주의를 거론할 때 축적이 빠질 수 없지요. 축적을 하려면 그런 욕망을 가진 기업인들이 자신들에게 유리한 정책을 시행하도록 국가권력에 압력을 가하거나, 필요에 따라 유착하게 마련입니다. 그러나 일제하에서 일방적인 종속은 가능했지만, 조선인 상공인들이 총독부를 통해 자신들을 위한 환경을 스스로 만들어갈 수는 없었습니다.

일제의 경제적 지배는 식민지자본주의를 토대로 '개발-수탈'방식의 외양을 띠었습니다. 한국사회에서 근대적 경제성장의 본격적 전개가 1960년대 이후였기 때문에, 식민지자본주의하 개발의 실체를 회의적으로 보는 경우도 있습니다. 해방 후나 한국전쟁 무렵인 1950년대 초반 1인당 소득 수준을 보면, 한국 경제는 세계 최빈국에 속했고 1970년대까지 보릿고개가 연례행사처럼 되풀이되었기 때문입니다.

09

누구를 위한 '산미증식'인가

일제는 '산미증식계획', '농촌진흥운동' 등을 통해 조선 땅의 쌀 생산고를 엄청나게 늘렸습니다. 그것은 식민지 시기에 조선 경제가 발전하고 윤택해졌다는 논리의 근거가 되기도 했지요. 그런데, 식민지에서 쌀 생산이 늘어났다고 과연 조선 농민의 삶의 질도 향상되었을까요?

조선과 일본 간의 쌀 거래 진실

일본에서는 19세기 말 이래 공업화가 진전되면서 농촌인구 감소, 소득 상승으로 식량소비가 늘어나 쌀 폭동까지 일어날 정도였습니다. 1890년대 이후 항상적인 쌀 수입국이 되었습니다. 저임금체제를 유지하기 위해서 뿐만 아니라, 대외침략에 수반되는 군량을 확보하기 위해서라도 쌀 수입은 중대사안이었습니다. 일제가 병합 이전부터 조선을 값싼 쌀 공급지로 설정한 것도 그 때문이었지요. 즉 고율소작료에 기초한 식민지 지주제가 규정된 것입니다.

조선에서는 당연히 쌀의 수출량 증가분이 생산량 증가분보다 훨씬 많았지요. 총생산량에 대한 수출량 비율이 1910년대의 10% 선에서 1920년대에 40%를 넘었고, 1935년에는 53%나 되었습니다. 오늘날과 달리 일제하 경제수준에서는 쌀 소비량이 식생활이나 삶의 질을 가늠하는 절대지표라고 할 수 있습니다. 쌀 생산은 늘어났지만 1인당 쌀 소비고는 1912년 0.77석에서 1926년에 0.53석으로, 다시 1936년에는 0.38석으로 격감합니다. 가장 높았던 1912년 쌀 소비량이 일본의 1870년대와 비슷한 수준이었습니다.

여기에 조선총독부가 쌀을 대체할 잡곡증산에 관심이 상대적으로 적어 잡곡 생산량이 감소 또는 정체되고 있었으니 식량의 절대소비량도 그만큼 줄어들었지요. 이 시기 조선인의 식생활 소비유형은 쌀과 잡곡의 비율이 1대 2.5 정도로 잡곡비중이 훨씬 컸습니다. 쌀농사를 짓는 농민조차 언감생심 쌀을 먹기 힘든 상황이었지요.

그런데도 많은 쌀이 일본으로 수출될 수 있었던 것은 고율의 소작료 때문이었습니다. 50% 이상, 거기다 지주가 납부해야 하는 지세나 각종 잡비 외에 고리대까지 포함해서 70~80%에 이르는 경우가 많았지요. 재생산과 축적의 기본이 갖춰져 있지 않는 상황에서 소작농이 자영농이나 지주층으로 상승할 수 있었겠습니까? 1920년대 말 전국적으로 확산된 혁명적 농민조합의 요구사항 중 하나가 뭐였을까요. '소작료 4할'이었습니다. 4할만 되도 살겠다 싶을 정도로 소작료가 너무 고율이었던 거지요.

쌀을 '파는' 거니까 '거래'이지 수탈이 아니라고 주장하는 학자들도 있습니다. 앞서 이야기했지만, 국가가 있었다면 일본의 절대적 필요 때문에 수출되는 식량에 관세주권을 행사할 수 있었을 겁니다. 이를 조선 경제의 공업화 추진역량이나 자산으로 만들 수 있었겠죠. 하지만 그렇지 못했습니다. 덮어놓고 시장거래라고 단정하면 안 됩니다. 게다가 협상가격차 때문에 대부분의 나라는 식량안보 차원을 넘어 농업을 산업구조의 중심으로 설정하지 않습니다.

농민 생존기반을 파괴한 식민지 지주제

식민지 지주제는 대지주층과 식민지 금융기구 사이의 수직적 질서를 바탕으로 한 조선총독부의 쌀 증산정책과 그에 따른 지주-소작관계를 총칭하는 개념입니다. 조선총독부는 지세율을 일본보다 훨씬 낮은 1/5 정도로 책정하여 식민지배의 하위 파트너로 삼은 대지주에게 유리한 경영

환경을 제공했습니다. 영세지주건 대지주건 지세의 세율을 똑같게 매긴, 과세와 부담능력이 전혀 일치하지 않는 단순비례세였으니 엄청나게 소득 역진적이었지요. 1934년까지는 개인소득세 과세도 없었던 데다가, 특히 1910년대를 지나 1925년까지 쌀값 상승률이 다른 물가 상승률보다 높아 대지주층에게 토지가 집중되는 현상이 심해졌습니다.

이미 1918년 토지조사사업이 완료될 당시 농가호수의 3%에 불과한 지주가 전체 경지의 50%를 차지했고 소작농가는 77%에 달하고 있었습니다. 1930년에는 지주 총수 10만여 호 중 30정보 이상의 대지주가 4.8%였던 데 반해 총소작지의 23%를 차지했습니다. 그 이면에는 빈농층의 급증이 있었지요. 이처럼 지주-소작관계가 지배적인 농촌에서, 지주는 소작농의 생존권인 소작권을 뺏을 수도 있는 절대적 힘을 가지고 있었습니다.

당시 소작료가 현물이었던 것은 쌀을 상품화하는 주체가 지주였기 때문에 당연한 일이었지요. 지주나 농장은 종자 선택부터 포장까지 생산과정 전체를 지배하고 있었으므로, 시세에 따라 유리한 가격조건에 맞춰 쌀을 팔 수 있었습니다. 그러나 빈농층은 팔 수 있는 미곡도 적은 데다 늘 현금이 급했기 때문에, 어쩔 수 없이 시세가 가장 낮은 추수 직후에 벼 상태로 파는 기아飢餓판매에 내몰렸습니다. 이를 궁박窮迫판매라고도 불렀지요.

조선총독부는 1906년 통감부 설치 이후 1910년대에 농공은행—조선식산은행, 금융조합을 설립하여 수직계통의 식민지 금융체제를 만듭니다. 식민지 금융기구로부터 대출을 받을 수 있는 건 담보능력을 지닌 대지주층뿐이었습니다. 대출금 중 농업자금의 비중은 1918년 11%에서 1930년

43%로 증가했는데, 수리조합¹이나 15정보 이상의 지주층이 주요 대출자였습니다. 일반농민들은 지주에게서 고리대를 얻어 썼지요. 은행대출의 연평균 금리가 8.8%였는데, 사채私債 금리는 담보대부의 경우 40%, 무담보대부의 경우는 70~80%까지 치솟았습니다. 지주층은 은행대출금으로 고리대 장사까지 하는 상황이었죠.

대지주층의 토지집적은 조선총독부가 "사회조직의 중견결여 현상"을 우려할 정도로 심각했어요. 농촌사회는 지주층과 소작농으로의 극심한 양극화 현상을 보였습니다. 1914~32년간에 소작농은 106만여 호에서 155만여 호로 급증했고, 반면 자작농은 57만여 호에서 47만 6천여호로, 자소작농은 91만 1천여 호에서 74만 3천여 호로 격감했습니다. 농가수지 개선을 선전하기 위해 벌였던 1930년대 초 조선농회의 조사에서조차, 소작농·자소작농·자작농가는 모두 매년 수십 원씩 적자를 보았던 것으로 나타났습니다. 그리고 자작농가의 18%, 자소작농가의 37%, 소작농가의 67%가 보릿고개를 넘길 수 없는 춘궁민이었습니다. 춘궁민은 오히려 곡창지대인 남부지방에 더 많았습니다.

농촌에서 중간층이 몰락하고 식민지자본주의의 농촌노동 흡수능력은 제한적이었으니 소작조건은 더욱 나빠질 수밖에 없었지요. 농가수지 악화, 부채급증은 도시빈민이 급증하는 악순환으로 이어졌습니다. 도시 주변부에서 빈 땅을 파서 거적때기로 지붕을 만들어 사는 토막민土幕民은

---

1 일제에 의해 설립·운영된 대규모 관개灌漑조직. 산미증식계획기에 쌀 증산을 위해 총독부의 적극적 지원하에 지주층 중심으로 설립되었다. 수리조합 구역에 속해 관개의 대상이 되는 지역을 몽리蒙利지역이라고도 불렀다.

일제시기에 처음 나타난 빈민층이었습니다. 이들은 날품팔이, 지게꾼, 공사장 인부 등으로 연명했습니다. 또한 그야말로 원시생활로 돌아간 화전민의 수와 화전 면적은 1928년에 120만여 명(인구의 6%), 40만여 정보나 될 정도였습니다. '삼림법' 위반으로 구속되어 감옥생활하는 편이 오히려 낫다고 여길 만큼, 그들의 실존은 처참했습니다. 국내에서 살기 어려우니 해외이주도 급격히 늘어났습니다. 특히 1930년대 이후 급증한 만주 이민은 1940년대에 이미 150만여 명이 훨씬 넘을 정도였습니다.

산미증식계획과 중소지주층의 몰락

조선총독부는 1920년과 1926년 두 차례에 걸쳐 '산미증식계획'을 시행합니다. 일차적인 이유는 1918년 일본에서 시베리아 출병을 틈타 매점매석 등으로 쌀값이 폭등하자 쌀 폭동이 일어나 안정적인 쌀 공급이 무엇보다 중요해졌기 때문이었습니다. 물론 값이 싼 동남아산도 있었지만, 일본인들 입맛에 맞지 않았고 일본의 국제수지 악화를 낳을 수 있기 때문에 조선에서 증산정책을 급히 서두른 것이었지요. 음식문화라는 게 쉽게 바뀌지 않잖아요.

조선총독부의 '조선산미증식계획요강'(1926)을 보면 일본의 연간 쌀 소비량 6,500만 석 가운데 일본 내 생산이 5,800만 석에 불과한 데다, 일본 인구가 매년 70만 명씩 늘어날 것이므로, 일본의 식량 문제 해결을 위해서는 조선의 미곡증산이 "국책상 급무"라고 다급한 상황판단을 하고 있었음을 보여줍니다. 1910년대에도 미작개량정책이 실시되었는데, 일본인의 입맛에 맞는 쌀을 생산하기 위해 일본 품종을 보급하고 수리·시비·농기구를 개량하는 것이었습니다. 그 결과 농민의 경영비 부담 증가와 노동지출 강화로 토지생산성은 증대되었지만, 결실은 지주층이 독점했습니다.

산미증식계획은 토지개량사업과 농사개량사업으로 구분됩니다. 토지개량사업은 관개개선, 밭을 논으로 바꾸는 지목地目 전환, 개간이나 간척을 통한 경작지 확장 등을 말합니다. 특히 조선총독부가 주력한 관개개선 수리조합사업은 식민지 금융기구와 (일본인) 대지주의 결합을 통해 이루어졌습니다. 중소지주층에게는 수리조합비 부담이 벅찼거든요. 수리조합 공사비의 90%가 차입금이었는데, 일본에서는 정부보조가 70~80%나 되었지만 조선에서는 20~30%에 불과해 이자부담이 아주 무거웠습니다. 50정보 이상 대지주의 소유지 중 일본인 소유지의 비중은 조선 전체에서 48%였지만, 수리조합 구역에서는 무려 85%에 달했습니다. 특히 일본인이 주도한 수리조합 구역에서 조선인 중소지주의 몰락이 심했습니다.

농사개량사업의 핵심은 일본식 개량농법 보급이었습니다. 품종개량과 비료증가를 통해 수확량을 증대시키는 것이었는데, 사실 생산력 향상이라기보다 밭농사를 희생시켜 논농사에 노동과 비용투하를 집중하는 거였지요. 지주층은 총독부가 알선하는 저리자금을 통해 화학비료와 수리사업비를 조달했지만, 중소농과 소작농은 외상구입 때문에 높은 이자를 부담해야 했습니다. 여기에다 지주들은 조합비 부담을 소작농에게 전가시키는 경우가 많았습니다.

결국 쌀은 증산되었지만 이보다 훨씬 많은 쌀이 일본으로 나갔습니다.

특히 2기 계획 기간에 생산량은 1.4배 증가한 반면, 반출량은 5배나 늘어났습니다. 세계대공황[2]을 전후한 무렵 조선 쌀의 일본 반출량은 500~900만 석에 이르러 일본 수입쌀의 60~70%, 일본 내 소비량의 10%에 달하는 막대한 규모였습니다. 일본에서 쌀 과잉생산으로 농촌위기가 발생할 정도가 되자 1934년에 조선 쌀의 수출을 일시 중지할 정도로 조선 쌀이 대거 일본으로 반출된 겁니다. 일본인 지주는 물론 조선인 지주도 산미증식계획에 편승해서 총독부의 재정지원을 받고 미곡 상품화에 적극 나섰습니다. 그 결과 쌀 단작형 식민지 지주제가 확대되었고, 지주와 총독부의 유착은 더욱 강화되었습니다.

농민운동의 고양과 농촌진흥운동

1929년 10월 미국 월가의 주가폭락으로 시작된 세계대공황은 일본 경제를 위기로 몰아넣었고, 농업공황[3]이 수반되어 농산물 가격이 급락했습니다. 조선에서도 미가가 1926년 35.14엔(백미 100근당)에서 1931년 15.25엔으로 절반 이하로 폭락했습니다. 이런 상황에서 1920년대 들어 전국적

---

2 1929년부터 1933년 말까지 약 4년간 지속되었다. 공황의 결과 자본주의 전체의 공업 생산력은 44%, 무역은 65% 정도 줄었고, 기업 파산이 수십만 건, 실업자가 1천만 명 발생했다.
3 1920년대 후반부터 이미 하락경향을 보이고 있던 농산물 가격이 대공황을 계기로 폭락한 것. 때문에 누에 가격과 쌀값이 폭락하고 농가의 겸업소득이 감소함에 따라 농민생활이 악화되었고, 고율소작료 징수가 어려워지면서 지주제 유지까지 어려워지는 결과를 불러왔다.

으로 농민운동이 고양되어 1930년대에 혁명적 농민조합이 결성된 지역이 전국 220개 군, 도 가운데 80개 지역이나 되었습니다. 식민통치에 위기감을 불러일으킬 정도였지요. 당연히 1931년 신임총독으로 부임한 우가키 가즈시게宇垣一成는 식민통치의 '안정화'를 서두르게 되지요. 농촌안정을 해쳐 식민통치에 부담을 주기에 이른 지주제를 일정하게 통제하고, 다음 장에서 얘기할 공업화를 서두릅니다.

이런 배경에서 '농촌진흥운동'이 착수됩니다. '즈선소작조정령'(1932. 12)을 제정하여 지방소작위원회가 재판소 지휘를 받아 소작쟁의 권해勸解, 소작조건 유지·개선에 관한 사무를 담당하도록 했습니다. 그러나 소작쟁의에 대한 법적 통제와 행정개입의 실효가 크지 않자 '조선농지령'(1934. 4)을 제정하여 마름과 부재지주를 통제하고 지주의 소작권 박탈 제한, 소작료 분납 명시, 3년 이상 소작기간을 명시했습니다. 지주경영의 환경이 달라진 거지요. 반면 고양되던 소작쟁의는 점차 관권의 조정으로 해소되는 등 체제내화 경향을 띠게 됩니다.

'자작농지 창설유지사업'은 총독부가 농민의 토지스유 욕구를 활용하여 "농촌의 갱생 도모와 동시에 이촌부랑離村浮浪의 폐를 방지"한다는 목적으로 1~2단보 정도의 소규모 토지를 소유하도록 자금을 융자한다는 것이었지요. 금융조합을 통한 사업 대상호수가 수십만 호에 이르렀지만, 지주들이 토지를 팔지 않는 데다 강제성이 없어 본래 목적을 달성하기는 어려웠습니다. '부채정리사업'은 식민지 금융기구에서 소외된 빈농들의 누적된 고리대 문제를 완화하기 위해 금융조합을 통해 고리더 정리자금을 융통하거나 경찰과 면장을 동원하여 강압적으로 정리하는 것이었습니다.

요컨대 1930년대 농업정책은 이전까지의 지주우대정책과 크게 다를 바는 없었지만, 유산층과 지식층을 대상으로 한 1920년대의 제한적 민족분열정책과 달리 식민통치의 안정을 위해 제한적 지주통제를 통해 곧 다가올 침략전쟁에 대비해 조선 농민 전체를 대상으로 동화정책을 시도한 것이었다고 하겠습니다.

전시체제기의 약탈적 식량공출

일제의 중국침략 도발 이후 조선은 식량공급처로서 다시 중요해졌습니다. 특히 1939년에는 대가뭄으로 수확고가 절반이나 떨어졌습니다. '조선증미계획'이 추진되었지만, 일제 말기에는 식량증산에 필수적인 노동력, 적절한 시비, 자금과 농기구 공급이 절대적으로 부족했지요. 당연히 증산독려에도 불구하고 식량생산은 크게 떨어졌습니다. 증산정책이 강제동원과 '징병' 등으로 부족할 수밖에 없는 노동력에만 크게 의존했기 때문입니다. '농촌노동력조정요강'(1941. 4)을 통해 '부락연맹 애국반'[4]을 단위로 농촌에 편성한 공동작업반, 농작물의 지방적 계절적 차이를 활용하여 편성한 '농업보국이동 노동반', 각급학교 학생들로 편성한 '근로보국대' 등은 모두 노동력을 동원하기 위한 것이었습니다.

---

4 약 10호로 구성된 부락연맹의 하부조직으로 총독부 국민총력운동 조직망에서 농민조직화의 최말단 실천기구.

결국 식량통제를 통해 소비를 강제로 줄이는 정책이 실시되기에 이르렀습니다. 조선총독부가 1939년에 제정한 '조선미곡주식회사령'과 '조선미곡배급조정령'이 그것입니다. 유통과 소비과정을 전면통제하여 1940년도 생산미곡부터 지정가격으로 강제수매하는 공출대상을 보리, 조 등 주요식량 전체로 확대했습니다. 그리고 식량배급조합을 설립해 식량배급제를 실시했습니다. 공출제도는 처음에는 '과잉지역의 과잉수량', 즉 쌀이 남는 곳의 쌀에 대한 자발적 공출을 장려한다는 명목으로, 지주층의 소작료가 중심 대상이었습니다. 그러나 1942년산 미곡부터 '조선식량관리령'(1943)을 적용하여 자가소비량을 제외한 모든 식량으로 확대됩니다. 생산 절대량이 격감하는 상황에서 1941~44년간에 생산량 준 공출량이 쌀의 경우 42%에서 64%로, 맥류는 15%에서 37%로 급증했습니다.

부락책임공출제, 사전할당제, 농업생산책임제 등은 공출량 할당을 채우기 위한 제도였습니다. 특히 사전할당제는 생산량을 높게 설정해서 할당량을 억지로 늘리기 위해, 수확 직전이 아닌 모내기 때 미리 할당을 책정하는 것이었습니다. 공출량이 할당량에 미달하면 암시장에서 사서라도 공출에 응해야 하는 구조였지요. 장독대에 숨겨둔 먹을거리까지 샅샅이 훑어가는 상황에서 농민들은 초근목피로 연명해야 했습니다. 나라면 과연 살 수 있었을까 하는 생각이 들 만큼 정말 살기 어려운 시절이었지요.

농민의 생산의욕을 높인다는 명목으로 지급된 생산장려금조차 강제저축 공제율이 60~70%나 되었습니다. 공출제하에서는 지주층도 더 이상 정상경영이 어려워졌지요. 농촌 노동력과 생산력이 격감하여 이전처럼 고율소작료를 징수할 수 없었고, 생산비에도 미치지 못하는 공출대금의

공동작업과 공출을 장려하는 포스터

공출제도는 처음에는 남는 쌀의 '자발적 공출'을 장려한다는 명목으로 실시되었으나 공출량이 부족하자 강제할당으로 바뀌어 공출을 늘리기 위한 온갖 방법이 동원되었다. 할당량을 채우지 못하면 농가보유량을 줄이고 암시장에서 사서라도 공출량을 채워야 했다. 사진은 조선총독부 농상국에서 제작한 공출 독려 포스터로 "아이들은 공동탁아소에 맡겼으니 안심됩니다", "공출 때는 지주님도 한몫 해주시니 고마워, 자, 빨리 됩시다" 등의 선전문구는 짐짓 목가적인 풍경을 연출한다. 『캠페인을 보면 사회가 보인다』(서울시립대학교 박물관, 2002), 20쪽.

14~27%가 강제저축으로 공제되었으며, 그나마 현금으로 지급받기 어려웠습니다. 그야말로 원시적 약탈이었던 공출과 강제동원은 조선의 마지막 진을 빼는 결과를 가져왔고, 지주건 농민이건 생산의욕을 떨어뜨렸지요. 농사를 지어봤자 소용이 없다는 염농厭農, 공출기피 풍조가 확산되는 것이 당연했습니다.

일제 말기 자연파 시인들인 조지훈과 박목월의 화답시 「완화삼」과 「나그네」는 1946년 4월에 발표되어 『청록집』에 실렸는데, 참 정감을 솟아나게 하는 시지요. "술 익는 강마을의 저녁노을이여"(「완화삼」)와 "술 익는 마을마다 타는 저녁 놀"(「나그네」)의 화답처럼, 일제 말기에도 '술 익는' 농가는 적지 않았습니다. 그러나 당시 조선 농촌의 속사정을 보면 딴판입니다. 공출로 온갖 고생을 할 때였고 '불법'이었던 밀주단속도 무척 심했거든요. 시에서 느껴지는 것처럼 목가적이고 평화로운 농촌이 결코 아니었지요.

10

일제시기 공업화의 본질

■

일제시기 동안 우리 땅에 공장이 들어서고, 공장 노동자들이 늘어난 것은 사실입니다. 어떤 이들은 이 '공업화'가 해방 이후 자본주의 발전의 토대가 되었다고 말하기도 합니다. 그런데 이 '공업화'의 실상은 어떠했을까요?

일제로부터 자본주의를 배웠다?

　기업경영 능력을 일제 덕분에 배웠다고 이야기하는 사람도 있죠? 조선인들이 모두 자나 깨나 독립만 생각했던 건 물론 아니었고, 상당수는 일본인이 독점지배하게 된 시장에 적응해 어떻게든 돈을 벌고 살아가려 했습니다. 당연한 일이지요. 그런데 만약 우리가 주권국가를 가지고 있었다면 기업경영을 발전시킬 수 없었을까요? 참 이상한 가정이지요. 한번 반대로 생각해보세요. 오히려 국가주권이 있어야 조선인 기업의 이해관계에 조응하는 경제정책과 국내연관을 가진 공업화가 가능하지 않겠어요? 주권국가였다면 철도건설을 못하나요? 주권국가라야 일제침략의 첨병이 아닌 조선의 산업과 물동량을 위한 철도를 계획할 수 있겠지요.

　일제시기에 발생한 모든 일들이 일제 덕분이라면 참 우스꽝스러운 얘기가 되지요. 2002년에 인기리에 방영된 〈야인시대〉라는 드라마를 기억하십니까? 이 드라마엔 종로통, 동대문통, 명동 혼마치 패거리 등의 깡패들이 나옵니다. 그 깡패들이 언제 득세하기 시작했는지 아세요? 바로 일제시기입니다. 그렇다고 깡패가 일제 때문에 생겨났다고 주장하는 사람은 없잖아요?

일제의 필요에 의한 조선공업화

　19세기 말에서 20세기 초에 확립된 일본 자본주의는 미국·유럽에서 중화학공업제품을, 아시아지역에서 식량·공업원료를 수입하고 면제품을 수출하는 구조였지요. 조선 경제가 일본의 면제품시장이자 쌀·생사 공급지가 된 1910년대부터 일본의 섬유자본은 값싸고 풍부한 원료와 노동력을 찾아 조선에 들어옵니다. 1920년대 후반에는 신흥재벌 노구치野口가 들어와 수력개발과 전기화학공업을 시작했지만, 아직 일본의 공업자본이 조선으로 진출할 만큼 성장한 것은 아니었지요.

그런데 앞서 이야기한 것처럼 대공황을 전후해서 조선 농가가 파탄하고 민중운동이 급성장하여 식민통치가 위협을 느낄 정도가 됩니다. 이런 상황에서 1931년 우가키가 총독으로 부임하여 이전의 지주층 중심 농업정책의 전환을 모색하고 1931년 만주침략과 밀접한 연관이 있는 '조선공업화'정책을 추진합니다.

식민지 공업화는 1930년대 전반기의 조선공업화, 1930년대 후반기 이래의 병참기지화정책 등 두 단계로 나눌 수 있습니다. 일본은 대공황에 따른 위기를 타개하고 시장을 확보하기 위해 폐쇄적인 '엔블럭' 자급자족 전략을 세웁니다. 이를 위해 중요산업별 생산·판매 독점체인 카르텔체제를 규정한 '중요산업통제법'(1931. 4)을 시행했는데, 여기 적응하지 못하는 주변부자본이 대거 발생했지요. 그리고 일본을 정精공업지대, 조선을 조粗공업지대, 만주를 농업지대로 만들자는 일선만日鮮滿 블록을 형성하여 중국침략과 구미세력과의 전쟁에 대비하고자 했습니다. 그에 따라 일본과 만주를 잇는 조선은 풍부한 석탄, 전력, 노동력 등을 활용하는 공업지대로 설정됩니다.

조선총독부는 이를 위해 조선에 '중요산업통제법'을 적용하는 것을 미루고 일본의 주변부자본을 끌어들입니다. 이는 이미 조선에 와 있었던 일본 자본이나 지주층의 공업투자를 유도하는 조건이기도 했습니다. 그에 따라 미쓰이, 미츠비시 등의 소비재 생산—조^租공업, 일본질소^{日窒} 등 신흥재벌을 중심으로 수력발전에 기초한 전기화학공업과 명반석^{明礬石}, 마그네슘, 알루미늄 원료 등 광물에 기초한 경금속공업이 일어나게 됩니다. 1918~40년간의 산업별 부가가치 생산액 추계를 보면, 농업은 1.7배 증가한 데 반해 광업과 공업은 애초에 워낙 미약했던 만큼 각기 21.1배, 8.4배나 급증했습니다.

조선사회를 쥐어짠 병참기지화정책

관동군사령관을 지낸 뒤 1936년 조선총독으로 부임한 미나미 지로^{南次郎}는 1938년에 병참기지화정책을 천명합니다. '대륙전진 병참기지'라는 용어는 1938년 5월 '로타리대회 및 일만^{日滿}실업협회' 총회 연설에서 그가 사용한 개념입니다. 중국침략을 목전에 둔 1937년 3월부터 '중요산업통제법'을 조선에 적용하고 1938년에는 '국가총동원법'을 시행합니다. 경금속, 석유 및 소다, 황산암모늄, 폭약, 공작기계, 자동차, 철도차량, 선박, 항공기, 피혁 등 중요산업으로 지정된 업종을 중심으로 통제경제가 시작된 것이지요. 지하자원 개발, 가공공업, 인조석유공업 등이 중요업종이 되었습니다. 즉 병참기지화정책은 일본이 전쟁을 위해 조선을 "내지경제의 대륙전위"로 규정하여 자금, 물자, 인력 등 조선사회에서 동원할 수

애국금채회의 금모으기운동

중일전쟁을 일으킨 일제는 1938년에 '병참기지화' 정책을 천명하고 조선의 모든 인적·물적 자원을 전쟁에 동원하기 위해 국가총동원법을 실시했다. 병참기지화정책은 특히 광산개발에 집중되었는데, 일본에서 절대적으로 부족한 금을 모으기 위해 온갖 방법이 다 동원되었다. 그림은 친일여성들이 중심이 되어 조직한 '애국금채회'가 모은 금을 미나미 총독에게 헌납하는 광경을 그린 〈금차봉납도〉이다. 『컴페인을 보면 사회가 보인다』(서울시립대학교 박물관, 2002), 15쪽.

있는 모든 자원을 군수(관련)산업에 집중하는 옥쇄玉碎[1] 동원책이었습니다.

이를 위해 먼저 '임시자금조정법'(1937. 9)을 조선에 적용해 생산력 확충, 국제수지, 생산능력 등의 기준에 따라 산업을 세 범주(갑, 을, 병)로 나누어 설비자금 공급의 우선순위를 정하고 군수공업에 자금을 집중했습니다. 나아가 운전자금까지 통제하여 군수(관련)산업으로 자금집중을 더욱 높이기 위해 '은행등자금운용령'(1940. 12)을 제정합니다.

그리고 본격적으로 물자통제에 나섭니다. 생산·유통·소비를 통제하는 배급체제를 시작했고, 쌀 등 식량에서부터 축산물·임산물·수산물·섬유품·금속품·철기품 등 거의 모든 물자에 대한 공출제도를 강행합니다. 물자난이 암거래와 물가고를 불러오는 여파 속에서 지정가격 거래를 강요한 '조선물품 판매가격 취체규칙'(1938. 10)을 공포합니다. 여기에 '9·18 정지가격'이라 불린 '공정가격'에 맞추는 '가격통제령'(1939. 9)에 따라 암거래를 단속하는 등, 통제체제를 강화합니다. 생활필수품의 생산과 소비억제를 위한 '생활필수품통제령'(1941. 4)과 '물자통제령'(1941. 12)으로 철강재, 전력, 식량 등 전쟁물자에서부터 생활필수품에 이르기까지 배급제도를 확대합니다. 정선된 군수산업으로 설비와 자금을 집중하기 위한 '기업정비령'(1942. 6)은 극에 이른 기업과 물자통제체제를 보여줍니다.

병참기지화정책의 특징은 광산개발에 집중되었다는 점입니다. 일본에서 생산되는 중요광물의 종류가 적었기 때문이었죠. 1937년 이후의 광산

---

[1] 옥처럼 아름답게 부서진다는 뜻으로 명예와 충절을 지켜 기꺼이 목숨을 바친다는 의미. 일제가 침략전쟁에 동원하기 위해 자주 사용한 표현이다.

액(41억 2,700만여 엔)이 식민지 기간 전체의 84%나 차지했습니다. 군수원료나 무역결제대금 확보를 위해 "지상명령"으로 채굴된 원광석이 그대로 일본으로 이출되었습니다.

중국침략에 맞춰 제정된 '조선산금령'(1937. 7)은 일본의 금생산량이 10톤에 불과해 조선에서 1936년 20톤, 1942년에 75톤으로 늘려 '일본권' 산금량의 55%를 생산한다는 것이었습니다. 1937~42년간의 금 생산액은 광산액(17억여 엔)의 32%나 차지했는데, 가동광구의 대부분(54~71%)이 금(銀)광이었고 합금광을 포함하면 80%나 되었지요. "기대 이상의 성적"을 거둔 광업의 비약적인 성장은 조선이 보유한 자원이 비생산적으로 소진되었음을 의미합니다.

철도, 자원약탈과 침략수단

일제의 경부선, 경인선 철도부설과정은 2천만 평의 철도용지 수용, 방대한 철도재료(목재·침목 등)와 우마·식량·가옥·분묘의 징발 또는 파괴, 연인원 1억여 명 이상의 조선인들을 동원한 약탈과정이었습니다. 경부선과 경의선은 일본이 한반도를 남북으로 종관(縱貫)하여 만주에 이르는 병참로를 확보하기 위해 부설한 것이었습니다. 게다가 그 과정에서 일본 토건회사들이 철도부설공사를 독점하여 자본과 기술을 축적해 성장한 반면, 조선 토건업은 성장기반을 잃게 되었습니다.

일제의 철도정책은 철도를 통해 조선을 군사적·경제적으로 지배하고 일본과 만주를 시공간적으로 밀착시켜 조선 내 지역과 지역 사이의 물자 유통보다 일본-조선-만주를 잇는 병참 및 상품수송을 원활하게 하는 것이 주목적이었습니다. 전쟁이 막바지에 이를 무렵에는 부족한 선박마저 미군의 잠수함 공격으로 운행이 어려워지자, 중국-만주와 일본을 잇는 해상화물의 수송을 경부선과 경의선이 담당하게 됩니다.

　철도화물의 구성도 크게 바뀌었습니다. 1930년대 중반 이전에는 쌀·조·석탄의 물동량이 많아 농산품 22~32%, 광산품 17~28%, 공산품 8~17%, 임산품 7~11%였습니다. 그러나 그 이후 석탄·시멘트·광석·금속·기계·군수품 등을 중심으로 광산품 32~38%, 공산품 8~17%, 농산품 8~16%, 임산품 6~9% 순서로 역전되었습니다. 군수물자를 위한 자원약탈성이 투영된 조선 철도는 조선과 만주의 원료 및 곡물을 일본으로 반출하고 일본의 공업제품과 군대, 군수물자와 이민을 조선과 만주로 보내는 파이프라인이었습니다.

생산성과 공장가동률의 저하

　통계를 보면 조선공업화 시기인 1931~36년간(2.62배)과 병참기지화 시기인 1936~42년간(2.59배)에 공장 생산액이 급증했습니다. 그러나 1920년대 초 전체 공산액의 60%나 차지했던 가내공업(4인 이하 고용) 생산액은 계속 줄어들었음에도 1939년에 여전히 22%를 유지하여, 공장의 공업지배는 제한적이었습니다. 1918~40년간에 특히 광산액 급증으로 광공업

비중이 10%에서 36%로 증가합니다만, 농림수산업 비중이 90%에서 64%로 줄었더라도 산업별 인구구성이나 산업비중을 보면 조선 경제는 여전히 농업사회였습니다.

그런데 1940년을 전후해서 자재난으로 조업이 연기·중지되는 경우가 많아지면서, 생산력 확충계획은 설비확장에 필요한 신규자금을 투입하지 않고 기존설비를 최대한 활용하는 방침으로 바뀝니다. 또한 연합국의 해상봉쇄로 수송이 두절되는 1943년 이후에는 생산액 자체가 현저하게 줄어들었고, 생산독려에도 불구하고 생산성이 크게 낮아졌습니다. 단위공장 생산성(평균생산액 증가율)은 전년도를 기준해서 1937년(26.4%) 이후 1940년(9.7%)까지 떨어지다가, 1941년(-31.3%) 이후 1942년(-7.0%)에는 마이너스로 반전됩니다. 노동생산성(노동자 평균생산액 증가율)도 1937년(22.1%)을 정점으로 1941년(2.3%)까지 격감했고, 1942년(-1.4%)에는 마이너스로 반전됩니다. 그러나 자본투자는 1931~36년간(2.01배)에 비해 1936~41년간(2.34배)에 증가했습니다. 결국 자본생산성(공산액/납입자본금 비율)이 격감했다는 의미인데, 자본생산성은 정작 납입자본이 급증하는 1934~35년간(-3.4%)은 물론 1938~39년간(-8.9%)에도 마이너스를 보였습니다. 계속 높아졌던 납입자본 증가율이 1940~41년간(5.4%)에 감소한 것은 자금의 상당부분이 일본 국채 구입 등에 투여되어 자금동원이 한계에 봉착한 것을 의미합니다. 1940년대에도 공장 수가 늘어난 것은 휴·폐업된 공장까지 포함되었기 때문이었는데, 이는 오히려 1940년대 이후 공장 가동률이 격감한 상황을 보여줍니다.

조선인 자본가의 몰락

식민지 공업화의 와중에서도 납입자본금의 조선인 회사 비중은 1931년 (10.3%)보다 1942년(8.3%)에 축소되었습니다. 영세규모였던 조선인 공장은 화학, 식료품, 요업, 방직공업 등에서 두드러졌습니다. 정어리에서 어유魚油를 추출하여 일본질소 등에 공급하는 화학공업처럼 대부분 하청업이었습니다. 금속정련, 도금, 원동기, 전기, 토건용 기기, 법랑칠기 등에도 진출했지만, 대부분 생필품이나 일본인 군수회사 하청업이었습니다. 즉 식민지 공업화로 조선인 기업은 영세한 기술력과 자본으로도 경쟁이 가능한 틈새영역에서 성장하기도 했지만 대자본이나 기술력을 요하는 영역에는 거의 진출하지 못했던 겁니다.

게다가 중소공장은 가동률까지 떨어져 폐업하는 경우가 많았고, 1942년에는 '기업정비령'으로 일본 독점자본의 군수 하청공장으로 재편성되지 못하면 도태될 수밖에 없었습니다. 가령 조선인 자본이 집중된 메리야스업의 경우, 722개였던 것이 1944년 3월에 174개로 줄어들었습니다. 조선인 공장은 조선 내의 산업연관 없이 전쟁동원의 필요에 철저하게 종속된 겁니다. 결국 일제 말기가 되면 대부분 도태되거나 현상유지에 급급한 상황에 놓이게 됩니다.

그러면 이 시기 조선인 자본가의 존재양태는 어떠했을까요? 첫째, 드문 경우였지만 조선비행기공업의 박흥식, 경성방직의 김연수처럼 군수산업과 분업관련을 가지면서 일제의 정책적 보호 아래 성장했던 자본가군이 있습니다. 전시하 공급자 위주 시장을 기반으로 1933~45년간에 고정자산을 50배 이상 늘렸던 경성방직에게는, 품질과 경쟁에서 이겨야 하는 평화시대가 오히려 장애물이었는지도 모릅니다. 박흥식과 김연수는 당대에 누구보다 기업경험이 많고 부의 규모 또한 대단했습니다만, 해방 후에는 상대적으로 쇠락의 길을 걷게 됩니다.

둘째, 투자전환을 꾀한 경우가 있습니다. 1930년대 중반 원윤수는 군수광물인 텅스텐의 수요급증으로 부를 축적했습니다. 그러나 1937년 이후 광산업에 일본 자본이 집중되면서 광산을 매각하여 지주, 요식업자, 고리대금업자, 고무공업 등으로 투자처 변신을 꾀합니다만, 결국 자본가로서는 퇴보의 길을 걷게 됩니다.

셋째, 물자난과 자금난에 허덕이던 대다수 조선인 기업들은 특히 '기업정비령' 시행과정에서 자산을 빼앗기면서도 별 대응을 못합니다. 정주영은 1940년에 설립한 자동차정비공장 '아도서비스'가 1943년 초 '일진공작소'에 합병된 것을 두고 사실상 "흡수였다. 동업자였던 이을학, 김명현 씨가 먼저 빠져나가고, 강제합병된 회사에 아무 의욕도 정열도 없었던 나 역시 곧 손을 떼었다"라고 회고한 적이 있습니다.

해방 후 경제재건과정에서 일제하 기업가나 기업경험의 역할은 생각보다 크지 않았습니다. 1930년대 공장명부와 1949년 상공부 공장명부를 살펴 1930년에 존재한 공장 가운데 1938년까지 존속한 것과, 1938년에 존재한 공장 가운데 1949년까지 존재한 것을 비교한 연구가 있어요. 그에 따르면 1930~38년간에 22.8%가 존재했지만, 1938~49년간에는 6.8%로 떨어집니다. 대부분 해방 후까지 이어지지 못한 거지요.

조선인 대부분은 미숙련 노동자

1933~42년간에 공장, 광산, 토목건축 부문의 노동자는 74만 4천여 명으로 증가(3.3배)했습니다. 운수업, 자유업을 감안하면 175만여 명 정도에 이르지요. 이 가운데 공장노동자는 1936~43년간에 18만 8천여 명에서 36만 3천여 명으로 늘어났지만, 1942년에도 전체 노동자의 21%에 불과했습니다. 총인구 중 공업종사자는 가내공업 종사자를 포함해도 1930년대에 2.5~3.2%에 불과하다가 1942년에야 5.0% 정도로 늘어납니다. 즉 농업종사자 비중이 1931~42년(77.9~66.2%)간에 감소했지만 여전히 절대적 비중을 차지하고 있었던 거죠.

또한 고용구조는 미숙련 단순노동과 강제동원 및 장시간 노동에 의존하는 수준이었습니다. 1937년 조사에 따르면 노동시간이 12시간 이상인 경우가 41%였는데, 실제로는 이보다 심했지요. 실제로 지켜졌는지도 의문이지만 12시간 이상 노동을 금지한 '공장취업시간제한령'(1939)은 오히려 살인적 노동이 당시 일반적인 추세였음을 보여줍니다. 전황이 악화되는 1943년 7월에는 이마저 폐지되어 장시간노동이 아예 합법화되었지요.

생산성의 낙후는 물자난, 수송난뿐 아니라 동원에 의존한 약탈노동이 큰 이유였고, 조선인 기술인력의 부족 때문이기도 했습니다. 총노동자수에 대한 기술자수의 비율은 1937년(2.7%)보다 1940년(3.5%)에 약간 늘어났지만, 기술자의 대부분은 일본인이었습니다. 조선총독부 교육정책은 조선인 기술자양성과 고급기술교육을 억제하는 것이었지요. 1937년 이전까지 공업계 학교는 경성고등공업학교와 경성공업학교 두 개뿐이었고, 그나마 민족별 입학쿼터제가 있어서 조선인 학생은 일본인의 절반에 불과했습니다. 결국 1939년경까지 기술자는 일본에서 교육받은 일본인으로 충당되어야 했지요. 조선인 회사는 대부분 기술자 1명만 고용하는 정도였고, 2명 이상 고용한 경우는 경성방직, 삼양사, 충남제사 등 7개 회사에 불과했다고 합니다.

그러나 일본인 기술자들의 징병으로 조선총독부의 기술자정책은 수정될 수밖에 없었습니다. 경성광산전문학교와 대동공업전문학교, 그리고 경성제국대학에 이공학부가 설치되었죠. 또 고등기술학교나 실업학교를 신설 또는 증설해서 기능공을 배출하고 직업훈련을 강화했습니다. 조선인 기술자는 1942~44년간에 1,215명에서 1,632명으로 늘어났습니다. 하지만 1942년에도 여전히 전체 기술자의 18%에 불과했습니다.

'조선공업화'는 자본과 기술 측면에서 일본인 대자본, 특히 일본에서 건너온 대자본이 압도하는 가운데 조선 산업과의 연관이 약해 하청구조하에 이루어진 지역 공업화였습니다. 일국적 차원의 재생산구조 확대와는 거리가 멀었죠. 일본인이 관리직과 기술직을 독점하고 조선인이 미숙련 단순노무직에 집중된 이원적 고용구조는 해방 때까지 큰 변화가 없었습니다. 해방 후 노동자들이 다시 농촌으로 돌아갈 정도로 미숙련노동에 집중되어 기술이전의 효과도 미미했습니다. 또 강제동원에 의존하여 기술과 자본의 대일종속을 수반한 전시 공업화는 해방 후 경제재건의 장애요인이 되었습니다. 일제하 공업화의 결과, 해방 후에 기계가 고장 나서 교체하려 해도 국내에서 생산이 불가한 것은 차치하더라도 미국과 영국의 부품은 맞지 않아서 일본 부속품을 계속 수입해야 했습니다.

11

수탈의 천국, 식민지 조선

■

일제는 식민지 시기 조선의 모든 것을 약탈하고 수탈해 대륙 침략의 야망을 불태웠습니다. 강제동원, 강제공출을 통한 소중한 인명의 희생과 물자의 수탈, 각종 문화재 약탈 외에, 금융기관을 이용한 자금수탈도 극심했습니다. 이 중에서 자금수탈은 어떤 방식으로 이루어졌을까요?

수탈을 위한 펌프질

일제하 경제에 대한 인식을 수탈론과 개발론으로 구분하는 경우가 있습니다. 이런 구분은 당시 상황에 대한 구체성이 떨어지면서도 객관적이라는 듯한 자세가 엿보여 듣기에 참 거북합니다. 수탈을 하려면 개발을 해야 하고, 그로 인해 경제가 성장하는 것도 당연하지요. 문제는 주체가 누구이고 그 귀결점이 무엇인가 하는 점인데, 그걸 떼어놓고 이해하는 자세가 틀렸다는 겁니다. 아시아인이 백인들처럼 생각하고 행동하는 것을 '바나나'라고 비유하지요? 개발론 운운하는 이면에는 당시의 수탈실상을 제대로 모르거나 간과하면서 무조건 조선을 뒤떨어진 나라로만 생각하는 바나나 역사인식이 있음을 엿볼 수 있습니다.

펌프질을 해서 물을 끌어올리려면 처음에 몇 바가지 물을 부어야 하지요? 일제가 조선에서 장기적 수탈의 펌프질을 하기 위해서는 당연히 자금을 유입시킬 필요가 있었습니다. 한반도에서 뭔가를 빼내가려면 최소한의 자금을 지렛대 삼아 개발을 하고 성장을 시켜야 그 이상을 빼낼 수 있는 것 아니겠어요? 경제논리 외에도 전시체제기에는 강제동원 방식으로 물자와 자금을 빼가고 사람을 희생시켰습니다. 일제의 수탈은 ① 문화재 약탈을 비롯해서 지하자원, 농산물, 금속류 등의 공출에 의한 물자수탈, ② 재정·금융기구를 통한 자금수탈, ③ 강제동원에 의한 인력희생 등으로 구분됩니다.

해방이 되었을 때 한국은 세계에서 가장 가난한 나라였습니다. 왜 그랬겠습니까? 그것이 식민지자본주의하에서 '개발-성장'된 생산력이 궁극적으로 어떻게 소진되었는지를 보여주는 겁니다. 그런데 패전 후 일본 대장성이 편찬한 한 자료는, 일본에서 조선으로 유입된 자금이 "합방 당시부터 1944년 내지 1945년까지 모두 43억 2,200여만 엔의 수취초과"를 기록했다고 하면서 식민지배가 조선의 발전에 기여했다고 주장합니다. 한국 학자들 중에도 이런 주장을 따르는 사람들이 있습니다.

주권국가가 외국 자본이 국내 정치경제에 미치는 부정적 여파를 통제할 수 있다면, 자금유입은 국내 생산력을 높이고 사회발전에 기여합니다. 그러나 식민지에서는 일제의 필요에 따라 자금의 용도가 결정되어 유입자금과 비교 자체가 불가능한 자금유출이 일어나고, 또한 이는 반인륜적 인력수탈과 물자수탈을 수반하게 됩니다. 결국 조선사회가 보유하거나 '개발'한 생산력이 유출되고 고갈되어가는 거지요. 이 점을 간과한 채 자금유입에만 연구의 초점을 두거나 주권국 대 주권국의 관계에서 이루어지는 자금흐름으로 제한해서 식민지 경제의 실상을 호도하는 경우가 아주 흔합니다.

전쟁수행을 위한 물자수탈

전체 규모를 정확히 알 수 있는 형편은 아닙니다만, 1949년 9월 1일까지의 조사에 근거하여 한국 정부(외무부 정무국)가 간행한 『대일배상청구조서』는 강제공출과 광산물의 일부 품목을 대상으로 중일전쟁 및 태평양전쟁기의 물적 피해와 강제공출에 의한 손해액을 131억여 엔으로 집계한 바

강제공출로 가득 쌓인 금속류
침략전쟁 수행을 위한 일제의 각종 물자공출은 식량 외에도 유기(鍮器), 소, 임산물 등 80여 종을 아울렀다. 일제는 무기를 만들 쇠붙이가 부족하자 1941년 '금속회수령'을 공포하고 한국에 남아 있는 식기류를 비롯한 온갖 쇠붙이를 약탈했다. 밥을 먹는 놋그릇마저 빼앗아간 대신 지급해준 것은 '공출보국'이라고 새겨진 조잡한 사기그릇이었다.

있습니다.

공출은 식량 외에도 유기鍮器, 소, 임산물 등 80여 종의 물자를 대상으로 했습니다. 미곡의 경우 1940~44년간에 생산비와 공출 매수가격의 차액이 1억 8천여만 엔에 이릅니다. 맥류麥類와 면화 등 다른 곡물을 합하고 지불받지 못한 강제저축과 살인적 인플레를 감안한다면 실제 손실(수탈)액은 훨씬 커지지요.

광산물의 경우 전쟁물자 조달을 위해 '일본권' 생산목표의 50% 이상이 조선산이었던 품목이 형석, 텅스텐 등 9가지였고, 코발트, 니켈 등은 전량 조선산이었습니다. 1940~1945년의 광산액(35억 6,000여만 엔)은 1910~45년간 총생산액의 73%나 차지했습니다. 즉 광산물 생산의 급속한 증가는 전쟁수행을 위해 조선의 지하자원이 유실된 것에 다름 아니었습니다. 또 1937~1943년간의 금 생산량(6억여 엔)은 보충금(일본 '금자금특별회계'로부터 들어온 자금)의 10배나 됩니다. 결국 조선산 금은 일제가 "기름을 사고 전쟁을 수행"하는 원료수입이나 일본은행권의 정화준비를 뒷받침하여 화폐발행에 도움을 준 거지요.

조선에서 사용된 자금의 용도

일제하에 한반도로 들고난 자금의 추이를 정확하게 밝혀내기는 어렵지만, 기본적인 개략만 살펴보겠습니다. 조선총독부의 재정, 회사나 개인, 대장성 예금부[1] 등 다양한 통로로 패전 때까지 일본에서 유입된 자금은,

단기간에 거래된 금융기관 차입금을 제외하면 70~80억여 엔 정도입니다.

물론 유입에는 반드시 유출이 수반되지요. 그런데 유출을 논할 때 당시의 한일 '국경'만 경계로 해서 보면 많은 것을 놓칩니다. '국경이 없었던' 식민지라는 현실에서 출발해야 합니다. 즉 재정자금의 유출을 군사비(일본 임시군사비특별회계로의 전출금)나 공채비(공채에 대한 원리금)처럼 조선에서 직접 일본으로 건너간 부문만 제한해서 보면 안 됩니다. 조선에서 자금이 사용되었더라도 식민정책이나 전쟁수행 등 궁극적으로 식민통치를 위해 사용되거나 조선 경제의 생산력을 고갈시키는 결과를 불러온 '용도'까지 함께 봐야 합니다.

예를 들어 재정부문에서 조선에서 지출되었지만 일본인 관리 봉급으로 쓰인 식민통치비, 사실상 군사비 성격에 가까웠던 산업관계비, 일본인 학생이나 교사들이 주요 수혜층이었던 교육비 등의 용도는 조선 재정이 전쟁수행과 일본인을 위해 쓰여짐으로써 유실된 내용을 보여줍니다.

전쟁수행과 식민통치에 유용된 조선총독부 재정

조선총독부의 세입은 조세, 관업官業수입, 공채, 보충금 등 크게 네 부문으로 이루어졌습니다. 세입에서 조세의 비중은 1910년(42.8%) 이후 최고

---

1 우편저금, 관청예금 등을 통해 자금을 흡수하여 중앙정부 및 지방관청이나 여러 산업부문에 자금을 공급하는 일본의 국가금융기관. 조선에서 수집된 우편저금도 대장성 예금부에 흡수되었다가 식민정책을 위해 조선 내 주요 금융기관을 거쳐 유통되었다.

37.9%(1918), 최저 21.3%(1939)로 상당히 낮은 편입니다. 그러나 지출용도가 지정된 다른 세 부문과 달리 조세는 조선총독부가 일정하게 지출분야를 조율할 수 있는 수입원이었습니다. 그런데 결산통계가 확인되는 1910~42년에 공채비, 군사비, 관리봉급 등 경직성 지출이 조세(인지수입까지 포함)의 81%나 차지했습니다. 즉 조세자금은 조선사회의 생산력 발전이나 구성원을 위해 투여될 여지가 거의 없었고, 일본 은행을 통해 입금·지출되어 일제 총자본의 자금순환을 보완하는 역할까지 수행했습니다.

보충금은 일본에서 총독부 재정으로 매년 거의 고정액으로 유입된 자금입니다. 소액으로 조선에 대한 '시혜적' 성격을 부각시키는 정치적 의미가 컸지요. 그러나 대부분 일본인 관리의 조선근무수당加俸에 사용되어, 이 때문에 민족차별제도로서 가봉, 즉 보충금을 폐지하라는 주장이 나왔지요. 순수하게 조선 재정을 보충한다는 의미였다면 조선인들까지 나서서 보충금을 폐지하라는 주장을 할 리가 있었겠습니까? 물론 수당보다 훨씬 큰 본봉은 조선 재정의 부담이었습니다. 공채는 일제의 대륙침략을 위한 군사적 목적의 철도, 도로, 항만 등의 건설에 충당되었습니다. 여기에는 상환, 즉 공채비를 부담할 수 있는 조세제도가 뒷받침되어야 했지요. 일본 대장성이 공채발행 시기부터 원리금 상환에 이르는 모든 사항을 결정했습니다. 공채 이자율(8~9%)은 일본(6%)보다 훨씬 높았고요. 관업수입은 철도나 연초 등 관업경영의 수입인데, 세입에서 점하는 비중(50~60%)이 절대적이었지만 매년 적자여서 결국 그 적자는 조세부담으로 전가되었지요.

자금유출상황의 이해를 돕기 위해 한 예를 들겠습니다. 1910~44년에 재정기구를 통한 자금유입은 공채, 보충금 등으로 약 27억 2,800만 엔이었고, 공채비와 군사비 명목로 일본으로 직접 유출된 자금은 약 18억 1,400만 엔 정도였습니다. 액면상 재정기구를 매개로 한 유입과 유출의 차이가 9억 엔 이상입니다. 그러나 이를 재정자금의 유입초과로 볼 수는 없습니다. 조선에서 지출된 자금의 용도를 봐야 하기 때문입니다.

세출항목은 공채비와 군사비 외에 식민통치비, 관영사업비, 산업관계비, 공채비, 군사비, 사회사업비, 교육문화비 등으로 구분됩니다. 그중 식민통치, 전쟁수행을 위해 군수조달에 충당된 자금이 절대부분을 차지했습니다. 즉 지출이 조선 내에서 이루어졌더라도 조선사회가 보유한 자원이나 식민정책에 의해 개발-성장된 생산력·자금이 식민정책과 전쟁수행을 위해 유실된 겁니다. 특히 1930년대 중반 이후의 세출은 명목상의 항목만 다를 뿐 사실상 대부분 군사비에 가까웠습니다.

식민통치비는 1910~43년에 거액(21억여 엔)이 투여되었습니다. 그중 관리봉급(16~17억여 엔: 1944년도 예산분 포함) 가운데 13억여 엔이 일본인에게 지출되었습니다. 평균소득이 조선보다 5배 이상 높은 일본의 기준을 적용한 일본인 관리봉급은 엄청난 재정부담이었는데, 실제로 규모를 보면 조세(인지수입 포함)의 40% 정도에 해당했습니다. 이 외에도 1931년부터 조선재정으로 부담이 전가되어 1944년까지 1억 엔 이상 지출된 퇴직금恩給金, 전쟁 말기에 별도로 지급된 각종 수당(2억 8,850여만 엔) 등이 있었습니다. 패전에 임박해서는 38도 이남의 일본인 관리에게 1억 2천~3천여만 엔의 퇴직금과 9월분 봉급까지 선불할 정도였습니다.

관영사업비는 세출의 절반을 차지했는데, 철도사업비, 전매비, 체신비 등에 지출되었습니다. 철도의 건설·개량에 집중된 관영사업비는 일본권(일본-조선-만주)을 잇는 수송 문제를 해결해서 군사력을 제고하기 위한 목적이 컸습니다. 철도사업이익으로 공채비를 상환하고도 남을 정도였습니다. 총독부 재무국장 미즈타 나오마사水田直昌는 공채의 2/3가 철도에 사용되었는데 "철도 이외에 대한 공채이자까지 페이"되어 "철도수입을 일반회계(일본회계―인용자)가 착취"했다고 술회한 적이 있습니다.

산업관계비는 세출에서의 비중(16.9%)이나 지출액(17억 1,197만 엔)이 컸습니다. 전쟁물자조달을 위한 각종 지하자원의 개발과 식량증산을 위한 지출이었지요. 1930년대 후반이 되면 증산을 위한 보조·장려비 증가가 둔화되고 경제외적 약탈을 동원하는 방향으로 바뀌어갑니다만, 군사적 목적의 수송 문제를 해결하기 위해 도로, 교량, 항만, 수도 등의 건설 및 개량을 위한 비용(토목비)은 대부분 일본인 자본에게 귀속되었지요. 미즈타 재무국장은 1943년에 군사비를 2억 6천여만 엔으로 설정하려다가 식량증산, 지하자원 개발, 징병준비 등 전쟁을 위한 직간접적 경비 때문에 2억 3백여만 엔으로 결정했다고 합니다. 즉 조선 내에서 지출된 산업관계비 역시 군사비 성격을 지녔던 겁니다.

교육문화비는 세출 비중이 미미했지만 수혜층인 학생과 교사의 대부분이 일본인이었던 경성제대 등 각급 관립학교의 유지비로 사용되었습니다.

자금유출을 주도한 식민지 금융기구

금융기구를 통한 자금유입으로는 조선은행, 조선식산은행, 조선금융조합연합회, 동양척식주식회사 등이 발행한 회사채나 차입금이 있었습니다. 한 연구에 따르면 1905~45년간에 단기차입금 포함 153억 엔 정도가 유입되었습니다. 1년 이내에 원리금을 상환해야 하는 단기차입금(약 136억 5,200만 엔)이 대부분이었습니다. 네 개 금융기관을 통한 채권과 차입금의 원리금 상환이나 일본 국채 등 유가증권의 인수에 따른 유출액(약 211억 엔)과 비교하면 유출초과액(약 57억 6천만 엔)은 엄청난 규모가 됩니다.

단기차익을 노린 차입금은 식민지 금융기구가 안정적으로 체계화되는 1918년 이후 급증했습니다. 차입금의 대부분(95.2%)은 조선은행을 통해 들어왔습니다. 그런데 1910년대 후반 이후 조선은행의 주요 활동무대는 중국(만주)이었기 때문에, 차입금 가운데 얼마가 조선에서 융통되었는지도 불분명합니다만, 그 규모는 크지 않았을 것입니다. 예를 들면 관동대지진 이후 조선은행 부실에 따른 정리구제자금과 만주·시베리아 등에 대한 투자자금 수요로 1926년과 1927년 두 해 동안 유입된 차입금이 총액의 1/3이나 되거든요.

그런 점에서 금융기구를 통한 자금유입 가운데 증산을 통해 수탈의 효율성을 높이고자 조선 경제에 영향을 미친 자금은 채권(약 13억 5천만 엔), 그리고 차입금의 극히 일부로서, 결국 조선에서 거두어 간 자금을 토대로 한 대장성 예금부 자금이라고 할 수 있습니다. 전쟁물자 수요가 폭증함에 따라 1938년 이후에는 금융기구를 통한 유입액이 일제 기간 전체의 39% 정도에 불과합니다. 즉 전쟁기 수요폭증에 따른 자금의 상당 부분을 조선에서 거두어 간 겁니다. 이는 바로 강제저축 때문에 가능했습니다.

강제저축, 저축의 탈을 쓴 폭력적 수탈

　조세나 예금만으로 일제의 자금흡수는 한계에 다다르게 됩니다. 그래서 시행한 것이 강제저축이었습니다. 조세저항을 불러일으키는 직접적 박탈감을 상쇄시킨다는 점에서, 심리적으로도 훨씬 효율적인 수탈방식이었습니다. 강제저축액은 1936년부터 패전 때까지 80~90억 엔 정도에 이르러, 조세의 3~4배나 되는 엄청난 규모였습니다. 대장성이 목표액을 일방적으로 정해 "조선은 이 정도 해야 하는 식"으로 하달되는 "폭력을 띤 수탈"로서, 일제도 "무리"라고 인정할 정도였습니다.

　강제저축 독려를 위해 조선총독부는 급증한 광공업이나 공출물품까지 포함시켜 확대한 국민소득 추정치를 발표하기도 했습니다. 물자난으로 국민소득 자체가 격감하는 중에도 1944년 목표액이 1943년의 2배로 설정될 정도였으니, 일제는 그만큼 강제저축에 주력했던 겁니다. 재무국장 미즈타가 추계한 국민소득을 기준하면, 국민소득 대비 저축액의 비율은 1943년에 36.3%, 1944년에는 무려 59.6%나 됩니다.

　더구나 매년 10배 이상 뛰는 물가고 속에서 예금은 바로 손실을 의미했습니다. 그런데도 강제저축이 '양호한' 성적을 거둔 것은 일본에서보다 훨씬 강제력이 컸기 때문입니다. 실제로 저축실적률은 매년 목표액보다 최고 34%까지 상회했는데, 이것도 일본보다 높은 수치였습니다. 그에 따라 1941~1943년의 일본권 전체 중에서 조선인이 차지하는 1인당 저축액의 비율도 19.6%에서 21.3%로 늘어났습니다.

　일반농가는 저축부담 때문에 영농지출비와 생활비를 아무리 줄여도 적

강제저축을 독려하는 기념전단

일제는 전쟁비용을 조달하기 위해 조선인에게 저축목표액을 의무적으로 할당해 목표를 달성하도록 강요했다. 일본 스스로도 "무리"라고 인정할 정도로 몰아붙인 강제저축액은 1936년부터 1945년까지 80~90억여 엔에 이르렀는데, 이는 조세의 3~4배나 되는 엄청난 규모였다. 사진은 전선금융조합에서 발행한 금융조합저금일(11월 1일) 기념전단으로 "일 년에 한 번 있는 저금 날 다 같이 함께 뒤떨어지지 말고 저금의 씨를 뿌립시다"라면서 저축을 독려하고 있다. 『캠페인을 보면 사회가 보인다』(서울시립대학교 박물관, 2002), 90쪽.

자를 면할 도리가 없었지요. 초근목피로 연명했다는 증언들이 공연히 나오는 게 아닙니다. 증산의 절대요청에 따라 비료비를 줄이기 위해 퇴비사용을 독려했지만, 징용이나 징병 등에 따른 노동력 유출로 갖고 있는 모든 노동을 소진해도 점차 생존 자체가 어려워졌습니다. 때문에 원시적 약탈 방식인 공출의 중요성이 더욱 커진 것이지요.

살인적 물가급등

강제저축으로 흡수된 자금은 전쟁을 뒷받침하기 위해 일본 국공채의 매입에 충당되거나 전쟁관련 업종의 대출자금으로 대부분 유용되었습니다. 패전 때까지 각 금융기관과 개인이 매입한 일본국 공채액은 약 106억 엔(민간보유액 추정치 약 15억 엔 포함)이 넘는 천문학적 수치였습니다.

거기다 일제는 일본 국채를 발행보증준비로 허서 조선은행권을 매우 많이 발행했는데, 1940년대, 특히 1944년 이후에는 일본 국채가 조선은행권 발행준비의 거의 전부를 차지할 정도였습니다. 조선은행은 만주로 군사비를 송금하는 업무의 중개과정에서 일시 보유하게 된 일본은행권으로 일본 국채를 매입하고, 이 일본 국채를 보증준비로 조선은행권을 증발한 것이지요. 발행고는 1936년 기준으로 1945년 8월 14일까지 무려 23배(연평균 2.6배)나 폭증했습니다. 이런 식민지적 발권제도는 국채매입량만큼 일본은행권 통화량을 줄이는 반면, 조선인에게 인플레를 전가시키는 장치였지요. 직접적 물자수탈이나 자금수탈 이상으로 심각한 피해를 입힌 것입니다. 극심한 인플레이션의 후유증은 해방 후까지 계속되어 한국의 경제재건을 더욱 힘들게 했습니다.

조선은행권 증발은 당연히 생필품 가격의 가파른 상승을 불러왔지요. 가격통제를 했지만 물자부족이 워낙 심해 중일전쟁 이후 서울의 생필품 물가는 최고 229배(연평균 25.4배)가 오른 고춧가루부터 최저 18.4배가 오른 연탄까지 상상을 초월할 정도였습니다. 조선총독부가 "폭동이 일어날지도 모른다"고 우려할 정도였으니까요. 조선 민중은 살인적 인플레를 고스란히 안고서 생산부족과 물자난에 허덕이며 물물교환과 암거래에 의존해야 했지요. 이 시기 암거래 가격을 보면, 일본에서 2~3배 하던 것이 조선에서는 6배, 사실은 10배 정도에 이르렀습니다. 당시 조선총독부 재무국장 미즈타조차 패전 후 "전쟁 목적을 달성하기 위해 모든 것을 주입"하면서 "나타난 잘못은 일본이 범한 오류였다는 것을 솔직히 인정하지 않을 수 없다"고 할 정도로, 일제의 수탈은 무모하리만큼 극심했습니다.

해방 이후에도 계속된 자금유출

미군정이 조선은행 총재 다나카田中鐵三郞를 해임하고 해군소령 스미스(Roland D. Smith)를 총재로 임명한 1945년 10월 13일까지, 금융기관을 장악하고 있었던 것은 여전히 일본인이었습니다. 이 틈을 타고 조선은행권은 계속 남발되었습니다. 발행고는 1945년 8월 14일 48억 3,932만 엔에서 8월 말까지 보름간 79억 8,779만 엔으로 급증했고, 9월 말에는 86억

8,020만 엔으로 폭증했습니다. 물가는 당연히 걷잡을 수 없이 올랐지요.

해방 후 더 큰 문제는, 일본인의 금융자산을 동결하고 일본국 공채나 일본인에 대한 대출을 상환·회수하기는커녕 일본인의 철수를 위한 자금융통이 오히려 증가한 것입니다. 이를 금융기관의 '피해액'으로 볼 수 있겠습니다. 조선은행권의 남발은 일본인의 부당인출에 소요되었고, 그 이상의 인플레를 조선 경제에 안겨준 셈이 됩니다. 중요한 것만 추려도 아래의 다섯 가지 범주로 설명할 수 있습니다.

① 각 금융기관 보유 일본은행권 등 일본계 통화액(약 15억 1,413만 엔).

② 일본인에 대한 미회수 대출액(약 8억 4,743만 엔), 일본 정부 국고미수금(약 9억 175만 엔), 환거래채권(약 30억 2,066만 엔), 일본인 미납세금(약 1억 6,221만 엔) 등 각종 미수금(총액 약 56억 6,309만 엔).

③ 퇴각하는 일본인의 예금인출(약 22억 엔)과 청산자금(약 14억 엔)의 송금.

④ 조선인이 일본인 생명보험회사에 불입한 보험료 약 4억 5천만 엔과 손배보험 미불 보증금 1,734만 엔을 합한 금액(약 4억 6,700만 엔).

⑤ 조선 내 우편저금, 간이생명보험, 우편연금을 통해 예금부로 흡수(유출)된 자금(예금부가 조선에 융통한 자금보다 3억 3,526만 엔 초과).

이상의 것들만 합해도 100억 엔이 훨씬 넘습니다.

12

일제의 조선인 강제동원

일제는 **침략과 전쟁의 와중에** 조선 땅의 모든 것을 약탈하고 수탈했지만, 그중에서도 가장 잔혹한 범죄는 강제동원이었습니다. '자본주의'라는 미명으로 가릴 수 없는 엄중한 반인륜적 범죄의 실상은 어떤 것이었을까요?

강제동원의 규모

일본 근대의 특징은 1871년 류큐琉球침략 이후 1945년 패전 때까지 70여 년 이상 끝없이 침략과 전쟁을 도발하면서 전개되었다는 점입니다. 전쟁의 범위가 일본의 능력을 넘어서면서 조선은 물자·자금·인력의 수탈지역이 되었습니다. 특히 강제동원은 인간의 생명과 존엄성 자체를 짓밟은 충격적인 반인륜적 행동이라는 점에서, 물자나 자금수탈과 비교하기가 어렵지요. 즉 수탈이라는 점은 동일하지만 성격은 본질적으로 차원을 달리합니다.

강제동원도 자본주의의 엄혹한 경험이라고 주장하는 한국 학자도 있습니다. 머리구조가 도대체 어떻게 생겼는지 열어보고 싶은 심정입니다. 자본주의의 엄혹한 경험이라면, 최소한 임금은 제대로 받아야 하고 부자가 된 사람도 있어야겠지요? 그런데 가끔 뉴스에서 보셨을 텐데요. 강제동원된 분들의 유가족들이 일본 회사를 상대로 뭘 청구합니까? 바로 미불임금입니다. 일본이 강제로 부려먹고 임금을 안 준 것을 수십 년 뒤 후손들이 청구한 것이지요. 당시 조선인들은 작업장에서 신체의 자유도 없는 노예노동에 혹사당했습니다. 조선인 한 명 죽이는 것은 일도 아니었어요. 말이 쉽다고 무턱대고 자본주의나 시장을 거론하면 되겠습니까?

강제동원은 1939년부터 모집·관 알선·징용·근로보국대 형식의 노동력 강제동원, 지원병·학도병·징병 등 병력동원, 군속·군부軍夫·일본군 '위안부' 등 군 관련 동원 등으로 구분됩니다. 동원된 지역도 조선 내는 물론 일본, 사할린, 만주, 중국, 남방 등 일본권 전역에 산재되어 있었습니다.

한반도 내에서 각종 명목으로 동원된 노동자 수는 역인원 600만 명 이상, 일본이나 전쟁지역으로 동원된 노동자 수는 139만 이상, 군인·군속 36만 이상에 이른 것으로 추산합니다. 이 가운데 일본으로 동원된 노동자는 최소 70만을 넘고, '성노예(종군위안부)'도 적어도 10만여 명에 이른 것으로 추정됩니다. 엄청난 인원입니다.

일본 국가와 재벌의 유착

조선인 강제동원은 일본 국가가 기업과 함께 주도하고 조선총독부가 실행기구가 되어 실시한 야만적 범죄행위였습니다. 일제는 1937년 중일전쟁[1] 도발을 계기로 징병을 실시했습니다. 그에 따라 노동력이 유출되면서, 그중에서도 노동조건이 나쁜 광산부터 노동력 부족에 빠집니다. 가장 먼저 야마구치山口현의 70여 중소탄광이 휴업을 우려할 정도의 노동력 부족현상을 보였지요. 일본 탄광주들은 탄광을 군수공장 수준으로 취급하고 조선인 노동자의 '이입移入'을 허가해줄 것 등을 일본 정부에 강하게 요구했습니다.

그래서 1939년부터 조선인 강제동원이 시작됩니다. 일제는 먼저 조선인 노동자 통제기구인 '중앙협화회'(1939. 6)를 세워 '치안대책'을 마련하고

---

[1] 1937년 7월 북경 교외의 노구교에서 중·일 양군이 충돌한 사건을 계기로 발발한 전쟁. 일본은 북경·천진을 점령했고, 1937년 12월 남경을 점령해 남경대학살을 일으켰다. 이에 중국은 제2차 국공합작을 이루어 전면전으로 대응했다.

'국민징용령'(1939. 7)에 따라 후생성·내무성·조선총독부의 '조선인 노무자 내지이주內地移住에 관한 건'(1939. 7)을 제정합니다. 그리고 정무총감이 '조선인 노동자 내지이주에 관한 건'(1939. 9)을 발포함으로써 일본의 석탄·금속광산·토건업을 위한 '모집' 명목의 강제동원이 시작되었습니다.

또한 1941년 일본에서는 '중요산업단체령'(1941. 8)에 따라 해당 업계에 대한 인적·물적 자원의 우선투입과 이익보장을 요구하는 기업통합체 '통제회'가 조직되어 물동계획을 기획·입안·수행하게 됩니다. 통제회는 조선인 노동자를 쓰려는 일본 기업 간의 조정기구였습니다. 즉 조선인 강제동원은 일본 국가가 입안과 시행을 주도하여 전쟁을 자본축적의 수단으로 활용한 일본 기업에게 제공한 것입니다.

폭력성과 강제성, 강제동원의 본질

1939년 9월부터 강행된 '모집'은 일본 기업이 후생성[2]의 허가를 얻어 대리인을 통해 모집하는 방식이었습니다. 그러나 금품수수가 따르고 경찰의 힘이 있어야 모집이 가능했기 때문에 관의 '알선'은 필수적이었지요. 즉 모집단계부터 할당인원을 채우기 위해 강제동원방식으로 진행된 것입

---

2 1938년 1월에 내무성에서 분리·설치된 인적자원 관리 전담부서. 후생성이 추진한 후생정책은 장기적으로 인구의 출생·사망관리를 통한 인구증식을 목표로 했고, 단기적으로는 전쟁에 필요한 노동력과 병력동원을 위해 제국인구의 위생과 보건증진으로 체력을 향상시키고 일본정신을 강화시키는 것을 목표로 했다.

니다.

실제로 '조선인노동자모집요강'을 보면 ① 시국산업 종사로 국가에 공헌한다는 자각, ② 도항 후 정해진 훈련소에서 훈련, ③ 직장이동 금지, ④ 협화사업단체 가입 후 회원증 소지, ⑤ 주소변경시 5일 내에 협화사업단체에 제출, ⑥ 일본의 생활풍습에 순응하고 일본인이 혐오하는 행위 금지, ⑦ 일본어 사용, ⑧ 협화사업단체 간부, 경찰관, 직업소개소원의 지시에 복종 등을 강조했습니다.

강제동원은 식민정책과 큰 가뭄(특히 1939년에는 쌀 생산량이 1천만 석이나 줄었습니다) 등으로 경제파탄에 빠진 조선인들에게 돈을 벌 수 있다는 거짓 선전을 하고, 관—경찰·면직원의 위압적 '권유'와 천황의 전사가 되면 민족차별에서 벗어날 수 있다고 선전한 '황민화'정책 등이 어우러져 강행된 것이지요. 즉 지속적으로 주입된 강요 속에서 인식과 선택의 폭이 제한된 조선인에게 강제성과 폭력성이 수반되면서 이루어진 겁니다.

1939~1941년간에 일본으로 동원된 18만여 명은 대부분 노동강도가 높아 일본인들이 기피한 탓에 노동력 부족이 심각했던 탄광에 배치되었습니다(62.7%). 그런데 허가인원에 비해 실제 일본으로 이입된 인원의 비율은 1939년 67%에서 1940년 77%로 늘어난 뒤 1941년에 69%로 감소합니다. 조선인들의 저항 때문이었지요. 하지만 일제가 태평양전쟁을 도발한 이후 1942년에는 강제력이 더욱 커져 '관 알선'방식을 통해 비율이 79%로 급증합니다. '관 알선'은 지방관청이 필요경비 관리는 물론, 직접 할당인원을 모아 사업주에게 인도하는 방식으로서, 동원의 모든 과정을 조선총독부가 책임졌습니다.

'관 알선' 동원은 경찰과 면직원이 납치하다시피 끌고 간 강제연행이었습니다. 실제로 이미 일본으로 동원된 조선인에게는 일본의 '국민징용령'이 적용되고 있었습니다. 호쿠탄 호로나이北炭幌內탄광 노무과 직원의 증언을 들어보면, 조선인들에게 '국민징용령'을 적용했을 때 그들은 별 충격을 받지 않았다고 합니다. '국민징용령'을 조선에 적용하기(1944. 9) 이전부터 조선인들은 사실상 강제동원을 당해왔기 때문입니다. '국민징용령'을 조선에 적용한 것은 '모집'과 '관 알선'방식을 적용하는 단계에서 이미 자행된 강제연행을 사후 법제화한 것일 뿐이었습니다.

징용은 도지사가 노동자를 모아 항구로 인솔하여 조선총독부가 사업주에게 인계하는 방식으로 이루어졌습니다. 그러나 전라남도의 경우 1944년도 송출성적이 40%에 불과했고, 다른 지역은 20~30%에 불과할 정도로 순조롭지 않았습니다. 동원대상 노동력이 고갈되고 조선인의 저항이 거세져 강제성과 폭력성이 더욱 요구되는 악순환이 반복되었지요. 이런 상황에서 1943년 말부터 1944년 말까지 1년 동안 강제동원 인원은 2.2배나 급증했습니다.

탈주하는 노동자들

일본으로 강제동원된 조선인들이 현지에서 가입해야 했던 협화회는 관동대지진 이후 '내선융화'를 목적으로 오사카에서 설립된 단체였습니다. '중앙협화회'(1939. 6)는 경찰서장이 지회장을 맡는 내무성 경보국 산하단체로, 조선인에게 '황민화'교육을 하고 지정기업에 '정착'시키는 역할을 맡았습니다. 탈주자가 속출하면서 '협화회'의 역할도 커졌지요.

조선인들은 일본에 도착한 뒤 군대식 훈련을 받고 민족차별과 폭력을 감내하면서 위험도가 높은 작업장에 집중배치되어 공휴일 반납이 일상화된 강제노동에 혹사당했습니다. 일본 석탄통제회의 「탄광노무통계표」에 의하면, 1943년 4월 현재 179개 탄광에 연행된 조선인 80,329명의 92%가 갱내에 배치되었습니다. 홋카이도 탄광에서는 1년 노동일이 311일이나 되었습니다. 감금상태에서 노무과 직원, 경찰, 협화회 등의 살벌한 감시와 열악한 의식주 환경에 시달리면서 자포자기에 빠질 정도였습니다. 일본어 사용이 강제되었고, 직장이동이나 선택권, 거주이전의 자유는 없었습니다. 언어불통에 따른 구타 등 만성적 폭력과 살인적 노동강도로 사망률도 대단히 높았지요. 한 자료를 보면 1939년 0.21%, 1940년 0.73%, 1941년 1.24%로 급증합니다. 이런 작업환경에 생산성이 있을 리 있었겠습니까? 오로지 강제와 폭력으로 일관할 수밖에 없었습니다.

결국 이래 죽으나 저래 죽으나 마찬가지라는 심정으로 미불임금을 받는 것도 포기하고 생명을 건 탈주가 속출했지요. 임금을 안 주는 게 탈주를 막는 방편일 정도였습니다. 탈주율은 강제동원 1년 만인 1940년 말에 18.7%나 되었고, 노동강도가 높은 탄광은 20.9%나 되었습니다. 1943년 말에는 33.3%나 되었습니다. 일본 체류기간이 긴 '모집' 동원자들은 일본어와 주변환경에 익숙해져 탈주율이 훨씬 높았습니다. 1942년 말에 40.0%, 1943년 말에는 41.7%나 되었습니다. 효고현兵庫縣 봉산峰山의 경우는 1942년 6월 말까지 89%(73명 중 63명)나 되었는데, 결국 조선인 노동자

대부분이 탈주한 셈이었지요. 탈주하다 잡혀 3~6개월 갇혀 있다가 원래 사업장으로 돌아오면 기다리는 건 잔학한 폭력이었고, 사망에 이르는 경우도 적지 않았지요. 조선인 한 사람 죽이는 것에 대해 특별히 죄의식을 가진 일본인은 별로 없었으니까요.

니혼고우칸日本鋼管에 강제연행된 김경석 씨가 1991년 9월 30일 제출한 소장에 따르면, 그는 1942년 10월 가와사키 제강소에서 군대식 훈련을 받은 뒤 산소결핍이 따르는 고열지역에서 휴일도 없이 주야교대로 매일 12시간씩 대형크레인을 운전했습니다. 경성에서 회사가 약속한 임금(월 80엔)과 달리 턱도 없는 임금(10엔 정도, 일급 35전)을 받았고요. 절대량이 부족한 더러운 급식, 감금된 숙사생활, 편지검열, 구타가 일상적이었습니다. 결국 1943년 4월 10일 조선인 837명이 조선으로 돌려보내달라며 연좌농성을 벌여, 노무과 직원과 경찰, 헌병 등에게 목도로 구타당한 뒤 의식불명 상태로 감금되기도 했습니다. 병원 가는 것도 금지되었고 동료 두 사람은 살해당했다고 합니다. 인간이 아니었던 거죠.

계약기간은 대부분 2년이었지만 경찰과 협화회의 강권적 '독려' 속에 '갱신'이 강요되었습니다. 미야기현宮城縣 호소쿠라細倉광산에 동원된 정영두 씨는, 계약갱신을 거부하는 사람은 아예 없었고 자신도 1942년 12월에 계약이 끝났지만 돌려보내주리라는 생각도 못할 정도로 강압적 분위기에 눌려 살았다고 합니다.

임금탈취

　조선인들이 일급 2엔 50전으로 임금인상을 요구해 명목상 수용된 경우가 많았던 것을 보면, 이것이 일본 기업이 애초에 '약속'했던 임금수준이 아니었을까 추정됩니다. 약속대로라면 1년 수입이 800엔 전후가 되는데, 당시 개인소득세 과세대상(800엔 이상)은 총호수의 3% 이내에 속하는 고소득층이었습니다. 즉 조선총독부나 해당 기업들이 결코 지킬 생각 없는 '약속'을 한 거지요. 설사 조선인들이 '자율적'으로 '모집'이나 '알선'에 응했다고 주장해도, 그것은 결국 일본 국가와 일본 기업, 조선총독부가 합작한 사기행위였던 것입니다.

　탈주자의 급증은 고된 강제노역과 구타, 차별 외에도 약속한 것과 달리 임금이 너무 적거나 애국저금 등 각종 강제저축이 임금의 대부분을 차지하여 소득효과가 없었기 때문이었습니다. 이들의 임금조차 전쟁비용이나 일본 기업의 자금회전을 위해 유용된 거죠. 예금통장은 회사가 보관했는데, 인출은 관할 경찰서장 승인을 받아야 했으니 사실상 불가능했지요. 『반도인 노무자에 관한 조사보고』(사단법인 일본광산협회 편, 1940. 12)에 따르면, 조선인 노동자 평균 월수입(70.67엔) 가운데 저금 등 32.09엔(45.4%)을 공제한 38.58엔 중에서도 5엔만 지급하고 나머지는 각종 명목으로 예금하여 노무계가 보관했다고 합니다. 결국 임금의 대부분을 안 준 겁니다.

　각종 명목의 '헌금'도 강요되었습니다. 효고현 광산의 경우, 1941년 2월 조선인 노동자 69명이 협화회 이쿠노生野지부에 국방헌금 86엔을 냅니다. 1944년에는 아케노베明延광산(패전 당시 조선인 노동자 735명) 7,118엔을 포함하여 타지마但馬지방에서 82,000엔을 모아 '헌납'합니다. 1945년 8월 15일 효고현의 조선인 노동자(1,820명)의 헌금을 모두 합치면 1인당 45엔이나 되는 거액입니다.

1만 여 조선인을 강제동원한 일본제철(현 신일본제철주식회사)에서 혹사당한 여운택·신천수 씨가 제출한 소장에 따르면, 미불임금 50.52엔·57.44엔, 예금 455엔·410엔, 합 495.52엔·467.44엔이 일본의 패전 이후 공탁되었습니다. 여러 명목으로 공제된 것을 빼니 크게 줄었지만 당시로선 꽤 큰돈입니다. 이처럼 패전 후 일본 정부가 미불금 공탁을 서두른 것은, 재일본조선인연맹 등 조선인단체의 미불금 지급요구를 막기 위해서였습니다.

미쓰비시 등 현재 일본의 재벌들은 모두 이런 미불임금을 안고 있습니다. 아소 다로麻生太郞 전 총리의 증조부가 창업한 아소탄광도 그렇습니다. 사가현 구바라久原광업소는 임금 7,415엔(100명), 보조금 2,370엔(133명), 원호금 475엔(2명) 등 1만 엔이 넘는 돈을 공탁했는데, 121명분 저금 3,359엔은 공탁조차 하지 않았습니다.

일본 국가와 기업의 책임회피와 자료은폐로 기업별 강제노동의 실태와 미불임금의 실상은 제대로 파악되지 못한 상태입니다. 한 사례를 통해 실마리를 그려보죠. 조선인강제연행진상조사단이 2000년 12월 20일 공개된 일본 외무성 책자를 조사한 결과, 조선인 군인·군속 89,588명에 대한 미지급금 91,316,115엔(평균 1,019엔)을 확인했습니다. 물론 이들은 군인·군속 가운데 일부에 불과합니다. 이 자료에 포함된 후생성 문서 「조선 출신 사람의 육해공군 군인·군속(사망자 포함)에 대한 급여에 대하여」에 따르면, 1956년 8월 31일 현재 이들에 대한 급여공탁금 규모는 복귀자 71,218명에 대한 44,941,748엔(평균 631엔), 사망자 18,370명에 대한 46,374,367엔(평균 2,524엔)입니다. 이 자료를 통해 36만여 명에 이르는 군인·군속의 미불임금을 추정하면 당시 화폐로 3억 7천만 엔에 이릅니다. 이것만으로도 현재 가치로 수조 원 이상입니다.

학살과 유기로 점철된 강제동원의 종말

강제동원의 종말은 학살과 유기遺棄로 점철되었습니다. 재일동포, 사할린 동포 문제와 보상책임 문제 등은 오늘까지 남아 있습니다. 정글에 버려져 굶어죽거나, 군사기밀을 알고 있다는 이유로 학살된 경우가 수없이 많아요. 1945년 8월 24일 조선인 징용자와 가족들을 태운 우키시마마루浮島丸호 폭파사건[3]은 한 예에 불과합니다. 생존자의 증언에 따르면, 7,500여 명 승선자 가운데 5천여 명이 몰살되었습니다. 기밀보호 명분이나 미군에

---

[3] 1945년 8월 24일 조선인 피징용자를 태운 일본 해군 수송선 우키시마마루호가 원인 모를 폭발사고로 침몰한 사건. 1945년 8월 22일 오전 10시 우키시마마루호는 조선인 7천여 명을 태우고 일본 북동부 아오모리현 오미나토항을 떠나 부산항으로 가던 중 24일에 갑자기 방향을 바꿔 교토부 마이즈루항으로 기항하다가 폭발·침몰했다. 일본 측은 미군이 설치한 기뢰 때문이라 주장했지만 고의적 폭발의 가능성이 높다. 대형군함이 기뢰에 의해 순식간에 침몰한다는 것을 쉽게 납득할 수 없기 때문이다. 희생자와 유족들은 1992년 일본 법원에 배상청구소송을 제소했다. 그 결과 2001년 8월 23일 교토 지방재판소는 일본 정부의 안전배려의무 위반을 이유로 생존자 15명에게 1인당 300만 엔의 위로금을 지급하라는 판결을 내렸으나 일본 정부의 공식사과요청은 기각했다. 그러나 이 판결마저 2003년 오사카 고등재판소에서 번복되어 원고패소 판결이 내려졌다.

강제징용자의 한 맺힌 벽낙서
일제는 수많은 조선인을 죽음의 전쟁터로 내몰았다. 한반도 내에서 각종 명목으로 동원된 노동자가 연인원 600만 이상, 일본이나 전쟁지역으로 동원된 노동자가 139만 이상, 군인·군속 36만 이상에 이른 것으로 추산되는데, 이 가운데 '성노예(종군위안부)'도 10만여 명으로 추정된다. 사진은 일본 구주탄광에 강제징용된 나이 어린 징용자가 고향과 어머니를 그리며 탄광 벽에 남긴 낙서로, 당시 징용자들의 처참했던 상황을 웅변한다.

게 투항할 것이라는 이유로 치시마千島열도에서 5천여 명, 평양 미림美林비행장에서 800여 명이 학살되었고, 류큐에서는 1,700여 명이 배 안에 갇혀 있다 미군 폭격으로 폭사하기도 했습니다.

강제연행자를 포함해 해방 당시 일본에 머물고 있었던 조선인 236만여 명 가운데 170~180만여 명이 1946년 3월까지 귀국했지만, GHQ(General Headquarters)[4] 조사에 따르면 1946년 3월까지 남아 있던 647,006명 역시 대부분(90%) 귀국을 희망하고 있었습니다. 귀국을 원했지만 남게 된 이유는 여러 가지였습니다. 한반도의 정정政情불안이나 여비제한(1천 엔) 때문에 떠나지 못한 이들도 있었고, 미불임금을 기다리거나 귀국을 위해 하카다博多항이나 시모노세키下關항까지 갔다가 귀국선을 못 탄 사람들도 있었습니다. 이 재일동포들은 1980년대까지 일본에서 기업에 취직할 수도 없었지요. 또 사할린에는 석탄채굴에 동원된 조선인 15만여 명 가운데 해방 당시 4만 7천여 명이 남아 있었습니다. 전후 일본의 무책임한 유기, 소련의 억류정책으로 귀환하지 못한 것이지요.

---

4 일본이 2차대전에 패한 이후 1945년 10월 2일부터 샌프란시스코 강화조약이 발효된 1952년 4월 28일까지 일본에 있었던 연합군 최고사령부. SCAP(Supreme Commander of the Allied Powers)로도 불렸다. 초기에는 미국이 단독으로 일본을 점령·통치했지만 1946년 2월 26일에 11개국으로 구성된 극동위원회가 발족한 뒤 이 위원회에서 일본 관리에 대한 기본 정책을 결정했다. 최고사령관은 일본점령의 실권을 가졌고, 통치방식은 일본의 통치기구를 이용한 간접통치방식을 취했다.

3부
해방 이후

13 해방된 조국의 독립국가 경제구상
14 남북한의 경제체제 구상
15 해방 후 남한 경제의 총체적 부실
16 해방 후 농촌경제의 실상
17 경제개발계획의 기원과 배경
18 독재와 경제성장
19 북한 경제의 변화상
20 개성공단과 남북의 평화체제

13

해방된 조국의 독립국가 경제구상

해방을 전후하여 좌우익 민족운동세력은 모두 대생산기관의 국유화와 토지개혁이라는 유사한 경제개혁을 구상했습니다. 시장경제와 국유화는 반대되는 성격 아닌가요? 이런 부조화가 나타날 수밖에 없었던 필연성과 당대인들의 현실진단은 무엇이었을까요?

대한민국임시정부의 경제구상

역사는 구체적 현실 속에서 배경을 파악해야 합니다. 우리는 근현대사의 모든 사안을 냉전시대의 이념적 잣대로 보는 데 아주 익숙하고, 그걸 당연하게 생각하는 관성이 있지요. 그러나 정작 당시의 현실로 돌아가서 보면 전혀 다른 경우가 많습니다.

한 예를 들어봅시다. 해방 전 국내외 민족해방운동세력은 물론, 심지어 분단국가로 나눠진 이후에도 좌-우, 남-북의 경제체제구상은 적대적으로 대립하기보다는 수렴되는 경향을 보였습니다. 그런 점에서 식민지시대는 물론 해방과 분단 이후에도 개인이나 정치세력이 드러내거나 간직하던 이념이라는 것을 절대불변적인 것으로 못 박으면 사실과 전혀 다른 이해를 하게 됩니다. 그런 생각이 어떤 현실을 배경으로 표방되었는가에 대해 살펴봅시다.

대한민국임시정부(이하 임정)는 대한민국 정부가 정통성을 잇는다고 헌법으로 규정한 일제하 대표적인 민족운동세력이지요. 실제로 임정은 여러 한계가 있지만 매우 중요하고 상징적인 의미를 지닙니다. 3·1운동이라는 거족적 민족운동의 기대를 안고 출범한 임정은, 주도세력의 구성 면에서 초기부터 다양한 이념과 경력의 스펙트럼을 지닌 연합전선으로 출발했습니다. 이후 임정의 역사를 보더라도 연합전선 성격이 강화되었을 때 많은 사람들이 모였고 활동력이 두드러졌으며, 한국광복군 역시 그런 조건 속에서 결성되었습니다.

그러면 임정을 이끌어간 주체들은 어떤 나라를 만들려고 했을까요?

1919년 4월 임시의정원(현재의 국회) 원장 이동녕 등 8명 명의로 발표된 「대한민국임시헌장선포문」은 전문 10조로 구성되어 있습니다. 민주공화제(제1조)에 의한 소유의 자유(제4조)를 밝히면서, 아울러 남녀귀천과 빈부의 계급이 없는 일체 평등(제3조)을 주장합니다. 1919년 9월에 발포된 「대한민국임시헌법」도 재산의 소유와 영업의 자유(제8조), 동시에 인민의 일체 평등(제4조)을 주장했습니다.

1910년대 말 임정의 주체들은 세계가 자본주의 질서로 정착되는 상황을 경험하며 당연히 그런 사회를 구상했습니다. 그러면서도 한국사회의 전통사상을 이념화한 '평등'을 실현해야 한다는 의지 또한 아주 강했습니다. 물론 임정 구성원 중에 재러시아 동포들이 많았기 때문에, 그들이 살고 있는 소련이라는 환경도 크게 작용했겠지요.

그러나 임정의 이런 경제구상을 오늘날 익숙한 이념적 잣대나 개념으로 규정하기는 쉽지 않습니다. 중요한 것은 그런 구상이 현실을 토대로 점차 구체성을 띠면서 해방 이후까지 발전했다는 점입니다. 초기에는 자신들의 구상을 구체적으로 정리하기 어려웠겠지요. 그러나 식민지 경제의 현실에 바탕을 두면서 구체성이 점차 더해졌습니다.

1927년 「대한민국임시약헌」은 조국광복과 사회개혁이 명시된(4조) 이래 경제구상을 실현하는 수단으로서 사회개혁을 규정했습니다. 식민지 경제의 기반을 고쳐야 한다는 문제의식이 구체화된 것입니다. 그리고 1931년 4월에는 임정의 건국원칙으로서 정치, 경제, 교육의 삼균주의를 표방합니다. 일제 치하에서 대부분의 조선 사람들이 이 세 분야에서 거세되어온 상황을 정확하게 인식한 것이죠. 새 나라를 만들고 이끌어가려면 그에 대한 문제의식을 집중하는 것은 당연한 일이었지요.

아래는 1941년 11월 대한민국임시정부 국무위원회 명의로 발포된 '대한민국건국강령'의 내용으로, 삼균주의를 구체화한 것입니다. 삼균주의를 조소앙 개인의 생각으로만 좁게 봐서는 안 됩니다. 김규식·안창호·이청천 등은 물론 김원봉·김두봉에 이르는 민족운동전선의 모든 지도급 인사들에게 폭넓게 수용되어 독립된 국가가 실현해야 할 요체로 집대성된 거지요.

① 대생산기관의 공구 및 수단, 토지와 어업, 광업, 농업, 임업, 수리水利, 연택沿澤, 운수산업(수상, 공중, 육상), 은행, 전신, 교통 등과 대규모 농공상 기업은 국유로 한다.
② 국제무역, 전기, 대규모 인쇄 출판, 전영電影극장 등을 국유·국영으로 한다.
③ 소규모 또는 중등기업은 사영으로 한다.
④ 토지국유화에 의해 토지의 상속매매, 저압抵押, 전당, 유증遺贈 고용농업제도의 금지를 원칙으로 하고 두레농장 국영공장 생산소비 및 무역의 합작기구를 조직확대하야 농공대중의 물질 및 정신상 생활정도와 문화수준을 제고한다.

'대한민국건국강령'의 경제조항은 대생산기관 국유화, 중소기업 사영화, 토지국유화와 거래 금지 등으로 정리됩니다. 임정의 이런 경제구상은 일제 말기에 김구와 연합하여 광복군을 형성했던 김원봉이 이끈 조선민족

안태국의 장례식에 참석한 임시정부 인사들

3·1운동이라는 거족적 민족운동의 기대를 안고 출범한 임시정부에는 좌우의 이념을 넘어 다양한 이념과 경력의 스펙트럼을 지닌 인물들이 참여했고, 그 인물구성을 반영하듯 한국사회의 전통사상을 이념화한 '평등'을 중심으로 독립국가 경제구상을 제시했다. 사진은 1920년 4월 독립운동가 안태국의 장례식에 모인 상해의 독립운동가들이다. 김구, 안창호, 이동휘 등 좌우의 이념을 초월하여 130여 명의 독립운동가들이 함께한 보기 드문 사진이다.

혁명당 당강黨綱의 경제조항과도 비슷합니다. 당강에서는 "소수인이 다수인을 박삭剝削(상처 입히고 해침)하는 경제제도를 소멸하여 국민생활상 평등의 제도를 확립한다. 토지는 국유로 하여 농민에게 분급한다. 대규모 생산기관 및 독점적 기업을 국영으로 한다. 국민 일체의 경제적 활동은 국가의 계획하에 통제한다. 국적國賊의 일체 재산과 국내에 있는 적 일본의 공·사 유재산은 몰수한다"고 했습니다.

1944년 4월 「대한민국임시헌장」은 한 걸음 더 나아가 취학권, 취직권, 부양권, 파업권 등 사회보장의 구체적 내용과 노동자 권리를 규정한, 요즘 익숙한 개념으로 말한다면 '혼합경제체제'를 제시했습니다. 일제의 패전이 임박한 정황에 대비하여 새나라 건설을 위한 구상의 구체성이 더 높아진 것입니다.

대생산기관의 국유화와 토지국유화

어쨌건 이러한 임정의 경제구상에는 냉전시대의 이념적 잣대로 볼 때 사회주의적이라고 여겨지는 부분이 있습니다. 이상하게 생각되지요? 그러나 후대의 냉전시대에 와서 물과 기름처럼 적대적으로 구분된 사회주의와 자본주의의 양자택일적 개념으로는 그 전의 상황을 있는 그대로 이해하기 어렵습니다.

왜 임정이 토지국유화를 거론하고 대생산기관의 국유화를 주장했을까요? 결론을 먼저 말한다면, 이런 경제구상은 특정한 이념의 산물이 전혀 아니라는 겁니다. 한반도의 국부國富 대부분을 일본인(자본)이 독점지배하던 식민지자본주의의 현실을 반영하여, 이를 어떻게 개혁하고 민족경제를 건설할 수 있을지 고려한 끝에 나온 결론이었습니다.

당시 현실로 돌아가봅시다. 해방 직후 조선에서 은행을 비롯한 중요기업은 모두 일본인이나 조선총독부 소유였습니다. 새 국가가 일단 이를 국유·국영으로 접수하는 단계를 설정하는 건 당연한 수순이지요. 이념적 잣대 이전에 현실적 문제였던 겁니다. 국유·국영이라는 단어에 집착할 게 아니라, 왜 그런 개념으로 경제재건을 구상하게 되었는지 봐야 합니다.

물론 새로 수립된 국가가 정비된 뒤 국유·국영 자산을 민간에 불하할 것인지, 국유·국영형태를 계속 유지할 것인지 여부는 국가의 정책적 선택의 문제입니다. 그 단계가 되면 이전의 국유화와 전혀 다른 차원의 과제가 되는 거죠. 즉 임정의 경제정책안이 국유·국영을 강조했다는 사실을 두고 특정 이념에 따른 것으로 이해한다면, 이는 냉전시대의 이념을 일제시대에 그대로 투영한 현실과 동떨어진 탁상공론입니다. 이런 인식으로는 해방 후 한국 우익의 본산이 된 한국민주당이 '주요산업의 국영 또는 통제관리'를 주장한 것도 이해할 수 없을 겁니다. 좌우를 떠나 당시의 경제현실을 바탕으로 공통된 생각을 하고 있었던 것입니다.

토지국유화 문제도 마찬가지입니다. 이념적 잣대에 기울어지면 해방 당시 지주들조차 토지개혁 흐름에 동의할 수밖에 없었던 상황을 있는 그대로 볼 수가 없습니다. 무엇보다 해방 당시 지주들의 정당으로 불렸던 한국민주당조차도 토지제도의 합리적 재편성(유상매상 유상분배원칙)을 주장하면서 지주들이 토지 값을 지불받는 토지개혁방식을 강조했을 뿐, 토지개혁 자체를 부정한 적이 없습니다. 당시 여론이나 사회적 분위기는 경자유전耕者有田의 논리에 따른 토지개혁론을 거스를 수 없는 대세로 받아들이고 있었습니다.

이런 분위기가 대세가 된 것은 역시 일제지배하의 농촌경험에서 비롯되었습니다. 박경리의 유명한 대하소설 『토지』를 보면, 서희의 지주집과 동네 소작농 사이에 온정적이고 가족적인 분위기가 가득하고, 그런 정서는 만주 용정 땅까지 이어집니다. 그러나 당시의 농촌현실에서 그런 경우는 사실 찾기 어렵습니다. 대부분의 소작농민들은 고율소작료를 이기지 못해 지주에게 고리대까지 꿔서 채무노예생활을 면할 수 없었지요. 그러다 도회지로 나가, 요즘으로 치면 노숙자 비슷한 생활을 하면서 값싼 날품팔이로 연명하고, 땅 파고 거죽만 올려놓은 집에 사는 토막민이 되거나 산으로 가 화전민이 되기도 했습니다. 이도 저도 안 되면 남부여대해서 만주 땅으로 떠나야 했죠. 1980년대에 나도향의 소설 「뽕」이 무슨 에로영화 비슷하게 영화화된 적이 있는데, 실제 소설을 보면 고리대를 못 이겨 몸까지 팔아야 하는 한 많은 조선 여성의 삶을 그려낸 겁니다.

자본주의 경제의 선순환을 위한 토지개혁

또 하나 간과해선 안 될 점은, 토지개혁이 결코 사회주의화가 아니라 오히려 자본주의 발전을 위한 필수적 관건이라는 사실입니다. 농업과 공업에 대한 허구적인 비교우위설에 대해서는 앞서 얘기했으니 더 말하지 않겠습니다. 자본주의 경제에서 공업이 발전하기 위해서는 농업이 지주제보다 자작농에 의한 소농체제로 경영되는 편이 부담을 줄이는 방식이기도 합니다. 임금을 줄이려면 식량 비용이 낮아야 하고, 그러려면 소작료를 거둬가는 지주의 존재가 부담이 되기 때문입니다. 해서 선진 자본주의 국가의 농촌은 규모의 차이는 있지만 대부분 소농체제입니다.

임정은 토지국유화의 당위성을 강조하기 위해 전통적 토지공유제를 명분으로 거론했습니다. 물론 토지공유제는 역사적 사실과 맞지 않는 관념적 의제(普天之下莫非王土: 하늘 아래 왕의 땅이 아닌 곳이 없다)에 불과하지요. 그러나 당시에는 이런 관념이 꽤 뿌리 깊었습니다. 그런데 다르게 생각하면, 임정이 내건 명분은 친일의 명에로부터 자유롭기 어려운 지주층의 정치적 상처를 최소화할 수 있는 방안이기도 했습니다. 즉 지주층에게 토지개혁의 불가피함을 설득하는 사회안전판 역할로도 기능한 셈이지요.

좌익운동세력도 해방 직전이나 직후에 사회주의 경제를 만들어야 한다고 주장하지 않았습니다. 그럴 상황이 아니었다고 말하는 게 더 정확하겠네요. 즉 사영私營경제 존중원칙 아래 토지분배와 국유화대상의 대강만 설정했을 뿐이었습니다. 조국광복회 10대 강령을 보면 "광범한 반일통일전선을 실현"하기 위해 일본인이 소유한 모든 기업소, 철도, 은행, 선박, 농장, 수리기관 및 매국적 친일분자의 모든 재산과 토지를 몰수해 독립운동 경비에 충당한다는 것만 규정했습니다. 조선독립동맹 강령 역시 조선에 있는 일제의 모든 자산과 토지를 몰수하고 일제와 밀접한 관계를 가진 대기업을 국영으로 귀속시키며 토지분배를 실시한다고 규정했습니다. 이 역시 그들의 주관적 이념과 달리 객관적 현실을 반영한 것이었지요. 그런 점에서 그들과 우익운동세력이 연합할 수 있는 객관적 조건은 매우 넓었습니다.

그러나 토지개혁방식을 둘러싼 좌우의 '명분'적 차이는 깊은 골을 만들었지요. 때문에 좌우합작도 실패했고요. 여기서 한 가지 따져볼 게 있습니다. 한국의 농지개혁은 수확물의 30%씩을 5년간 농지대로 상환하도록 규정한 유상분배방식이었습니다. 1946년 3월에 급속한 속도로 마무리된 북한의 토지개혁은 현물세 25% 납부를 규정한 무상분배방식이었죠. 유상분배와 무상분배라는 글자만 보면 둘의 차이는 하늘과 땅만큼 큽니다. 그러나 어느 경우든 농민이 안아야 했던 부담은 큰 차이가 없었습니다. 당시 남한이건 북한이건 별다른 산업이 없었는데 세금이나 자금원을 어디서 구하겠습니까? 이렇게 하나 저렇게 하나 결국 농촌이에요. 그러면, 그걸 두고 좌우합작운동 때처럼 '모 아니면 도'식으로 싸우고 갈라서야 할 이유가 정말 있었는지 의문이 드는 것이지요.

피폐해진 경제를 복구하는 공통의 대안

이처럼 한반도의 현실적 경제조건 속에서 해방 전에 임정을 비롯한 국내외 민족운동세력의 경제구상은 중요산업 국유화, 토지개혁, 중소자본의 자유로운 영역보장 등의 대강大綱으로 수렴되었습니다. 토지개혁방식에 대한 입장차는 있었지만 이런 대강은 해방 후에도 마찬가지였지요. 한반도 경제상태가 해방되었다고 달라질 리는 없었으니까요. 이런 수렴은 해방 후 조선공산당부터 중간파인 조선인민당은 물론, 대표적 우익정당인 한국민주당에 이르기까지 어느 세력도 거스를 수 없는 대세였습니다.

경제에서 국유·국영영역이 절대적 부분을 점한다면, 경제가 안정된 뒤 민간불하를 제대로 하기 위해서도, 그리고 당장 효율적으로 제대로 운영하기 위해서도 경제계획이 수반될 수밖에 없습니다. 이 대목에서 '사회주의적'이라고 규정하는 관성이 또 생각납니까? 그러면 당시 현실 속에서 경제를 생각해보세요. 국가가 식민지배 아래서 피폐해진 경제를 개혁하여 구성원의 삶을 책임져야 하는 상황에서, 일제와 일본인들이 소유하던 대생산기관의 국유·국영은 필연적인 처방이었습니다.

이런 현실적 배경하에서 해방 직후 '재중경 한국독립당 제5차 대표자대회 선언'(1945. 8. 28)이 발표되었습니다. 여기서 김구를 중심으로 한 우익민족주의정당인 한국독립당은 당강으로 "계획경제제도를 확립"해서 균등사회의 행복생활을 보장해야 한다고 규정했지요. 같은 이유에서 또 다른 우익정당인 한국민주당도 중공주의重工主義 경제정책과 상공업 육성·확충을 위한 계획경제 수립을 주장했고요. 1945년 말에 열린 경제학자 토론회에서도, 조선공산당과 한국민주당 사이의 이념적 편차는 아직 추상적일 뿐 정작 현실경제를 보는 인식에서는 드러나지 않았습니다. 실제로 양자 모두 경제계획의 필요성에 공감했습니다. 조선공산당이 진보적 민족자본의 사영을 통한 생산력 증진과 계급연합의 중요성을 강조하자, 한국민주당 역시 중요 대기업 외에는 평화산업을 민영으로 하는 것이 좋고 공업건설 의견은 공산당과 큰 차이가 없다고 답할 정도였습니다.

시장과 계획경제 사이에 만리장성을 쌓는 인식도 참 문제입니다. 뭐든지 도식화하고 규정해서 일도양단하는 관성을 버려야 합니다. 이념이 먼저가 아니잖아요. 이념은 무엇보다 사람이 살기 위해 실용적으로 운영되는 대상이 되어야 합니다. 실제로 자본주의가 시장경제로만 움직인다고 생각하는 사람은 없을 겁니다. 박정희 시대의 경제성장도 계획을 바탕으로 시장경제를 운용했기 때문에 가능했던 것이죠.

14

남북한의 경제체제 구상

앞장에서 우리는 해방 전후 민족운동세력이 좌우익을 막론하고 비슷한 경제전략을 지녔다는 사실을 확인할 수 있었습니다. 그렇다면 초기 남북한 헌법에 나타난 경제체제가 비슷한 방향성을 지녔을 것이라는 추측도 가능하겠지요? 그 경제체제구상은 무엇이었으며, 어떻게 좌절되었을까요?

분단과 전쟁이 아닌 타협과 공존의 가능성

21세기 한국 근현대사 연구에서 중요한 과제의 하나는 남북과 동북아를 아우르는 시각에서 평화공존과 협력의 시대를 여는 방법론을 개발해야 한다는 점입니다. 그런데 그 실마리가 이미 분단시대의 두 헌법에서 그려졌다면 이상하게 들리세요?

해방 전후 국내외 민족해방운동전선이나 정치세력 간 이념대립이 극심해 구성원 모두 분단과 전쟁을 불사할 만큼 적대감으로 가득 찼다는 고정관념은 사실과 거리가 멉니다. 현실적으로 그럴 만한 객관적 조건이 아니었기 때문입니다. 물론 각 정치세력 지도자들의 머릿속에 담겨 있는 미래 구상은 달랐지요. 그러나 현실사회에 바탕을 둔 게 아니었기 때문에 대립과 갈등은 관념적인 측면이 강했다는 겁니다. 거꾸로, 그렇기 때문에 분단과 전쟁을 피하고 타협과 공존으로 나아갈 가능성이 오히려 높았다고 볼 수 있습니다. 그렇게 되었어야 했다는 당위적인 생각을 얘기하는 것이 아닙니다. 해방 직전이나 직후에 임정을 비롯한 국내외 민족운동세력들의 경제구상은 좌우의 '이념' 차이를 떠나 식민지자본주의가 남긴 '현실' 때문에 한곳으로 수렴되는 경향을 보였지 않습니까? 이런 경향적 대세가 분단국가 수립 이후에도 이어졌다는 사실은 곰곰이 생각해봐야 합니다.

조금만 더 구체적으로 봅시다. 사실 분단국가로 나눠지자마자 집권세력의 이념이 남북의 현실에서 실현되었다고 전제하는 사고 자체가 비현실적이에요. 분단국가의 두 헌법은 자본주의나 사회주의를 지향한다고 명시하지 '못'했거든요. 그럴 수밖에 없는 객관적 조건이 있었어요. 각자 집권세력이 분명히 존재했으니까 분단 이후 정치적으로는 대립했지만, 두 분단 국가가 전쟁 아닌 다른 방식으로도 얼마든지 경쟁적으로 공존할 수 있는 상황이었습니다.

좌우합작운동도 통일지향의 의지나 명분 수준에서만 평가하는 경향이 있지요. 하지만 이게 갈팡질팡하다 좌절된 이유는 다른 데 있었습니다. 즉 권력지분을 둘러싼 대립인데, 그걸 이념으로 포장한 거지요. 그 논리에 빠져버린 연구도 꽤 있지요. 그러나 반공·반동 논리가 우리 사회에서 절대적 영향력을 갖기 이전에, 서로 다른 이념을 지닌 집단들이 함께 참여해서 국가권력을 형성할 수도 있었습니다. 그리고 그 내부에서 지지를 획득하기 위해 경쟁함으로써 각자가 내건 정책실현의 구체성을 높일 수도 있었습니다. 즉 좌우합작운동은 당위론적 의지나 명분이 아니라 오히려 현실적인 안이었다는 점을 생각할 필요가 있어요. 실제로 당시 적지 않은 식자층들은 각 당이 나눠지는 이유를 알 수 없을 정도로 정강정책이 비슷한데도 명분과 권력에만 집착하여 싸운다고 비판했지요. 아마 당시의 평가가 더 정확하고 현실적일 겁니다.

제헌헌법과 북한헌법에 담긴 좌우연합론, 경제계획론

제헌헌법은 계획 규정이 없는 가운데 국유·국영 중심 경제를, 북한헌법은 사영경제의 생산성을 활용한 계획경제론을 주장했습니다. 두 헌법에는 분단 이전 좌우세력 사이에 수렴되었던 중요산업 국유화론이 국유·국영 중심 경제로 구현되어 있었고, 방식의 차이는 있지만 토지(농지)개혁이 각기의 형태로 반영되어 있었습니다. 즉 전쟁을 불사해야 할 만큼의 질적 차이는 없었다는 겁니다.

구체적으로 볼까요. 제헌헌법은 국유·국영 중심의 경제질서 위에서 사적 소유, 재산권 행사, 영리추구, 무역을 국가의 통제대상으로 설정했습니다. 즉 공공의 필요에 따른 재산권에 대한 국가의 수용·사용 또는 제한의 권한, 국방상 또는 국민생활상 긴절緊切한 필요에 따른 사기업의 국·공유 이전, 국가의 경영통제·관리 권한을 규정했습니다. 즉 물자부족과 물가고 탈피가 시급한 상황에서 국민의 생활수요 충족이 사회정의의 기본이 되었고, 균형 있는 국민경제 건설의 관점에서 개인의 경제 자유를 국가가 제한한 것입니다. 근로자의 단결·단체교섭·단체행동 자유에 대한 보장, 사기업 고용 근로자의 이익분배 균점권도 규정했습니다. 노동자의 권리를 신장해야 한다는 명분을 누를 자본가층의 영향력은 당시에 그만큼 약했습니다. 또 농지의 농민분배원칙도 규정했습니다.

즉 제헌헌법에는 분단을 지양하려 했던 좌우연합론 – 경제계획론 정서가 깊숙이 배어 있었음을 알 수 있습니다. 실제로 당시 한 언론은 제헌헌법을 "사회화한 자본주의"로 이해하기도 했죠. 후진적인 한국 경제에 당장 필요한 과제는 생산·배급·소비의 통제, 자유주의적 자본주의 횡포의 억제, 중요산업 국유화를 통한 국가자본의 축적이며, 사회주의 혁명을 주장하는 것은 비현실적이라고 본 겁니다. 자본주의의 사회화를 지향한 사회정책과 계획경제가 자본주의의 고도발전과 부흥을 위한 방도라는 것이죠. 즉 당시에는 제헌헌법은 자본주의와 계획경제 사이에 벽을 두거나 맹목적 반공

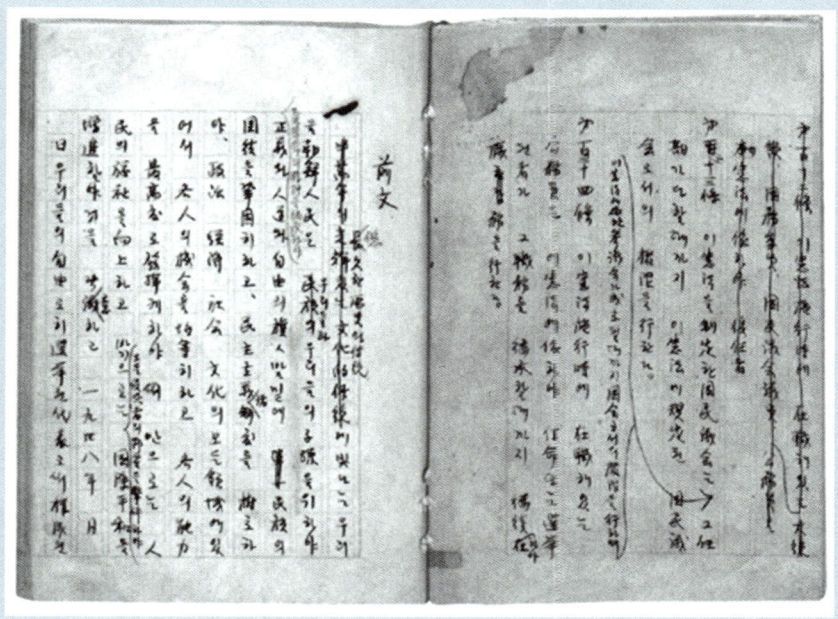

유진오가 작성한 제헌헌법 초안

제헌헌법과 북한헌법은 모두 좌우연합론─경제계획론 정서를 깊이 담고 있었다. 제헌헌법은 국유·국영 중심 경제를, 북한헌법은 사영경제의 생산성을 활용한 계획경제론을 주장했다. 두 헌법에는 분단 이전 좌우세력 사이에 수렴되었던 중요산업 국유화론이 국유·국영 중심 경제로 구현되어 있었고, 방식의 차이는 있지만 토지(농지)개혁을 각기의 형태로 반영하고 있었다. 사진의 문서는 헌법학자 유진오가 직접 쓴 친필 원고로 200자 원고지 10장 분량이다.

을 주장하지 않았습니다.

1948년 북한헌법도 사회주의 경제를 지향한다고 명시하지 '못'했습니다. 북한 역시 그럴 조건이 아니었기 때문이지요. 생산수단 소유권자로서 국가, 협동단체뿐 아니라 개인 자연인이나 개인법인 등을 함께 명시했고, 개인소유의 보호와 상속권 보장, 그리고 개인경리個人經理[1]의 장려를 규정했습니다. 이는 사적 소유권을 보장하고 소상공인이나 소농의 '소상품경제'와 '자본주의 경제형태'를 탄력적으로 운용하려 노력한 것으로 평가할 수 있습니다. 예를 들어 '개인의 소유권을 보호하며 산업 및 상업활동에 있어서의 개인의 창발성을 발휘시키기 위한 대책에 관한 성명서'(1946. 10)를 발표한다든지, 농민들의 창의력 발휘를 저해한다면서 주기적 생산돌격운동을 철폐(1948. 2)한 것을 들 수 있습니다.

물론 북한헌법은 제헌헌법과 적지 않은 차이가 있었습니다. "인민경제계획을 작성"하는 주체로서 국가의 권한과 책임을 명확하게 규정했습니다. 개인소유를 보장하지만, 국가가 "인민의 협동단체의 발전을 장려"한다고 규정하여 상황에 따라 이념적 방향으로 급속하게 전화될 가능성을 내포하고 있었습니다. 그리고 아직 유상분배의 농지개혁을 수행하지 못한 남한지역을 무상몰수 무상분배의 토지개혁대상으로 설정하면서 남한에 대한 우위를 과시하기도 했습니다.

그렇더라도 분단국가의 정체성을 부여하는 헌법의 경제조항에서 차이

---

[1] 북한에서 사용하는 용어로, 생산수단을 사적으로 소유하고 개인이 경영하는 경리를 말함. 국영경리, 협동경리와 구별되는 경리형태.

점보다 공통점이 두드러졌다는 사실은 분단필연론을 무색하게 합니다. 각 분단국가는 내부의 정치논리로 '반공'과 '반동' 논리를 부각시켰지만, 식민지자본주의 유산을 공통적으로 안고 있던 경제현실에서는 좌우연합 － 혼합경제의 물적 기반이 그만큼 넓었던 것입니다.

분단국가가 국유·국영화한 중요산업은 불하하여 자본주의 성격을 강화할 수도, 반대로 그대로 유지하면서 사회주의 성격을 강화할 수도 있는 대상이죠. 그러나 양자택일만 있는 건 아닙니다. 양자를 '실용적'으로 중화시켜 각 경제구성이 부문별로 생산성 경쟁을 할 수도 있지요. 나아가 분단국가들이 서로 교류하고 의식하는 경쟁구조라면 '이념'의 차이는 '현실' 속에서 상호충돌하면서 약화될 수 있습니다. 이념적 도그마와 극단적 적대감이 각 분단국가에 절대적 영향을 미치는 조건만 아니라면, 각 분단국가의 정책성과는 구성원에게 여과 없이 책임을 수반하기 때문에 시장과 계획의 조화를 모색하는 압력으로 작용합니다. 북한이 전쟁 이후의 사후 평가대로 개인 상공업자들을 일시적으로 "리용, 제한"한 것이라 해도, 남북이 상대를 인정하는 분위기라면 어쩔 수 없이 어느 쪽 상공업이 낫고 생산성이 높은지 경쟁하면서 조정해야 하는 환경에 처했을 겁니다.

한국전쟁 이후 달라진 남북의 경제정책

국가권력 지도부의 구상이나 이념이 현실사회에 곧바로 반영되는 것은 결코 아닙니다. 그러나 전쟁은 사고의 탄력성을 앗아가 용인할 수도 있던 차이를 근본적으로 부정하게 만들었습니다. 경제체제를 둘러싼 차이가 본격적으로 현실화된 것은, 살기 위해 상대를 죽여야 했던 한국전쟁 이후였습니다. 그렇더라도 1950년대는 경제적으로 급격한 변화를 보일 조건이 되지 못했습니다.

남한에서 경제조항의 일부를 개정한 1954년 개헌은 사기업의 재산권 보장 강화, 국유 자원의 사적 개발과 사유화를 적극적으로 포괄 규정했습니다. 그러나 국유·국영 중심의 경제질서를 근본적으로 바꾸는 수정은 아니었습니다. 전쟁 때문에 심해진 재정부족을 메우기 위해 민간불하가 급증했지만, 귀속재산의 주요범주는 여전히 정부의 운용에 속했습니다.

1958년에 실시한 55명 경제인(교수, 고위관료 일부 포함)에 대한 설문조사를 보면, 1950년대 말에도 계획경제를 특정 이념이 아닌 국가의 경제정책기조로 당연하게 받아들이고 있었습니다. 설문 6항도 "우리나라 경제발전의 길은 자유경제인가, 계획경제인가?", 즉 계획경제 여부를 지정해서 물었는데, 당시의 인식수준에서 계획경제가 빨갱이라는 도식을 갖고 있었다면 그렇게 물을 수 없었겠지요. 이런 분위기에서 1956년 정부통령 선거 당시 조봉암이 색깔론 공격도 받지 않으면서 계획경제론으로 폭넓은 지지를 받았던 것입니다. 실제로 당시까지 한국인들은 자유시장경제를 제대로 겪어본 적이 없었지요. 더구나 전후복구가 시급한 상황에서 국가의 적극적 계획·통제·개입을 당연하게 받아들이고 있었던 거죠.

당시 대다수 경제인들이 '자유경제'만으로 경제를 꾸려갈 수는 없고 '계획'이 필요하다고 인식한 것은, 역사적 측면에서도 현실적 이해관계에서도 이유가 있었습니다. 사회적 리더십이 취약한 사기업이 자신들의 자율성과 이익을 충족시킬 수 있는 국가의 경제계획을 통해 부족한 자금과 협소한 시장을 확보하는 것이 절실한 상황이었지요. 심지어 이들은 "미국도 자본주의적 계획경제"라고 강조했습니다. "국민경제의 종합적이고 균형적인 향상과 발전을 위해서 필요한 조정과 계획"이 "자유주의 경제체제 하에서 불가결"하다는 것이었지요.

그런 점에서 1959년 이승만 정권의 '경제개발 3개년계획' 입안은 해방 전후 연합전선론-경제계획론으로 수렴되어가던 과정이 사적 소유와 경영을 중심으로 한 자본주의적 경제개발계획론(남)과 국유·국영 만능의 급격한 사회주의적 경제계획론(북)으로 분화되는 시점이 됩니다. 그리고 자유시장경제질서가 비로소 헌법에 규정된 것은 5·16쿠데타 이후 제4차 개헌(1962. 12. 26)에 의해서였습니다. 개인(기업)의 경제적 자유를 명확하게 규정했고 근로자의 이익분배 균점권을 삭제하여 기업—재벌에 대한 집중지원을 강조했습니다. 물론 "사회정의의 실현과 균형 있는 국민경제 발전을 위하여 필요한 범위 안에서" 국가는 "경제에 관한 규제와 조정을 한다"는 규정이 수반되었습니다. 즉 1962년 개헌을 계기로 북한과 대립된 자본주의적 경제개발계획론이 명확하게 정립된 것입니다.

15

해방 후 남한 경제의 총체적 부실

해방 후 남한은 '세계에서 가장 가난한 나라'가 되었지요. 그것이 식민지 지배의 귀결이었습니다. 일제가 남긴 귀속자산조차 미군정의 관리부실과 정책오류 때문에 제대로 가동되지 못했고, 이후 대한민국 경제의 근본적인 모순을 배태하는 씨앗이 되었습니다. 구체적인 상황을 살펴볼까요?

미군정의 경제정책 부재와 남북교역 단절

해방 후의 급선무는 각종 자원과 노동력, 생산력을 고갈시켰던 식민지 자본주의 유산을 극복하고 재건정책을 통해 일제하에 억압되었던 잠재력을 평화산업으로 집결시키는 것이었습니다. 문제는 점령당국인 미군정이 세계 냉전체제에 대응하고 동아시아의 전후처리 문제를 해결하는 데 있어서 남한을 일본 등에 비해 주변적 변수로 설정하고 있었다는 점이었지요. 따라서 남한의 경제재건에도 큰 관심을 기울이지 않았습니다. 특히 적산기업에 대한 부실한 관리는 생필품 부족을 가중시켰습니다.

적산 혹은 귀속재산이란, 해방 때까지 일본인들이 조선에서 갖고 있던 기업체, 부동산, 유무형의 동산과 주식 및 지분 등을 말합니다. 1941년 말 현재 일본인 회사의 자본이 91%나 될 정도로 조선 경제는 압도적으로 일본 자본이 지배하고 있었습니다. 이런 적산공장이 원자재 결핍, 대체설비의 어려움, 자금부족 등과 더불어 미군정의 관리부실로 제대로 가동되지 못했던 것입니다. 미군정이 임명한 관리인도 책임감이 떨어졌고요. 일제시기부터 축소재생산이 불가피했던 상황에서 해방 후 자재와 자금까지 조달되지 못하면서 생산 회복이 어려웠습니다.

게다가 미군은 퇴각하는 일본인들이 기계시설이나 재고원료를 팔아치우는 것을 막지도 않았고, 일본인 기술자를 잔류시켜 공장가동에 나서도록 하지도 않았습니다. 방임된 초인플레 속에서 생산적 투자보다 물자난에 편승하여 생산시설과 자재를 불법으로 내다 팔아 축적을 꾀하는 투기꾼들이 날뛰어서, 경제재건은 더욱 어려웠습니다. 이런 상황에서는 아무리 원조물자[1]가 들어와도 생산적으로 활용되기 어려웠습니다.

1946년 11월 현재 휴업 중인 390개 사업장의 휴업원인은 대부분(70%) 원료난이었습니다. 물가지수를 감안한 1940~1948년간의 생산감소율은 80% 정도나 되었습니다. 만성화된 물자부족으로 1945년 8월 말 기준으로 도매물가는 1945년 말 2.5배, 1946년 말 14.6배, 그리고 1947년 말에는 무려 33.3배나 뛰었습니다.

정부수립 이후에도 전력, 석탄 등 동력자원과 공업용 원자재, 생필품 부족현상은 나아지지 못했습니다. 1949년에 산업부흥 5개년계획 등 '물자수급계획'을 세웠지만 자금과 기술확보 등에 대한 해결책을 강구하기보다 재원을 전액 원조물자 판매대금에서 구한다는 구상이었습니다. 그나마 미국이 동의하지 않았고요.

또한 북한과의 경제단절이 남한 경제에 미친 여파도 컸습니다. 남북교역 규모는 1949년 3월 국방부가 전면중단시킬 때까지 대외무역에 필적할 정도였습니다. 특히 반출액에 비해 반입량(약 14억 3,400만 원)이 2배 이상이었습니다. 주요 반출품목은 생고무, 광목, 양철, 면사, 작업화 및 전구 등이었고, 주요 반입품목은 비료, 카바이트, 시멘트, 마른명태, 가성소다 등이었습니다. 중공업이나 전력시설이 집중된 북한의 경제재건 입지가 남한보다 유리했기 때문에 교역단절에서 오는 충격도 남한이 훨씬 커서, 북한의 송전중단(1948. 5)으로 생산고의 3/4이 축소될 정도였습니다.

---

[1] 2차대전 이후 미국이 제3세계 및 서구 자본주의국가에 무상으로 제공한 각종 물자 및 용역 또는 화폐자본을 원조라고 한다. 물자의 소재에 따라 군사원조와 경제원조로, 공여방식에 따라 무상증여와 차관으로 구분된다.

이런 상황에서 1946년 중반부터 빠르게 생산회복을 추진한 주체는 중소공장과 영세업자들이었습니다. 식민지 공업화정책에 의한 종속의 고리가 약했거나 해방 후 신설된 중소공장들이었지요. 금속, 기계기구 등 생산재 부문은 축소되었지만 화학, 방직이나 식료품부문은 조업이 활발해진 거지요. 대규모 공업회사가 800여 개(제조업, 광업, 토건업 포함)나 신설되었고, 실제로 생산액 비율도 민영공장(65%)이 귀속공장(35%)보다 훨씬 높았습니다.

일본인의 통화남발, 불법대출과 예금인출

미군정은 경제재건을 위해 시급한 금융개혁의 시기도 놓쳤습니다. 우선 해방 후에도 계속 남발되던 조선은행권 발행을 통제해 화폐개혁을 단행하고 일본인 예금의 지불유예(Moratorium)를 시행해 생산적 자금원을 만드는 일이 시급했지요. 또 거액의 일본 국채와 일본인(회사)에게 제공된 대출을 조속히 상환 받거나 대체방안을 모색하는 것이 절실한 상황이었습니다.

그러나 해방 후에도 두세 달 동안이나 일본인의 불법대출이 극성을 부렸고, 조선은행권이 남발되었습니다. 일본의 패전에도 불구하고 식민지 금융기관을 여전히 일본인이 장악하고 있었기 때문입니다. 1945년 10월 13일에야 미 해군소령이 조선은행 총재로 임명되었고, 각 지점은 11~12월경에야 접수가 끝날 정도였습니다.

이미 해방 전부터 일본인들의 예금인출이 쇄도하고 있었습니다. 게다가 일본 군대와 관리들의 두 달치 임금, 위로금, 귀환비, 퇴직금 등 각종 명목과 일본인 회사 청산에 필요한 대부자금이 대규모로 방출되었습니다. 해방 직전 직후인 7월 말부터 9월 말까지 두 달간 조선은행 대출증가액(37.9억 원)의 대부분이 각 금융기관의 예금인출 또는 대출로 충당되었고, 이 때문에 발행고가 폭증(39.8억 원)했습니다. 은행에서 돈을 가마니로 쌓아 놓고 인출 또는 대출하는 일이 9월까지 지속되었던 겁니다. 이때 이루어진 대출은 결국 회수할 수 없는 부실채권으로 귀결되었지요. 심지어 조선은행 도쿄지점은 해방 후에도 12억 5천만 원의 일본 국채를 구입했습니다. 미군정은 이를 방치했을 뿐 아니라, 금융기관 자산정리과정에서 일본지점으로 자산을 이월하는 행위까지 방관했습니다.

미군정이 식민지제도를 활용하는 데 중점을 두면서 '적산에 관한 건'(1945. 9. 25)을 발포하여 일본인 재산을 동결했을 때는 이미 일본인 예금 43억여 원 가운데 28억여 원의 인출이 끝난 뒤였습니다. 게다가 미군정이 조선은행권 발행증가를 점령정책수단으로 활용하면서 경제는 더욱 어려워졌지요. 조선은행이 정부에 빌려주는 정부대상금貸上金이 폭증했고, 추곡수매자금처럼 일시적으로 소요되는 대규모 자금도 은행권 증발로 메웠습니다. 이런 상황에서 미국은 정부수립 후 '한미경제원조협정'을 통해 한국정부에 균형예산 편성을 강조하는 무책임함을 드러내기도 했지요. 화폐를 한국은행권으로 교체한 통화개혁(1953. 2. 15)은 한국전쟁 발발 이후에 이루어졌는데, 이 또한 한국은행 차입금으로 조달한 유엔군 대여금을 달러로 상환받기 위해서였습니다.

해방 후 조선은행 조사부는 일본에게 신속하게 배상받아야 할 3개 항목의 자산으로 일본 국공채(약 106억 엔), 도쿄지점 계정에 집중된 대일위체차

방계정총잔액對日爲替借方計定總殘額(약 62억 엔)과 지금은地金銀(화폐발행의 기초가 되는 금과 은) 249톤의 즉시상환을 거론했습니다.

일본 국공채의 경우는 구체적 상환계획을 일본에 요구하되, 이 확정채권을 담보로 달러차관(원리금은 일본이 부담)을 들여와 신화폐제도 기반 준비를 서둘러야 한다는 것이었지요. 미국과 군정당국이 이를 추진해야 한다고 주장했습니다. 금의 경우 일본 은행에 보관하고 있는 것은 즉시 상환하고 나머지는 달러로 표시된 일본 채권을 넘겨받고, 대일환채권액은 석탄·섬유제품 등 필수물자를 일본에서 수입할 때 일본이 항복하기 직전의 물가 수준으로 환산하여 수입대금으로 대체하는 방식을 주장했습니다. 그러나 이 당연한 요구는 미군정 아래서 실현되지 못했습니다.

귀속재산의 허상과 실체

일제시기 서울(경성)에서 일본인들이 모여 살았던 남산이나 인근 명동과 필동에는 적산가옥들이 많았지요. 가옥이나 공장뿐 아니라 농지도 일본인 소유인 경우가 많았고요. 적산공장이나 농장이 일본 사람들이 들여온 돈으로 형성된 것이라고 주장하는 사람들이 있습니다. 물론 조선으로 들어온 돈이 일부 보태진 거니까 부분적으로는 맞는 얘기지요. 그래서 앞에서 일본으로 나간 돈이나 피해액을 미리 말씀드린 겁니다. 그보다 대한제국 황실소유 농지가 '병합' 후 조선총독부로 넘어가 일본인들에게 불하되거나, 고리대 등으로 영세한 조선인 농지가 일본인에게 넘어간 경우가 많았다는 점을 봐야지요. 해방 이후의 화폐가치로 환산한 명목금액 전액이 일본에서 들여와 얻은 자산은 결코 아니라는 얘기입니다.

공업부문에서 일제시기와 해방 후의 연결에 대해 총괄한다면, 1949년 현재 해방 전에 기원을 갖는 조선인 기업은 170개 정도에 불과했는데, 이는 1949년의 사기업 3,865개의 4.4%에 불과했습니다. 1949년 공장명부의 공장주 가운데 1938년 공장명부에 같은 이름이 있는 경우가 132건인데, 이는 1938년 공장주의 5.6%에 불과합니다. 1940년대에는 앞에서 이야기한 대로 기업의 생존률이 크게 떨어져 대부분 해방 후까지 이어지지 못했습니다.

이런 현상은 남한지역이 더 심합니다. 식민지 광공업화는 지하자원의 보고였던 북한지역 중심이었지요. 광공업부문의 경우 1,500개 회사 중 72%가 북한지역에 집중되었거든요. 남한지역의 일본인 자산은 만주나 중국은 물론 북한지역보다도 훨씬 적었고, 경공업 중심으로 중소기업이나 영세 자영업에 집중되었지요.

그나마 '조선공업화'의 유산은 군수산업의 종속적 연장으로 건설된 것이 대부분이어서 해방 후 쓸모없게 된 것이 많았지요. 게다가 원자재 부족으로 휴업하거나 조업단축을 해서, 해방 후에는 조업률이 절반도 못되었습니다. 고장이 나면 당장 고칠 부품도 없었지요. 일제 말기까지 핵심기술은 일본인이 장악하는 구조여서 해방 후 경제재건을 이끌 인력도 태부족 상태였습니다. 그나마 단기간에 양성된 기술의 수준이 높을 수 없었고, 전시체제에 적합한 분야에만 집중되었지요. 가령 해방 후 광산의 채굴기술자는 많았지만 대다수가 폐광된 상황에서 쓸모가 없어져버렸고, 평화산업부문의 기술자는 턱없이 부족했습니다. 또 적산은 일본인들이 철수하면서 파괴하거나, 노후화되거나, 부실관리로 황폐화된 경우가 많았습니다. 그나마 한국전쟁으로 대부분 파괴되었지요.

즉 생산 자체를 기준하면 일제하의 경제가 해방 후로 이어졌다는 말은 근거가 없습니다. 한국 경제는 한국전쟁으로 파괴된 상태에서 전후복구를 통해 완전히 새로운 기반에서 창출된 거예요. 공장·공장주·기술력 등 모든 면에서 일제 말기와 해방 이후의 두 시기는 연속성이 크게 떨어집니다.

미군정의 귀속재산 관리부실

미군정은 '군정법령 제2호'(1945. 9. 25)를 발포하여 일본의 국공유재산 접수를 시작한 뒤 '군정법령 제33호'(1945. 12. 6)로 사유재산을 포함한 모든 일본인 재산을 귀속시켰습니다. 해방 후 휴업 또는 조업단축 중인 경우가 많았지만, 귀속공장 수는 1948년 1월 현재 1,759개로 전체 공장의 1/4, 노동자 수의 1/2, 총공산액의 1/3을 점했습니다. 귀속기업체 가운데 1/4 정도는 조선인이 출자한 경우였지만요.

미군정은 노동자자주관리운동 등 이른바 '밑으로부터'의 접수를 부정했지만, 1946년 초까지 귀속재산의 절반 정도만 접수했을 뿐 나머지는 자주관리운동세력에 의해 가동된 일부를 제외하면 방치되거나 노후화되었습니다. 접수방식을 떠나 건물파괴와 손실을 초래한 부실한 관리가 경제재건을 가로막아 1948년 6월 현재 귀속기업체(1,885개) 중 운휴업체는 23%

였고, 가동 중인 업체도 가동률이 떨어졌으며, 일제 말기에 전시물자로 채굴이 급증했던 광산은 당연히 대부분(83%) 운휴상태였습니다. 미군정이 파견한 귀속재산 관리인 중에는, 자본을 투자한 경우도 있었지만, 직원 또는 주주 외에 사사로운 관계를 통해 된 경우가 많았어요. 원자재, 반제품, 기계 및 부품부터 공장시설까지 몰래 내다 파는 이들이 적지 않아 가동률이 떨어지고 물자난은 더욱 가중되었지요.

귀속재산 불하, 불로소득과 정경유착의 기원

미군정의 1947년 5월 조사에 따르면 상공회의소나 한국민주당은 관리인에게 우선권을 주어 8·15 당시의 값으로 귀속재산을 빨리 불하하라고 요구했습니다. "주요 공장 및 광산의 국영 내지 국가관리"와 "계획경제의 확립"을 표명한 한민당의 1945년 창당선언문과 비교할 때 입장이 바뀐 거지요. 반면 한국독립당 등 대부분의 정치세력은 귀속재산 국유화를 주장했고, 특히 중도파는 통일된 임시정부가 귀속재산을 처리해야 한다면서 미군정이 귀속재산을 불하한다면 친일파, 모리배의 수중으로 들어갈 것이라고 반대했습니다. 당시는 귀속재산이 민족의 자산이라는 분위기가 지배적이었지요.

그러나 1946년 2월 농지·주택 및 소기업체 매각허용과 대규모 공장 불하를 계획한 미군정은 1947년 들어 불하방침을 확정합니다. 다만 미군정기에는 소규모 업체와 가옥 중심으로 불하되어 귀속재산 가운데 미미한

부분(추정가치의 0.85%)에 불과했고, 그중 기업체는 귀속기업체 총가치의 0.5%에 불과했습니다. 불하의 대부분은 정부수립 이후 이루어졌습니다.

귀속기업 불하는 전쟁 중인 1951~1953년간에 본격적으로 시작되었어요. 급한 대로 재원마련을 위해서였는데 1955년부터 대규모 사업체 불하가 많아졌습니다. 임차인 및 관리인, 주주, 사원, 농지개혁법으로 농지를 매수당한 자가 우선순위를 부여받았지요. 그러나 지주 출신은 별로 없었고, 1946년 말 남조선 과도정부 성립을 전후해서 기업체를 지배하던 임차인 및 관리인이 연고자로 우선권을 받은 경우가 불하의 3/4 이상을 차지했습니다. 이들이 1950년대 신흥 자본가로 등장하게 됩니다.

귀속재산 불하는 국민자산이 사적자본으로 전환되어 종속적 자본주의 경제체제가 형성되고 정경유착을 통해 민간 독점자본이 형성되는 계기가 됩니다. 이들은 시세보다 낮은 불하가격, 분할상환제도, 잦은 상환체납 등을 통해 격심한 인플레 속에서 엄청난 불로소득을 취할 수 있었습니다. 특히 전쟁 후에는 액면가를 훨씬 밑도는 가격으로 구입한 (농지개혁 당시의) 지가증권으로 불하대금을 납부해 이중으로 이익을 취하면서 대자본가로 급성장하는 발판이 되었지요. 한국의 자본가층이 성장하는 데는 이와 더불어 정경유착과 정부의 저환율, 저금리, 중점융자정책이 큰 배경이 되었습니다. 가령 원조물자를 배정받거나 산업은행 대출을 받은 기업가는 자유당에 10~15%의 정치자금을 제공하는 것이 불문율이었습니다.

특히 전쟁 당시 정부가 한화로 지급한 유엔군 대여금의 달러 상환액을 늘리기 위해 저환율정책을 실시하자, 수입 중간재와 자본재의 원가가 낮아져 원조물자가 시세보다 훨씬 싸게 매매될 수 있었습니다. 즉 원조배분을 받는 자체만으로도 큰 특혜가 되었습니다. 삼백산업(밀가루, 설탕, 면)의 경우, 정부가 선정한 실수요자는 대한방직협회, 대한모방협회 등 원료카르텔이었는데 협회가 '보유시설능력'에 따라 회원기업에 원조물자를 불하했습니다. 원료를 독점한 대기업은 저환율로 시가보다 낮은 가격혜택을 받게 된 겁니다.

대기업은 저금리 금융혜택도 독점했습니다. 1953년 12월 재정자금이 주요재원인 장기개발금융전담기관으로 창설된 한국산업은행의 금리는, 원조물자나 원조자금의 인수를 지원하는 경우 연 13.87%로 낮게 책정되었고, 거액융자일수록 낮았습니다. 산업은행의 중점융자 대상이 된 대기업은 승승장구할 수 있었지요.

경제종속의 고리가 된 원조

원조는 바싹 마른 펌프를 가동시키는 데 필요한 몇 바가지 물에 비유됩니다. 전후 미국은 과잉생산과 국내외 시장축소, 즉 유효수요 부족에 따른 불황을 겪었지요. 그래서 전쟁으로 피폐해진 다른 나라들이 미국의 자본과 상품을 소화하는 시장으로 기능할 수 있도록 경제를 회복시키는 일이 급선무였습니다. 즉 원조는 전후 미국의 세계시장 지배력을 높이는 지렛대였습니다.

미군정기의 남한 원조는 독일·일본의 경우처럼 점령지통치를 위한 점령지행정구호원조(GARIOA)를 중심으로 이루어졌습니다. **GARIOA** 원조(약

원조물자 전달식

해방 후 1950년대까지의 남한 경제는 원조경제라는 말이 일반화될 정도로 미국의 원조에 절대적으로 의존했다. 원조는 식량난, 물자난, 자금난을 완화시키고 재정 및 무역적자를 보충했지만, 상대적으로 경제재건 효과는 적었다. 특히 잉여농산물과 식료품 원조는 한국 농업의 성장기반을 파괴했고, 철저한 통제를 수반한 원조분배는 경제종속을 심화시켰다. 사진은 배로 들어온 구호물자를 서민들에게 전달하는 광경이다.

4억 979만 달러)는 1946~1948년간 미국 대외원조총액의 4.5%, 1961년까지 남한에 도입된 원조총액의 13.1%를 차지합니다. 식료품, 농업용품, 피복류 등 소비재 중심으로, 경제재건보다 긴급구호에 초점을 두었지요. 1947년경부터 원조는 한·일간 수직적 분업구조 속에서 일본 경제재건을 위해 한국이 일본 상품을 구매하도록 하는 방침하에 운영됩니다. ECA(주한경제협조처) 원조는 비료, 석탄, 전력개발 등을 강조했지만, 실제 운영은 통화와 재정안정에 주안점을 두고 있었습니다.

원조는 식량난, 물자난, 자금난을 완화시키고 재정 및 무역적자를 보충했지만, 상대적으로 경제재건 효과는 적었습니다. 잉여농산물과 식료품 원조는 결과적으로 한국 농업의 기반을 취약하게 만들었습니다. 밀이 2/3나 된 GARIOA 원조 농산물 규모는 1947년 양곡 총공급량의 11%나 차지했습니다. 과다한 양곡유입은 미국 잉여농산물의 처분장 역할도 겸한 것이었습니다. 1947년부터 도입된 원면 도입량은 1950년까지 수집량의 58~79%나 되어 1950년에는 생산량이 전년보다 1/3 이상 격감했지요.

여기에 철저한 통제를 수반한 원조분배가 경제종속을 심화시켰습니다. 가령 '한미경제원조협정'(1948. 12. 10)은 한국 정부에 균형예산 편성, 통화량 및 환율규제, 쌀 배급제 실시, 미국 민간인의 투자보장, 한국산 원료(광산물)의 대미 우선판매, 외환사용의 사전동의, 원조물자에 대한 '원조표기' 명기 및 대국민 홍보 등 세세한 요구사항까지 규정했습니다. 특히 '극동경제원조법'(1950. 2)은 "한국이 공산당원이나 북한 정권이 지배하는 당원을 포함한 연립정부를 세울 때 원조는 중단된다"고 하여 한반도의 적대적 대립을 강요한 측면도 있습니다.

16

해방 후 농촌경제의 실상

해방 이후 **미군정과 남한 정부는** 모두 농지개혁을 추진할 의지를 가지고 있었습니다. 공업화를 위해서도 필요했고, 한 뼘의 땅을 갈망하는 농민층의 지지가 절실했으니까요. 그렇다면, 농지개혁은 어떻게 진행되었으며 이로 인해 농민의 삶은 어떻게 변화했을까요?

식량정책에 실패한 미군정

해방 직후 식량통제와 배급제는 불가피했습니다. 배급은 실수요자로 구성된 협동조합이 담당했죠. 왜 통제가 필요했을까요? 식량이 부족한 상황에서 쌀의 은닉을 막고 유통과정에서 모리배를 배제해야 했기 때문입니다. 그러나 미군정이 초기에 아무 대책 없이 공출제를 폐지하고 쌀 자유시장 개설을 허가함으로써 매점매석이 횡행해 쌀값이 급등했습니다. 뒤늦게 '미곡통제령'(1945. 12. 19)을 발포했지만, 이때 설정한 최고판매가격(백미 소두 38원/1두)이 시가와 차이가 커 오히려 매점매석을 조장하게 됩니다.

결국 쌀의 자유로운 유통을 전면통제하는 '미곡수집령'(1946. 1. 25)을 발포했는데, 배급대책도 없이 쌀의 도시반입을 금지시켜 또 다시 쌀값 폭등을 불러왔지요. 결국 1945년산 쌀 수집량(68.1만 석)이 할당량의 12.4%, 생산량의 5.3%에 불과할 만큼 공출이 순조롭지 못했고, 자유시장은 모리배들의 판이 되어버렸습니다. 1946년산 수집실적이 목표량의 83%를 기록한 것은, 적산농지를 접수하여 소유농지가 남한 전체의 15%나 되었던 신한공사[1] 때문이었습니다.

또한 1937년 이래 수확량이 격감한 상황에서, 1945년과 1946년의 쌀 생산량은 1940~1944년의 5개년 평균(1,372만 석)보다 오히려 크게 떨어졌습니다. 여기에 미군정하에서 소작미의 50~70%가 시장가격의 1/3~1/5

---

[1] 미군정 직속기관으로 동양척식주식회사와 일본인 소유재산을 넘겨받아 관리하기 위해 설립되었다.

가격으로 공출되고 하곡까지 공출대상이 되자 일제 때보다 공출부담이 심해진 셈이었으니 당연히 반발이 일어났지요. 1946년 10월 폭동사태가 일어난 배경에는 이러한 반발이 작용한 것입니다. 게다가 일본으로의 밀반출도 방치되었습니다. 해방 후 농업위기가 더 심해진 거죠.

정부수립 이후 초기의 양곡정책은 '양곡매입법'(1948. 10. 15) 시행이 실패한 뒤 '식량임시긴급조치법'(1949. 7. 22)을 거쳐 부분통제방침인 '양곡관리법'(1950. 2. 16)으로 전환됩니다. '양곡관리법'은 정부가 매수하는 분량 외의 잉여양곡을 자유롭게 처분할 수 있게 했지만, 농민들은 여전히 기아판매구조에 얽매여 있었습니다.

당연시되었던 토지개혁

버팀목이었던 일제가 패망하자 지주들은 "죄지은 사람처럼 움츠러들어서 떳떳하게 처신하지 못"하는 상황이 되었습니다. 현실적으로 지주의 위상은 이미 일제 말기 공출제가 시행되면서 소작료 처분권이 제한되면서 크게 약화되고 있었지요. 더구나 미군정이 3·1제 소작료(최고 소작료가 수확량의 1/3을 넘지 못하게 하는 제도)를 시행하자, 소작미를 상품화해 이윤을 추구하기도 어려워졌습니다. 여기에 미군정이 공출제를 지속하자 지주층은 더 이상 이윤취득을 늘일 기회가 크게 축소되었습니다. 지주들의 비농업부문 진출이 본격화되어 대지주 중 30% 이상이 이미 회사경영과 관계를 갖고 있었던 것도 지주경영의 유리함이 떨어진 현실을 반영합니다.

어쨌든 경작자가 토지를 가져야 한다는 사회적 분위기는 대세가 되었습니다. 실제로 앞에서 살펴본 대로 모든 주요 정치세력들이 토지개혁의 방법론만 다를 뿐 지주-소작관계를 개편 또는 개혁대상으로 인식하고 있었고, 지주들의 이해관계와 가장 밀착도가 높은 한국민주당조차 이를 당연하게 받아들이는 분위기였습니다.

이런 상황에서 1946년 3월 북한이 무상몰수 무상분배의 토지개혁을 시행하자, 미군정은 1948년 4월부터 신한공사 소유 귀속농지 매각을 시작했습니다. 신한공사 농지는 분배대상 농지의 19%에 불과했지만, 이후 수립될 정부가 농지개혁을 시행해야 한다고 기정사실화하는 압력이기도 했어요. 어떤 형태로든 토지개혁이 이루어질 거라는 전망이 팽배했지요.

때문에 지주들 스스로 소작지를 팔아치우는 경우가 늘어났습니다. 전체 소작지 중 60% 이상이 1949년 '농지개혁법'이 통과되기 전에 이미 개별적으로 매매되거나 명의변경되었고, 혹은 농지개혁 대상에서 제외된 지목으로 변경되었습니다. 이렇게 사적으로 이루어진 매매가격도 '농지개혁법'이 규정한 생산량의 150%(5년×30%)와 비슷하거나 그 이하였을 것으로 추정됩니다. 즉 농지개혁 시행 이전 해방 후 5년여에 걸쳐 이루어진 사적인 매매도 농지분배의 효과에 포함된다고 할 수 있습니다.

결코 적대적이 아닌 토지개혁 방법론의 차이

지주제는 일차적으로 농산물이 남아도는 미국의 입장에서 매력이 있을

리 없었습니다. 또 토지개혁은 남한의 공산주의화 억지, 공업화 추구의 기반이 된다는 점에서 인구의 대다수를 차지하는 농민의 지지가 필요했던 우파 정치세력도 거역할 수 없었습니다. 이 때문에 한국민주당도 토지개혁을 하더라도 토지의 대가를 받아(유상매수) 공업자본가로 재출발한다는 구상을 하게 된 겁니다. 결국 토지개혁방식은 지주층과 농민층, 그리고 각 정치세력과 미국의 이해관계 속에서 접점이 형성되게 마련이었습니다.

주목할 만한 점은, 해방 초기에 조선공산당이 무상몰수 무상분배의 토지개혁안을 오히려 경계했다는 사실입니다. 무상몰수대상은 일제와 민족반역자, 조선인 대지주와 고리대금업자의 토지와 자경지 외의 중소지주 토지였고, 오히려 소작료 3·7제를 주장했습니다. 이조차도 좌경화된 주장이라고 비판하면서 1945년 10월에는 몰수대상을 일제와 친일지주로 제한합니다. 자신들을 지지할 우군을 넓히기 위해서였겠지요. 실제로 1945년 말경의 조선공산당 토지개혁안은 애국적이고 양심적인 자본가와 지주층을 연합전선에 참가시켜야 한다는 중간파의 그것과 비슷했습니다.

그러나 북한이 무상몰수 무상분배방식의 토지개혁(1946. 3. 5)을 단행합니다. 이에 대해 중간파세력은 통일된 토지법령을 제정할 임시정부가 수립되기 전에 북한이 일방적으로 토지개혁을 실시한 것을 비판했지요. 반면 남한의 조선공산당은 급진노선으로 선회하고, 우파세력은 물론 중간파 정치세력과 타협 없는 전면전을 펼친 것입니다. 결국 좌우합작운동도 기득권을 양보하지 않는 우파와 이념적 원칙을 고집하던 좌파 모두에게 거부됩니다. 곤혹스러운 상황에서 백남운은 통일전선의 절박함을 생각하면서 몰수대상을 10정보 이상 지주로 한정하자고 주장하게 됩니다.

오해하는 사람들이 많지만, 토(농)지개혁은 사회주의화와 거리가 멉니다. 오히려 안정적인 소농체제를 통해 농민을 체제내화하고 생산력을 높여 자본주의 공업화를 뒷받침하기 위해 필수적인 경로입니다. 유상방식이더라도 소소유자[2]의식을 지닌 자작농은 자민당 집권시절의 일본처럼 보수정치의 기반이 됩니다. "한 조각 토지소유"에 대한 욕구를 충족시키는 제도가 특히 냉전체제하에서 강력한 "심리적 방공防共의 방파제"가 되기 때문입니다.

즉 앞에서 이야기한 것처럼, 유상분배안과 무상분배안 사이에 화해할 수 없는 만리장성이 놓여 있는 것은 아닙니다. 농민부담 측면에서 보면 농지개혁으로 5년간 수확물 30%를 부담하는 것이나 토지개혁으로 현물세 25%를 부담하는 것이나 큰 차이가 없기 때문이죠. 차이가 있더라도 분단과 전쟁을 감수할 만큼의 적대적 차이는 아닙니다. 하지만 우리 역사는 안타깝게도 그 차이의 벽을 넘어서지 못했습니다.

지연된 농지개혁

1946년 3월 7일 미군정은 적산농지 불하방침을 발표합니다. 북한에서 토지개혁을 시행하고 제1차 미소공동위원회 개최를 앞둔 시점이었지요. 1947년 3월 트루먼 독트린[3]을 계기로 냉전이 본격화하자, 미군정은 남조

---

2 작은 규모의 생산수단을 가진 사람.

선 과도입법의원에게 토지개혁법안 통과를 촉구합니다.

그러나 남조선 과도입법의원은 미군정의 요구를 수용하지 않고 미적거리는 한편, 자신들의 이해가 걸린 소규모사업체처리안은 이틀 만에 처리해버렸지요. 결국 미군정은 5·10 단독선거를 앞둔 시점에서 신한공사를 해체하고 중앙토지행정처를 신설해(1948. 3. 22) 1948년 4월 3일부터 귀속농지를 불하합니다. 정부수립 이후 농지개혁을 해야 한다는 점을 기정사실화한 것이지요. 미군정의 입장에서는 토지개혁과 귀속재산 처리가 지연되는 남한이 북한과 자꾸만 비교되는 현실이 큰 부담이었기 때문에, 정부수립을 앞두고 정치적 효과가 큰 귀속농지 불하를 더 이상 미룰 필요가 없었던 겁니다.

그러나 제헌헌법이 규정한 농지개혁(제86조)의 실행을 위한 '농지개혁법'이 국회에서 최종적으로 통과되기까지 과정은 순탄하지 않았습니다. 정부안과 국회안이 대립을 반복하는 우여곡절 끝에, 보상액은 평년작의 1.5배로, 상환액은 1.25배로, 상환기간은 5년으로 정한 '농지개혁법'이 통과되었습니다(1949. 4. 28). 이 조차 정부가 재정부담을 이유로 시행을 미루자, 결국 한국전쟁 발발 직전에야 국회가 정부의 요구대로 보상액과 상환액을 똑같이 평년작의 1.5배로 통일시키는 개정안을 공포했습니다(1950. 3. 10). 해방 5년 만의 일이었지요.

---

3 미국 대통령 트루먼(Harry S. Truman)이 의회에서 그리스·터키 양 국가에 대한 원조를 요청했을 때 선언한 대외정책의 새로운 원칙. 공산주의세력의 확대를 저지하기 위해 노력하며 이를 위해 군사적·경제적 원조를 제공한다는 내용으로 공산주의의 위협에 힘으로 대항할 의사를 명백히 했다.

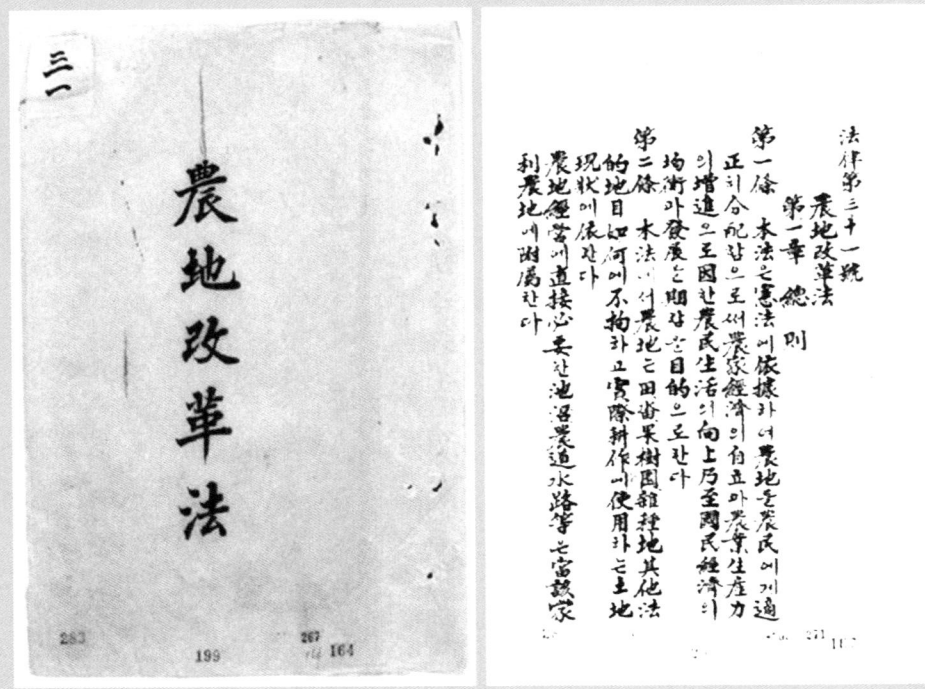

법률 제31호로 제헌국회에서 제정된 농지개혁법

해방과 함께 당연시된 농지개혁은 지주와 한민당 등의 반대와 각 당파의 이해관계 차이로 순탄하지 않았다. 농민이 지불할 상환액과 지주에게 지급될 보상액 문제를 둘러싸고 정부안과 국회안이 대립을 반복하는 우여곡절 끝에, 보상액은 평년작의 1.5배로, 상환액은 1.25배로, 상환기간은 5년으로 정한 '농지개혁법'이 제정되었다. 하지만 정부가 재정부담을 이유로 시행을 미루다가 한국전쟁을 3개월 앞둔 1950년 3월 10일에야 보상액과 상환액을 똑같이 평년작의 1.5배로 한 수정안이 공포되었다.

농지개혁의 시행시점

북한의 1948년 헌법은 토지개혁이 시행되지 않은 남한에 토지개혁을 실시한다고 규정했습니다. 이것이 그들이 말하는 '남조선 해방'이었지요. 그런 점에서 농지개혁의 시행시점이 한국전쟁 이전인가 이후인가 하는 문제는 중요한 의미가 있습니다.

1980년대 초반까지는 농지개혁 준비단계에 전쟁이 터졌다고 보는 견해가 많았습니다. 그런데 1980년대 중반 이후 충남 서산군 근흥면 사례연구와 당시 중앙정부의 각종 지시들을 분석한 『농지개혁사연구』 등이 출간되면서, 전쟁 이전에 농지개혁이 '사실상' 완료되었다는 분석이 제시되었습니다. 이와 달리 중앙의 지시에도 불구하고 농촌에서는 행정집행이 지지부진했고 농민들의 반응도 냉담했다는 반론도 나왔습니다.

당시의 지방신문들을 통해 지역의 농지개혁 추진실태를 분석한 연구는, 농지개혁사업이 중앙의 지시대로 지방에서 실행되지 못해 1950년 5월 중순까지 분배예정통지서 교부를 '전부 완료'하지 못했지만, 이는 행정적으로 발급업무가 '완료'되지 못한 것뿐이었다고 이해합니다. 즉 농지분배예정통지서는 경상남도와 충청남도의 경우 4월 중·하순에, 경상북도에서도 6월 25일 이전에 발급되었다는 겁니다. 전쟁 이전에 농지분배예정통지서가 남한 전역에서 대체로 발급되었다면, 토지소유권 이전은 아니더라도 자기 소유가 될 농지를 농민이 확인한 것이라는 점에서 전쟁 이전에 농지분배사무가 '사실상' 실현된 것으로 해석할 수 있습니다. 농지개혁 대상농지의 60%가 농지개혁 시행 전에 사적으로 매매된 것도 농지개혁 범주에 포함시켜 이해한다면, 이런 해석도 타당성이 있다고 봅니다.

농지개혁의 효과

다만 지주에 대한 보상은 전쟁 이전에 실행되지 못했고, 법정보상기간이 지난 1957년에야 지가증권 발급이 마무리되었습니다. 예외는 있겠지만 계급으로서의 지주층이 몰락한 반면 산업자본가로 전환하는 것도 대체로 실패한 셈입니다. 지주들이 받은 지가증권은 액면가에 훨씬 못 미쳤고, 심지어 1/10 미만으로 유통되어 절반 이상(53.6%)이 귀속기업 불하대금으로 사용된 것으로 추정됩니다. 결국 대자본가로 성장한 계층은 지주층이라기보다 유통된 지가증권을 수중에 넣은 사람들이었지요.

자작지 면적은 농지개혁을 통해 1945년 35%에서 1951년 92%로 급증했습니다. 자작농이 된 농민들은 생산력을 높여 식량공급을 확대했으며, 종래 소작료로 납부하던 쌀이 소득증대로 귀속되어 교육비에 충당됨으로써 경제개발정책의 우수한 인력자원을 낳는 데 기여했습니다.

그러나 생산력 증진과 농가경제 향상을 통해 안정적 소농이 정착되지는 못했습니다. 우선 농업경제환경과 농정이 이를 뒷받침하지 못했어요. 잉여농산물 원조가 대거 도입되어 농산물 가격이 평균생산비를 밑돌면서 농가소득을 떨어뜨렸습니다. 그런 상황에서 정부는 전쟁 기간 동안 인플레이션 억제, 군량미 마련, 전시재정 충당을 위해 수확량의 15~28%의 누진세인 '임시토지수득세법'(1951. 9)을 발포했습니다. 세율은 생산량 10

석 이하 15%, 10석 초과 20%, 20석 초과 24%, 50석 초과 수량은 28%(농지개혁법으로 분배받은 토지는 10%, 15%, 19%, 23%)였습니다.

영세농들에게 15% 이상의 임시토지수득세 부담은 클 수밖에 없지요. 여기에 농지개혁으로 불하받은 토지의 지가상환으로 5년간 30%의 생산물을 납부해야 했으므로 수확량이 10~20석인 대부분의 영세농들은 1년 생산량의 45%를 상환곡과 세금으로 납부해야 했던 것입니다. 일제하의 고율소작료가 연상되지요? 실제로 당시 농민들은 임시토지수득세 징수를 일제하 공출과 같은 것으로 받아들일 정도였습니다. 더구나 현물납세여서 농민들이 쌀 판매를 통해 현금을 확보하는 경로를 빼앗아버렸습니다. 전쟁기에 쌀값 증가율은 다른 물가의 두 배 이상이었기 때문에 농민들의 피해는 극심했지요.

농촌에는 일제 때처럼 보릿고개, 절량絶糧농가가 다시 생겨났습니다. 1950년대 후반에 경기도 3개 마을을 조사한 결과를 보면, 전체 농가의 50%가 절량농가였습니다. 영세농들은 고리채 등으로 연명해야 했기 때문에 농가부채 문제도 심각한 수준에 이르렀습니다. 5·16 군사정부가 농민들의 지지를 얻기 위해 고리대 정리를 강조한 것도 이 때문이었습니다. 결국 소작농으로 전락하는(재소작화) 사례가 빈번해져 인구의 절대다수인 농민들의 구매력이 약화됨으로써 경제의 선순환을 가로막았습니다.

전쟁 이후에도 임시토지수득세는 세율만 인하된 채 계속 징수되었습니다. 정부로서는 너무나 안정적인 세원이었기 때문이죠. 즉 1950년대 농민들은 인플레이션 피해와 재정부담을 집중적으로 떠안은 존재였습니다.

17

경제개발계획의 기원과 배경

'경제개발계획'이라고 하면 박정희 정권부터 떠오르지요? 하지만 이승만·장면 정부 시절에 이미 경제개발계획의 원형이 있었다는 걸 아시나요? 독재자들의 경제성장 플랜은 지도자의 위대함에 대한 증거가 아니라, 성숙한 국민의식의 요구에 기인한 것이었습니다. 즉 지도자와 국민이 피드백 관계를 보인 결과였습니다.

독재자도 백성을 의식한다

한때 세계에서 한국이 주목받았던 한 이유는 경제성장의 성과 때문이었지요. 물론 사회주의권이 무너지고 탈냉전시대에 들어서면서 사회주의는 헛것이었다고 강조하려는 사람들에 의해 부각된 점도 있고, 대체로 경제성장률 수치만 부각되는 경우가 많습니다. 이런 관심에는 정작 중요한 하나가 빠져 있습니다. 전후에 독립한 다른 나라와 달리 왜 한국이 두드러진 경제성장을, 그것도 지속적으로 보였는가 하는 점입니다.

여성에 대한 인식도 그렇습니다만, 우리 사회는 30~40년 동안 민주화 과정을 거치면서 엄청나게 바뀌었지요. 그런 과정에서 전에는 미처 생각하지 못했던 모순을 하나하나 깨닫고 문제의식이 넓어지는 것이지요. 그래서 민주화의 영역은 끝이 없는 것입니다. 다른 예를 들어볼까요? 고려 때 노비 만적이 난을 일으켰습니다. 요즘으로 말하면 국가보안법 위반에 해당됩니다. 그러나 우리들 대부분은 무신 최충헌의 시각에서 만적을 대하지 않지요. 그런데 사람들에게는 모순이 있어요. 자기와 직접적인 이해관계가 걸려 있을 때는 변화를 거부합니다. 그러나 만물은 변한다는 것이 상식이에요.

대학은 당연히 학문의 수준이 높아야 합니다. 그럼 교수나 학생 어느 한쪽만 수준이 높다고 수업의 질이 높아질까요? 수업에 들어갔더니 학생들이 전부 동태눈을 하고 있으면 어떻겠습니까? 사람 몸은 편한 것을 찾기 때문에, 강의준비를 하나 안 하나 마찬가지라면 준비를 안 하지요. 그런 식으로 한 5년 정도 보내면 교수가 원래 갖고 있던 학문수준은 회복되기 어렵습니다. 교수와 학생 서로가 서로를 의식할 때 수업의 질이 높아지는 것이지, 한쪽만 우수하다고 해서 수업이나 학문의 질이 높아지는 게 아닙니다.

우는 아이에게 젖 주고, 미운 애한테 떡 하나 더 준다고 하지요? 권력을 안정적으로 유지하기 위해서는 시끄러운 목소리를 강제로 진압하든지 아니면 설득해야 합니다. 사회의 민주화수준이나 구성원의 주권의식이 약할 때는 일방적인 진압이 가능합니다. 그러나 구성원의 의식이 높아지면 무력만으로는 안 되고, 사람들의 깨어나는 의식을 잠재우기 위해서라도 생활을 나아지게 하는 뭔가가 필요해집니다.

『논어』나『맹자』를 관통하는 주요내용은 소인을 다스리는 '군자학君子學'일 것입니다. 백성들의 생활을 나아지게 하는 것, 즉 '유항산 유항심有恒産 有恒心(먹고 살 만한 일정한 재산이 있어야 변하지 않는 마음을 유지할 수 있다)'이라는 말은 동서와 고금을 떠나 권력자들이 권력을 유지하는 데 금과옥조 같은 기본입니다.

고려 말에 이성계가, 현대사로 말하면 12·12 군사쿠데타[1]에 해당되는 위화도 회군을 했지요. 그의 참모들이 조선왕조를 개창하기 전에 내놓은 대민카드 중 하나가 '과전법'입니다. 왕조 개창의 정당성을 널리 각인시켜 민심을 모으려는 수단이었지요. 그 시절에도 권력은 민을 의식했습니다. 그 시절의 백성들을 그저 무식한 존재로만 보면 안 돼요. 동서고금을 막론

---

[1] 1979년 12월 12일 보안사령관 전두환을 중심으로 한 신군부가 감행한 군사쿠데타. 박정희가 사망한 10·26사건 이후 신군부가 참모총장 정승화를 김재규 내란방조죄로 체포하고 정권을 장악한 사건을 말한다.

하고 권력은 그런 겁니다. 무엇이든 권력자 마음대로 할 수 있다고 보면 그 시대 사람들을 바보로 보는 거죠.

근대의 권력자들도 산업화를 꾀하고 그것을 통해 권력의 정당성을 확보하려 합니다. 북한의 김일성도 당시에는 산업화에 성공했고, 그 점을 무척 과시했지요. 1970년대 전반기까지 북한의 1인당 소득이 남한보다 높았다고 하거든요.

이승만–장면 정부의 경제개발계획과 그 배경

흔히 1960년대 이후의 경제성장을 강조하지만, 1950년대나 1980년대 이후에도 경제는 성장했습니다. 1950년대에도 사람들은 열심히 일했고, 또 미국 원조도 들어왔지요. 이승만 정부는 초기부터 물동계획 또는 부흥계획을 작성했습니다. 물론 기획처나 부흥부(1955년 2월부터)는 종합적 경제성장률 등 기본목표를 수립하는 주체라기보다는 원조물자와 관련해서 각 부처가 올린 특정 분야의 재건계획안을 모으는 수준이었고 집행력도 높지 않았습니다.

정부의 의지도 약했지만 자금의 대부분을 원조에 의존했기 때문에 자체 계획을 세우는 것도 쉽지 않았지요. 가령 1954년도 '한국경제부흥계획'에 소요되는 6억 2,800백만 달러 가운데 원조 자금이 81%나 되었거든요. 한·미 정부의 갈등도 원조물자가 '시설재' 중심이어야 한다, 또는 '소비재' 중심이어야 한다는 것이었습니다. 미국은 한국에 제한적 수준의 수입대체

산업화를 요구하기도 했습니다.

그러면 정부가 국민들의 먹고 사는 문제를 심각하게 의식한 것은 언제부터였고, 그 배경은 무엇이었을까요? 휴전 이후 처음 실시된 1956년 정부통령선거가 큰 계기였다고 생각합니다. 이 선거에서 조봉암은 무려 220만 표를 얻었습니다. 물론 유세 도중 민주당 후보 신익희가 사망함으로써 얻은 반사이익도 포함되겠지만, 민주당이 "조봉암을 찍어라" 하지 않고 "차라리 자유당을 찍어라" 했던 것을 보면 그렇게만 볼 수도 없어요. 즉 정부수립 이후 초대 농림부장관이었던 조봉암이 진보당을 만들면서 표방했던 당시로서는 혁신적인 몇 가지 경제정책에 대한 지지였다고 봐야 합니다. 그가 주장한 계획경제는 이념적 차원이 아니라 경제에서 비중이 큰 국유·국영기업을 자기와 같은 민주권력이 집권해서 부정부패 없이 운용하겠다는 의지였습니다.

자유당 정부는 예상 밖의 선거결과를 보고 기겁했습니다. 진보당의 약진에서 국민들의 민주의식이 깨어나기 시작했음을 알게 된 것이지요. 이전까지는 전쟁 직후 적대적 반북논리에 의존해 폭력으로 국민을 억누르기만 해도 통치가 되는 듯했는데, 이제 다른 통치방식이 필요한 시점이 된 겁니다. 결국 이승만 정부는 민의에 자극받아 비로소 경제정책을 구체적으로 고민하기 시작합니다. 그 결과 1958년 3월에 종합경제계획의 조정·심의기구로서 설립한 산업개발위원회가 1959년 12월 31일에 중소기업과 농업진흥을 포함한 '경제개발 3개년계획'을 확정했습니다. 이후 이 계획은 1960년 4월 15일 국무회의에서 채택되었죠.

이 계획은 이승만 정부가 적극성을 갖고 경제개발계획을 모색한 결과라는 점에서 이전의 계획과 몇 가지 차이를 보여줍니다. 먼저 계획의 명칭이 이전의 부흥계획과 달리 '개발'계획이었습니다. 그리고 인구, 소득, 취업자, 노동생산성 등의 증가율을 종합해 설정한 목표 경제성장률(연평균 5.2%)을 달성하기 위해 사람·물자·금융 등 모든 자원에 대한 조사를 통해 작성된 종합계획이었습니다. 4·19 민주항쟁으로 실행되지 못했지만, 이 최초의 경제개발계획안은 1조 환이 넘는 투자를 계획하고 민간자본이 취약한 상황에서 초기에는 정부가 투자를 주도하되 점차 민간부문으로 확대한다는 전망을 지녔던, 1차산업 투자가 절반 이상인(55%) 균형성장론이었어요.

경제개발계획안의 입안배경으로, 전쟁 후 피폐해진 상황에서도 국민의 민주의식이 깨어나고 있었던 과정을 빼놓을 수 없습니다. 독재권력을 유지하기 위해서라도 의식이 깨어나기 시작한 국민들에게 경제적으로 뭔가를 쥐어주거나, 최소한 보여주기라도 해야 할 상황이었던 거죠. 주도권은 물론 권력이 쥐고 있었지만, 원했든 원치 않았든, 권력과 국민의 피드백이 나타난 겁니다.

동시에 변화된 국제환경도 큰 영향을 미쳤습니다. 우선 미국의 후진국정책 지렛대였던 무상원조가 유상차관으로 전환되기 시작했지요. 실제로 미국의 대한원조는 1957년 3억 8,920만 달러에서 1959년에 2억 2,220만 달러로 줄어듭니다. 이승만 정부로서는 위기상황이었지요. 원리금 상환의무가 따르는 차관의 제공자가 경제개발정책을 요구해오자, 스스로 이를 모색해야 할 상황이 된 것입니다.

사실 이 경제개발계획안은 때늦은 것이었습니다. 2차대전 이후 일정 기간 동안 특정한 목표를 위해 국가가 제한된 자원을 집중하는 경제계획정책은, 사회주의나 자본주의를 떠나 전후 독립국인 인도, 파키스탄, 인도네시아 등 각국에서 이미 시행하고 있었기 때문입니다. 오히려 해방 후 좌우의 모든 정치세력들 사이에서 공통적으로 제기된 경제계획이 이승만 정부 초기에 적극 계승되지 못한 겁니다.

또 하나 큰 변수가 북한이었습니다. 북한은 1954년부터 '경제부흥 3개년계획', 1957년부터 '1차 5개년계획'을 시행함으로써 성공적인 전후복구를 달성하고 전쟁 후 연평균 20% 안팎의 급속한 경제성장을 이루어 1958년에 "사회주의를 완수"했다고 자신 있게 선언했습니다. 이승만 정부는 이런 북한을 의식하지 않을 수 없었지요. 북한의 경제성장은 미국이 동북아정책 측면에서 대소봉쇄와 냉전정책의 효율을 높이기 위해 한국 경제의 방향에 근본적 전환을 촉구하게 된 요인이기도 했습니다.

이승만 정부의 경제개발계획안은 4·19 민주항쟁 이후 민주적 자립경제 수립과 반독점을 지향하면서 '경제제일주의'를 표방한 장면 정권의 '경제개발 5개년계획 수립요강'으로 발전되어 1961년 초부터 실행에 옮겨집니다. 내자를 동원한 수입대체 공업화, 외자를 통한 수출지향적 공업화가 결합된 자립경제를 지향했습니다. 장면 정권은 4·19 민주항쟁을 불러온 민주적·민족적 국민의식의 확산을 통제하면서도, 자신에게 권력을 준 민의에 일정하게 부응하지 않을 수 없었습니다.

장면 정권은 1960년 7·29 총선으로 출범한 지 8개월 만에 쿠데타로 무너졌기 때문에, 그들이 실행에 옮긴 경제개발계획을 평가하기가 쉽지 않습니다. 중요한 것은 5·16 군사정권 역시 장면 정부의 경제개발계획을 계승하여 시행했다는 점입니다. 군사정권의 경제개발계획안 원저자는 민주당이고, 애초의 아이디어 작성자는 이승만 정부가 되는 셈이지요. 물론 미국과의 우여곡절 끝에 2년 뒤에는 경제개발계획의 포맷이 바뀝니다만.

박정희 정권 경제개발계획의 양면성

국민과의 피드백은 군사정권의 억압통치 아래서도 작용합니다. 집권의 정당성을 과시하기 위해서라도 뭔가 국민생활을 나아지게 해야 하는데, 이미 앞 시기에 시행되던 경제개발계획을 활용하는 것은 당연하지요. 현실적으로 1950년대 중반 이후 농지개혁, 교육열 등을 배경으로 대거 배출된 양질의 노동력군이 두텁게 존재했습니다. 이를 정확히 포착한 군사정권은 민주적·민족적 국민의식의 확산을 탄압하면서도 노동력으로 흡수해 체제 내로 순응하게 하는 양면정책을 시행한 겁니다. '생활'을 나아지게 하는 대신, '의식'의 발전은 묶어두는 방식이었던 거지요.

동시에 이 무렵 미국의 대외정책이 변화했습니다. 1961년에 출범한 케네디(J. F. Kennedy) 정부는 효과적인 대소련 봉쇄정책을 위해 기존 군사원조를 경제개발원조로 전환하고, 후진국 개발에 미국이 개입한다는 원칙을 세웠습니다. 반공의 보루로서 한국의 활용도를 높이기 위해서도 한국 정부가 미국의 변화된 정책을 적극 수용하는 것을 넘어서서 강력한 독재체제로 존재할 필요가 있었습니다. 그런 점에서 4·19 민주항쟁의 세례로부터 자유롭지 못한 장면 정권은 미국의 흡족한 파트너가 되기 어려웠죠.

경제개발정책이 추진된 또 하나의 외적 환경으로, 한국전쟁을 계기로

경제개발 5개년계획 모형전시관 안내 선전탑

쿠데타로 권력을 잡은 박정희 정권은 집권의 정당성을 과시하기 위해서라도 시급히 경제개발정책을 추진하지 않을 수 없었다. 박정희 정권의 경제개발정책은 농지개혁과 높은 교육열 등을 통해 대거 배출된 양질의 노동력 군과 미국의 차관, 한일협정, 베트남 파병, 중동 건설붐 등을 통해 획득한 외화자금이 있었기에 성공할 수 있었다. 사진은 1962년 1월부터 추진된 제1차 경제개발 5개년계획을 홍보하기 위해 세워진 경제개발 5개년계획 모형전시관 입구의 안내 선전탑이다.

경제성장의 기반을 다지고 다시 대외진출을 모색하던 일본을 들어야 합니다. 미국의 변화된 동아시아정책도 일본을 중심으로 다른 국가들을 일본의 하위파트너로 삼는 경제적 수직질서를 세우는 것이었습니다. 때문에 미국의 조속한 한일협정 체결촉구에 따라 쿠데타세력이 가장 먼저 서두른 외교정책도 장면 정부처럼 한일 국교정상화였습니다.

군사정권은 고리채 정리 등 농촌안정, 실업, 중소기업, 부정축재 문제 해결 등을 제시하면서 민주적·민족적 국민의식을 철저하게 억압함과 동시에, 애국심이라는 이름으로 국민을 체제에 순응시키는 양면정책을 통해 미국의 의도를 충족시켜주었습니다. 또 북한 경제를 의식하면서 취약한 정권의 정통성을 메우고 미국의 지원과 인정을 받기 위해서도 경제개발정책을 적극 시행하는 수밖에 없었습니다.

쿠테타 직후 설립된 국가재건최고회의 기획분과위원회는 1961년 7월에 발표한 종합경제재계획안을 1962년 1월에 최종 확정했습니다. 장면 정권의 경제계획을 기초로 짧은 기간에 내자를 통한 중화학공업 중심의 균형성장계획안을 마련한 거지요. 그러나 미국이 수출주도형 불균형성장론을 요구하자, 군사정부는 1964년에 '보완계획'을 발표했습니다. 그것은 외자에 절대적으로 의존한 수출지향적 성장정책이었습니다.

내자가 부족한 상황에서 1960~70년대 경제개발계획의 자금원은 국내저축, 미국의 차관, 한일협정에 의한 일본 차관과 '독립축하금(배상금)', 베트남 파병이나 중동 건설붐 등을 통해 획득한 외화였습니다. 기막힌 일이지만, 한일수교 당시 일본은 배상금을 '독립축하금'이라고 고집했습니다. 고난의 역사에 대한 정리도 제대로 못한 거죠. 어쨌든 일본의 차관과 '배상금'은 한반도 구성원들이 선대에 또는 자신들이 몸으로 겪은 희생의 산물이지요. 월남특수는 기업뿐 아니라 파병장병들이 부모님에게 급여를 송금함으로써 이루어졌습니다. 또 다른 범주로 서독으로 취업이주한 광부와 간호사들, 미국 등지로 이민을 떠난 이들이 한국에 있는 식구들에게 송금하기도 했습니다. 어려웠던 시절의 이야기지요. 이렇게 벌어들인 외화는 박정희 정권 동안 늘어난 무역적자를 메우는 자금원이기도 했습니다.

물론 경제성장이 이런 자금요인만으로 지속된 것은 결코 아니죠. 국민의식이 성장하고 있었기 때문에 가능했던 것입니다. 일면 탄압, 일면 흡수라는 양면정책의 대상이었던 민주적·민족적 국민의식은 일정하게 "잘살아보세"라는 군사정권의 구호로 흡수되기도 했습니다. 1972년 11월 21일 유신헌법[2]에 대한 찬반국민투표 결과가 정상적인 사회라고 납득하기 어려운 수치(투표율 91.9%, 찬성율 91.5%)로 나타난 것은 이를 반영합니다. 물론 3선개헌을 무리하게 통과시키고 1971년 대선을 힘겹게 치른 박 정권의 일방적 선전과 협박 속에서 이루어진 것이지만, 민주적·민족적 국민의식이 국가의 정책변화를 추동하면서도 지배정책에 흡수되는 모습을 보여주었습니다. 이는 결국 권력과 민의 피드백과정의 결과로 볼 수 있습니다.

---

2 1972년 10월 17일 박정희 대통령은 전국에 비상계엄을 선포하고 '대통령 특별선언'을 발표하면서 헌법기능을 정지시키고 국회를 강제해산했으며 정당과 정치활동을 금지시켰다. 그리고 비상국무회의를 설치하고 10월 27일 헌법 개정안을 발표한 뒤 국민투표를 통해 유신헌법을 통과시켰다. 유신헌법은 사실상 대통령 통제하에 통일주체국민회의를 설립하고 여기서 대통령을 간접선거했다. 그리고 대통령에게 초법적 긴급조치권, 국회의원 1/3임명권, 국회해산권, 법관인사권 등을 부여해 삼권분립과 의회민주주의를 원천적으로 부정한 헌법이었다.

18

독재와 경제성장

박정희 정권이 인권을 탄압하고 독재를 시행했지만 그래도 우리나라를 이만큼 잘살게 해주었다고 주장하는 분들이 많지요? 하지만 비과학적 신드롬을 벗겨내고 실체를 직시하면, 민주화와 경제성장이 오히려 선순환관계에 있음을 알 수 있습니다. 독재는 결코 경제를 살찌우지 못합니다.

박정희 독재가 경제를 성장시켰다?

1960년대에 '우리도 한번 잘살아보세'라는 노랫말이 있었지요. 어렸을 때 이 노래를 귀 아프게 들었던 기억이 있습니다. 그런데 이 노랫말에서 근대화란 먹거리 해결, 즉 산업화일 뿐이고, 근대화의 주요한 한축인 민주주의는 언급되지 않습니다. 그토록 근대화를 선전했지만 정작 근대의 핵심내용은 없었던 겁니다. 그냥 '근대주의'였던 거지요.

한국의 경제성장이 독재체제의 성과라는 주장이 있지요? 물론 1950~60년대 북한의 성공적인 전후복구 경험과 마찬가지로 1960~70년대 남한의 병영식 동원체제가 경제성장에 효과를 발휘한 측면은 분명히 있었지요. 하지만 독재는 결국 리더십과 자원배분에 비능률적이고, 자원을 낭비하는 부패를 불러오게 마련입니다. 더구나 이른바 개발독재가 경제성장에 효율적이었다는 주장은 사실 증거도 없어요. 1990년대 초까지만 해도 전후 독립국 가운데 지속적인 경제성장을 보인 사례는 오랜 민주화운동의 결과 민주주의가 제도화되었던 한국이 거의 유일했습니다. 대만의 경우는 국민당과 그 추종세력들이 대륙에서 건너올 때 가지고 온 자산이 적지 않았기 때문에 그야말로 맨땅에서 출발해야 했던 한국과는 상황이 전혀 다릅니다. 한국이 다른 나라와 구별되는 요인이 바로 '민주화'라는 점을 생각해야 합니다.

사실 개발독재론은 비서구지역에 대한 서구인들의 오리엔탈리즘적 발상입니다. 일본은 예외였지만, 늘 우습게만 봤던 비서구지역에서 경제성장을 보인 사실 자체가 그들에게는 희한한 일로 비춰졌기 때문에 이를 독재의 성과라는 식으로 설명해버린 겁니다. 자신들의 경제를 독재체제와 결부시킨 경우는 물론 없지요. 이는 자신들의 대외정책과 과거의 침략, 그리고 비서구세계의 독재체제를 합리화하는 정치논리이기도 합니다. 실제로 그들은 '한국에서 민주주의를 기대하는 것은 쓰레기통에서 장미꽃이 피기를 기대하는 것과 같다'는 모욕적인 발언을 대놓고 하지 않았습니까?

유신정권은 국민의 저항으로 무너졌다

물론 유신체제는 국민들이 수용한 측면도 있었습니다. 내핍耐乏이 '평준화'된 절대빈곤 속에서 민주적·민족적 국민의식에 대한 군사정권의 양면정책(일면 탄압, 일면 흡수)의 결과였지요. 이 시기 국민은 주권자라기보다 살고 있는 '거민居民'으로서 민주주의를 적대시한 국가주의의 관리대상이었습니다.

유신헌법을 비판하기만 해도 구속되었던 '긴급조치 9호'[1] 기간(1975~79)의 언론을 보면, 유신을 반대한 사람들은 아무도 없었던 것 같습니다.

---

[1] 긴급조치는 유신헌법에서 국가의 안전보장이나 공공의 안녕질서가 중대한 위협을 받거나 재정·경제상의 위기에 처했을 때 대통령이 국정전반에 걸쳐 내릴 수 있는 특별한 조치이다. 실질적으로 유신정권 반대운동에 대한 가장 강력한 탄압조치였다. 특히 긴급조치 9호는 이전의 모든 긴급조치 내용을 포괄하고 적용범위를 확대하여 처벌규정도 더욱 강화한 것이었다. 헌법개정에 대한 청원 자체를 금지함으로써 유신헌법을 신성불가침의 영역으로 설정하고 헌법에 규정된 국민의 기본권을 사실상 박탈했다. 긴급조치 9호는 4년 6개월 동안 지속되어 1천명 이상의 '전과자'를 양산하면서 국민의 자유와 권리를 억압했다.

보도가 되질 않았으니까요. 그런데 정말 그랬을까요? 유신독재는 집권층 내부의 싸움질로 무너졌지요. 무엇 때문에 내분이 일어났습니까? 1979년 말 시점만 보면 최대의 반유신시위였던 부마항쟁[2] 때문이었지요. 당시 경호실장 차지철은 백만 명을 깔아뭉개도 좋다고 했다 합니다. 유신체제의 핵심부에 이렇게 반인륜적 사고를 지닌 사람이 있었던 겁니다. 중앙정보부장이 대통령에게 총을 쏠 때는 분명 이유가 있었겠지요? 김재규가 아니었으면 1980년 5월 광주의 '피'에 앞서 1979년 말 부마의 '피'가 벌어졌을지도 모릅니다.

1960~70년대엔 수출과 내수공업의 이중구조, 독점강화, 외채누적, 무역적자 급증과 함께 높은 경제성장률(연평균 8.9%)과 1인당 GNP의 급증(21배)이 나타났습니다. 물론 이전까지 절대궁핍에 시달리던 형편에서 생산요소 투입에 따른 성장률은 당연히 높을 수밖에 없었죠. 한국의 경제성장은 강력한 반공보루로서 대내외적으로 큰 전시효과를 발했고, 냉전체제가 무너진 1990년대엔 자본주의의 승리를 반증하는 소재가 되기도 했어요. 국제환경도 순기능으로 작용했죠. 이 기간 동안 대만 경제성장률이 10% 내외였고, 중심 자본주의 국가들도 5% 내외의 성장률을 보였거든요. 이런 치적에도 불구하고 박정희 정권은 국민의 저항을 받고 무너진 겁니다.

---

[2] 1979년 10월 16~20일까지 부산·마산·창원 등지에서 학생·시민들이 전개한 반독재 민주화 운동. 김영삼 의원직 제명으로 반독재 분위기가 고조되며 시위가 확산되자 박 정권은 10월 18일 부산지역에, 20일에 마산·창원에 위수령을 선포해 강경진압에 나섰다.

북한의 체제논리와 비슷한 박정희 찬양논리

보수를 자처하는 사람들은 유독 박정희 향수가 강합니다. 박정희가 국민을 절대적 궁핍에서 벗어나게 해줬으니 그의 독재는 부차적 문제이고 심지어 독재가 필수적이었다는 주장까지 합니다. 그런데 이런 주장을 하는 이들이 반면교사로 삼아야 할 것이 하나 있어요. 1960년대까지 질주했던 북한의 경제성장이 이후 주체사상이 북한사회를 지배하면서 주춤하게 되었다는 점입니다.

그들의 논리라면, 김일성 역시 전쟁의 폐허를 딛고 일어나 인민의 의식주를 해결했으니 그의 독재도 박정희와 같은 평가를 받아야 하는 것 아닐까요? 평가기준에는 일관성이 있어야 합니다. 결국 그들은 김일성체제를 찬양하는 셈입니다. 북한의 세습체제를 비난하는 사람들 중에 정작 자신은 아들에게 목사직을 세습해준 대형교회 목사들도 있습니다. 이런 모순된 이중논리로 어떻게 보수의 정체성을 키워갈 수 있겠습니까?

북한 사람들이 "장군님께서 친히 하사하신" 어쩌구 하면 남한 사람들은 이해하기 어렵지요. 왜 그렇습니까? 본인은 아무 노력도 안했는데 위에서 그냥 줬다는 말이기 때문입니다. 박정희시대를 볼 때도 마찬가지입니다. 수많은 생명과 노동자들의 피와 땀이 밴 경제발전을 박정희 개인의 치적으로 대치하면 뭔가 허전하지 않으세요? 그의 업적이 친일행적, 유신독재, 인권탄압 등의 실정을 상쇄하고도 남는다고 주장한다면, 그런 의식수준에서의 경제성장일 뿐입니다. 그 수준을 넘어서지 못하면 지속적인 경제발전도 어려운 겁니다.

이승만과 박정희 시대는 극복해야 할 시대였습니다. 건국의 아버지이고 경제를 만들었다는 찬미에 앞서 우리가 지켜가야 할 가치를 내세워야지요? 이승만 대통령은 대한민국임시정부에서도, 대한민국에서도 쫓겨났어요. 박정희 대통령 역시 국민의 저항에 부딪히면서 결국 부하에게 사살되었죠. 현대적 의미에서 국가의 정통성은 구성원들이 만들어가는 겁니다. 이승만, 박정희라는 '영웅'을 통해, 또는 누구에서 누구로 이어진다는 개념으로 이해한다면 너무 시대착오적이지요. 정말 우리 구성원 전체가 왜소해집니다. 그러면 북한의 '정통론'과 무슨 차이가 있을까요?

최근에는 식민사관을 수용하는 이들이 대한민국 정통성을 거론하기도 합니다. 그들의 역사의식대로라면 대한민국은 태어나서는 안 될 나라였던 셈인데, 보수를 자처하는 사람들이 아무 생각 없이 여기 영합하는 모습을 봅니다. 정작 내가 지켜야 할 가치도, 뭘 지켜야 하는지도 모르는 채 북한 때리기만으로 정통성을 강조하는 것이지요.

경제성장 먼저, 민주화는 그 다음?

독재가 있었기 때문에 경제성장이 가능했다면서 경제성장이 이루어져야 그 후에 민주화가 가능하다는 '순서'를 정해놓기도 합니다. 근대의 과제로서 국가건설, 경제성장, 민주화를 단계적으로 나누고 이승만과 박정희 정권을 미화하기도 합니다. 그럴 듯하게 들리지요? 사실은 엄청난 억지에요. 이해관계가 제각각인 수많은 사람이 모여 사는 사회를 상식적으로 봐야 합니다. 사실은 민주화과정을 부정하거나 동의하지 않으면서 우선순위나 단계라는 개념을 사후에 설정한 것이지요. 국가나 지배계급, 그리고 구성원들이 그 순서에 따라 경제성장, 민주화 과제를 선택했다고 생각하세요? 1970년대까지는 자본축적을 위해 구성원들이 민주화 과제를 미루었다고 보세요? 작위적이고 비현실적이라는 생각이 안 듭니까? 선 경제성장, 후 민주화의 순서대로 간 사례는 없습니다. 그토록 반공교육을 받았는데 이토록 속류적이고 기계적인 유물론이 범람하는 것을 보면 좀 이상해요.

실제로 박 대통령은 어떤 구상을 했습니까? 한 10년 동안 경제개발을 진행하고, 경제성장이 가시화되니까 '자연스럽게' 민주화의 길을 밟았습니까? 오히려 정반대로 가서 삼선개헌(1969)을 하고 1971년 세 번째로 대통령에 당선되자마자 유신체제를 세웠지요. 체육관선거로 선출된 대통령의 영구직을 헌법으로 정해버린 것입니다. 그래서 유신헌법 자체가 위헌이라는 말이 나오지요.

분배 문제도 그렇습니다. 어느 시점에서 "이제 살 만하니까 지금부터 조금 나눠줄게" 하는 그림이 자연스럽게 그려집니까? 먼저 파이를 키워야 분배도 잘 이루어진다는 주장이 얼핏 그럴듯하게 들리지만, 사실 대단히 허구적이지요. 파이가 얼마나 커져야 가능한지 기준은 있습니까? 어느 정도 파이가 커지면 정말 자연스럽게 분배가 이루어집니까? 그럴 수가 없는 거죠. 선뜻 기부를 하는 부자들이 뉴스거리가 되는 이유는, 유감스럽게도 대부분의 인간이 스스로 그런 행동을 하기 힘들기 때문입니다. 파이를 키워야 나눠줄 수 있다고요?

권력과 돈은 부자지간, 형제지간에도 나눠 갖기 어려운 것입니다. 역사를 보면 권력이나 돈을 독점하기 위해 아버지나 형제를 죽인 경우가 부지기수지요. 부자가 죽으면 후손들끼리 재산분쟁이 일어나는 경우가 많습니다. 사람에게는 기본적으로 돈과 권력을 독점하려는 속성이 있기 때문에, 제도적으로 돈과 권력을 분산시키는 시스템이 필요한 겁니다. 그게 바로 '민주화'입니다. 이렇게 민주화의 영역은 정치적·경제적·사회문화적으로 끝없이 추구되어야 합니다.

　"분배부터 하면 어떻게 파이를 키우느냐"는 반론이 있을 수 있습니다. 이 점 역시 현실과 상식에 기초해서 살펴야 합니다. 민주화의 수준이 낮으면 분배요구 역시 아주 낮은 수준일 수밖에 없는 겁니다. 당시 사람들의 의식이 낮기 때문입니다. 뭐든지 조그마한 것에서 시작하는 것이지요. 1970년 11월 전태일[3]이 분신하면서 요구했던 내용이 뭐였습니까? 노동은 너무 고되고 작업환경은 너무 나쁜데 임금도 너무 낮으니 근로기준법만이라도 지키라는 것이었어요. 그냥 법을 지키라는 소박한 요구를 당시에는 목숨 걸고 했던 겁니다.

　물론 1970년대까지도 "북괴의 남침위협론"과 "먼저 파이를 키워야 한다"는 군사정권과 재벌의 논리가 쉽게 수용되는 토양이었지요. 노동자의 의식수준이 낮아 일방적인 노동탄압이 가능했습니다. 자본축적방식도 저

---

3 1970년 11월 13일 서울 평화시장 노동자 전태일은 동료 재단사들과 '바보회'를 조직해 평화시장의 노동조건 실태를 조사하고 그 개선을 요구했지만 노동청에서 이를 계속 무시하자 "우리는 기계가 아니다"라고 적힌 피켓을 들고 동료들과 시위를 벌이다가 분신자살했다. 그의 죽음은 한국 노동운동이 활성화되는 계기가 되었다.

아파트단지 앞의 무허가 판자촌
박정희는 10년 동안 진행한 경제개발의 성과가 가시화되자 삼선개헌(1969)을 강행하고, 1972년에는 탱크를 앞세우고 유신독재를 단행하여 국민의 민주주의 요구를 압살했다. 거대한 공룡처럼 들어선 아파트단지 앞의 무허가촌은 당시 빈부격차의 문제를 상징적으로 보여주고 있다.

임금이나 노동시간 연장에 절대적으로 의존하는 수준이어서 생산력과 기술수준 또한 낮았습니다. 즉 이 시기의 지배논리는 그만큼 낮은 민주화수준, 낮은 생산력수준에 기초한 것입니다. 민주화운동을 탄압하면서 '파이'가 있어야 분배도 가능하다는 정치논리가 나왔지요. 이는 사실상 그만큼의 생산력 발전을 구속하는 수준의 집권논리였습니다.

요즘에는 노동조합이 이기적이라는 비난도 받는 세상입니다만, 1980년대 후반까지만 해도 우리 사회에서는 노조결성조차 색깔론으로 철저하게 불온시되었습니다. 노조가 제대로 활동하기 시작한 것은 민주화가 그나마 정치적으로 일정 수준 제도화된 1987년 이후였습니다. 오래된 일이 아니에요. 이해관계가 다른 부분에서는 당연히 갈등이 생기고 권력의 탄압, 그리고 조정이 이루어지게 되지요. 처음에는 사소한 범주에서 시작됩니다. 그 과정에서 민주화영역이 넓어지면서 생산성도 높아져 경제발전을 지속할 수 있는 것입니다. 이 두 가지가 같이 간다는 것은 아주 상식적인 얘기입니다.

민주화 없는 경제발전은 없다

한국사회에서 민주화란, 전쟁 직후의 파괴된 경제를 복구하고 경제성장을 뒷받침할 수 있는 힘의 원천인 사회구성원에게 생산결과물과 자원의 동원·분배과정에서 동의와 자발성을 촉진시키는 환경을 조성한다는 의미를 담고 있습니다. 나아가 남북의 역량을 소모시키는 분단국가체제를 지양하고 상이한 이해관계를 포용할 수 있는 사회적 탄력성도 포함됩니다. 경제적 측면에서 민주화란 곧 생산성입니다.

저임금과 열악한 노동조건에도 노동자들이 아무런 문제제기를 하지 않으면, 당연히 기업가도 문제를 못 느끼지요. 물론 이 경우 생산력은 그에 걸맞는 수준을 넘기 어렵습니다. 문제가 제기되고 압력이 형성되면 기업은 일정하게 이를 수용하면서 기술과 생산성을 높일 수 있는 다른 방안을 생각하게 됩니다. 즉 민주화에 순응하면서 생산력도 높아지는 것입니다.

1970년대 전반기까지 남한보다 북한의 1인당 소득이 높았는데, 이후 남북의 경제력이 역전되고 격차가 벌어진 이유는 무엇일까요? 근원적 이유는 민주화 역량의 차이라고 봅니다. 이 점이 한때 산업화에 성과를 보였지만 지속될 수 없었던 북한체제와 남한의 차이입니다. 독재를 옹호하면서 경제발전의 인적 원동력인 민주화를 부정한다면, 어떤 근거로 남한이 북한보다 낫다고 말할 수 있으며, 나아가 북한을 비판할 수 있을까요? 1970년대를 지나면서 남북의 경제력이 역전된 것은 혹독한 군사독재 아래서도 남한에서 생산성과 직결되는 민주화의 대장정이 시작된 것과 궤를 같이 합니다. 당연히 민주화운동이 질적으로 발전한 1980년대 이후에도 경제발전은 지속되었습니다. 자원동원의 민주화와 투명성이 넓어질수록 인적·물적 생산성도 커지기 때문이지요.

권력자는 권력의 속성상 민주화를 피하고 민의 의식이 성장하는 것을 억압하지만, 민의 생활이 나아지도록 일정하게 노력해야 합니다. 물론 이때의 생활도 사실 민의 의식수준과 같이 가는 겁니다. 그래서 민의 생활과 의식수준이 함께 성장하도록 조정하는 사회적 시스템이 중요한 거죠.

반복합니다만, 민주화란 굳어진 개념이 아니라 사회 각 차원에서 구성원의 의식과 정체성이 높아지면서 끊임없이 그 영역을 넓혀가는 과정입니다. 남미도, 심지어는 북한도, 과거에는 우리보다 나았어요. 폭압적 병영체제가 일시적으로 경제성장의 성과를 보일 수는 있습니다. 그런 나라는 많아요. 그런데 폭넓은 민주화가 부정된 이런 체제가 경제발전을 지속한 사례는 없습니다.

박정희 시대 경제성장이라는 신화

경제발전과 민주화, 이 두 범주는 순서가 정해져 있는 게 아니라 함께 가는 상호 고양관계입니다. 미국 학자 월러스틴(I. M. Wallerstein)의 개념을 빌린다면, 박정희식 근대화에서 '기술의 근대성'은 얻었지만 '해방의 근대성'은 상실한 셈인데, 정확하게 말해 폭압적 독재체제하에서 민주화 역량이 미약했던 초기적 수준을 반영합니다. 민주화 없는 경제발전은 천민자본주의 이상을 넘어설 수 없습니다.

현대 사회과학 이론은 경제자유화나 사유재산권 보장 등 단순한 시장논리나 법적 제도화가 경제성장과 비례한다는 사실을 증명하지 못했습니다. 다만 부패 정도가 낮을수록 정치적 자유의 정도가 높고, 소득분배가 높을수록 경제성장률이 높으며, 특히 지니계수[4]로 추정한 소득분배와 1인당

---

4 소득불균형의 정도를 나타내는 통계학적 지수로서, 이탈리아 통계학자 코라도 지니(Corrado

국민소득의 연평균 성장률이 높은 상관관계를 지닌다는 것은 분명합니다.

 진보적 학자들조차 종종 1960~70년대의 '고도성장'으로 민주화운동의 기반이 만들어졌다고 주장합니다. 그런데 경제성장률 수치만 보면 1950년대나 1980년대 이후에도 1960~70년대와 큰 차이가 없습니다. 다만 1987년 이전에는 민주화수준이 낮고 정치 또한 그 수준이었으니까 경제성장이 두드러져 보이는 것일 뿐입니다. 그 이면을 보지 못하는 거죠. 1987년 이후에는 민주화만 있고 경제성장 안 했나요? 맨땅에서 어느 날 갑자기 민주화가 이루어진 겁니까? 인간사에 그런 일은 불가능하지요. 분명한 것은, 민주화운동이 질적으로 발전한 1980년대에 와서 경제성장을 넘어 비로소 경제발전 개념을 생각하게 되었고, 경제규모 또한 급격하게 커졌다는 점입니다.

 역대 대통령의 집권기간 동안 연평균 실질성장률을 보면 전두환 시기 9.3%, 박정희 시기 8.5%, 노태우 시기 7.0%, 김대중 시기 6.8%입니다. 수치상 박정희 시기가 두드러진 게 결코 아니죠. 김영삼 정권이 초래한 금융위기 부담을 안고 집권한 김대중 정권기에 비하면, 절대빈곤사회에서 경제규모가 적어 투입한 대로 바로 성장효과를 낼 수 있었던 박정희 정권기의 성장률은 오히려 초라해 보일 정도입니다. 일정하게 민주화가 제도화되고 사회 분위기가 일신되면서, 경제규모가 비교도 안 될 정도로 급증한 이후까지 경제성장이 지속될 수 있었던 것입니다. 무역적자는 박정희

Gini)가 개발했다. 0과 1 사이의 값으로 나타나며, 0에 가까울수록 소득이 균등하게 배분됨을 의미한다.

시기에 233억 달러나 되었지만, 김대중 시기에는 재임기간이 1/4 정도에 불과한데도 846억 달러의 흑자를 보였습니다. 통계수치만 봐도 박정희 시기의 경제성장신화의 과장된 정치적 의도가 드러납니다.

박정희를 그리워하는 국민의 심리가 신드롬 수준으로 나타난 것이 언제입니까? 1990년대 말 경제위기 국면에서였지요. 서민들은 삶이 힘드니까 근거 없는 '신화'에 빨려들었습니다. 2007년 대선에서 사회를 양극화의 구렁텅이로 몰아넣은 신자유주의 논리를 강조한 이명박 후보가 압도적 지지로 당선된 것도 이 때문이었습니다. 한국사회의 민주화 정도가 일정 수준에 도달하려면 아직도 갈 길이 멀다는 것이지요.

경제발전과 민주화의 전제조건인 주권국가

해방 후 한국의 두드러진 경제성장은 기나긴 민주화투쟁과 그에 따른 민주주의의 정치적 제도화를 제외하고 설명할 수 없습니다. 즉 생산력과 민주화의 순환논리가 정착되어간 것이지요. 간과해선 안 될 상식이 있습니다. 이 과정이 국가주권을 회복한 뒤에야 비로소 가능했다는 점이에요. 비록 대외종속성을 띠었지만, 국가권력이 국가주권을 회복한 가운데 분단국가의 부실한 내용을 채우려는 국민들의 민주화역량을 의식하고 이에 능동적·수동적으로 대응한 결과였습니다. 민주화의 과제는 끝이 없지만, 그 일차적 출발점은 통치력이 제대로 발휘되는 주권국가의 존재에서 비롯됩니다. 기업의 경영환경만 보더라도 자신들의 이해관계를 뒷받침해줄 국가가 존재하지 않던 일제시기를 오늘날과 비교할 수는 없지요.

  국가는 구성원에게 최소한의 복지를 보장하는 불가피한 전제조건입니다. 국가의 역할이 효율적으로 수행되고 사회민주화수준이 높아야 생산력의 장기적 발전을 보장할 수 있습니다. 다양성 속에 통합을 목표로 하는 민주화가 정착될 때, 시장과 기업을 뒷받침하는 국가의 효율적 경제운영이 비로소 높은 성과를 드러내기 때문입니다. 오늘날 자본주의 경제의 민주화 내용이나 수준이 유산층에게 제한되어 있다는 혐의를 벗어나지 못하는 한, 경제발전도 분명한 한계를 수반합니다. 한국사회의 민주화는 정치제도적 차원을 넘어 사회경제적 차원, 그리고 문화적 차원으로 확대되고, 더 나아가 동북아시아의 평화와 공존공영의 체제구축으로 확대될 수 있어야 합니다.

19

북한 경제의 변화상

해방 이후 약 30년 동안, 북한 경제는 남한을 앞서고 있었습니다. 투철한 사상의식과 계획경제가 자본주의에 승리하는 듯 보였지요. 그러나 이후 30년 동안 남북의 경제발전은 역전되었고, 이제 격차는 아찔할 만큼 커졌습니다. 그 이유와 배경은 무엇이었을까요?

북한에도 개인 기업이 있었다?

북한 경제가 오늘날 낙후되어 있지만, 원래 뒤떨어진 건 아니었습니다. 분단 60년 중 앞의 30년은 북한의 1인당 소득이 남한보다 높았고, 뒤의 30년은 남한이 훨씬 높았지요. 지금은 30배 이상 격차가 난다고 합니다.

북한은 토지개혁, 중요산업 국유화를 서두르고 일찍부터 계획경제를 실시했는데 그 과정을 분단 초기에는 '민주개혁'이라 불렀고 헌법도 '인민민주주의헌법'이라고 불렀습니다. '사회주의화'는 한국전쟁 이후 본격 추진한 것이고, 해방 후에는 개인 또는 조합부문의 발전을 국가적 부문의 지배적 역할과 결합시킨다는 원칙하에 개인경제부문을 활용하는 동시에 통제하고자 했습니다. 1947년 2월 '인민경제계획'이 시행되어 경제재건 속도가 빨라지면서 1946~1949년간에 생산액은 생산수단 3.7배, 소비재 2.9배가 증가했고, 특히 국영 및 협동단체 공업에서는 전자가 3.9배, 후자가 4.8배, 농업 총생산액은 1.5배나 되었습니다.

소작료 3.7제 정착으로 농촌사회가 안정되었고, 식량난과 재정난을 해결하기 위해 1946년 3월 무상몰수 무상분배의 토지개혁을 서둘러 개인소농 중심의 농업구조로 개편되어 농업생산성도 향상되었습니다. 6월 말에 발표된 현물세 법령(수확고의 25%)은 일제시기 소작료와 비교할 때 농민부담을 경감시켰고, 도시민에 대한 곡물배급이 시장을 경유하지 않게 되어 중간상인의 개입이 없어짐으로써 물가안정에도 기여했습니다.

그러나 현물세량 산정에서 불공정한 부과를 받은 농가도 적지 않았고, 워낙 산이 많고 경지가 적은 북한의 지리적 환경으로 식량자급 자체가 어려운 데다, 소련주둔군의 식량조달 부담 때문에 식량부족이 심각했습니다. 평안북도는 1946년 3월 말까지 수매량(512,614석) 대부분이 소련군 인도량(420,115석)일 정도였다고 합니다.

1946년 8월 주요산업이 국유화되자, 북한에서는 국영기업이 전체공업의 72.4%나 차지하게 되었습니다. 공장에는 인민경제계획에 따라 계획량이 할당되었죠. 소련의 '스타하노프운동'[1]처럼 반별·개인별로 할당량의 초과달성이 요구되고, 증산경쟁운동이 전국적으로 벌어졌습니다. 경쟁운동은 공장끼리, 광산끼리도 벌어졌고, 공장 내 반별·개인별로도 이뤄졌습니다. 3·1절, 5·1절, 8·15 등 국가기념일엔 '돌격주간'이 설정되었습니다.

이렇게 해방 후 북한 경제는 국영부문(국유공장과 국영백화점), 협동적 부문(소비조합과 생산합작사), 사적 부문(개인 상공업과 농촌 소상품경제) 등 세 범주로 구성되었습니다. 피복, 고무신, 성냥 등 경공업 생필품은 대부분 개인기업에 의존했습니다. 원활한 생필품 공급을 위해서도 개인상공업을 장려할 필요가 있었지요. 1947년 초 개인기업 노동자는 전체 노동자의 30%, 1948년 개인기업 생산액(32억여 원)은 예산의 20%에 달했습니다. 1948년 말 수산업 부문에서는 개인기업 비중이 40%나 되었고, 특히 여관·식당·이발소 등의 경우 개인업소가 소비조합이 운영하는 업소보다 맛, 청결도, 가격 면에서 경쟁력이 높았다고 합니다. 기업가들은 애국헌납금 기부 등으로 반자본가적 정서와 타협했지요.

---

[1] 구소련의 경제개발계획 중 국민경제 전반에 걸쳐 전개된 노동생산성 향상운동. 1935년 탄광부 스타하노프(Stakhanov)가 신기술을 최대한 이용해 공정을 변혁함으로써 경이적인 생산 증가를 초래한 데서 유래했다.

행정조직(당)은 개인 상공업자와 소농으로 조직된 협동조합에 원료를 공급하고 판로를 보장하는 정책을 추진했습니다. 물론 자본주의 경제에서도 소생산자들의 협동화는 시장에 조응하는 한 방식입니다. 전쟁 후 북한에서는 이를 두고 "사회주의적 개조과정"이라는 사후적 평가를 내렸지만, 실상은 달랐어요. 북한 정권은 1946년 10월 「개인의 소유권을 보호하며 산업 및 상업활동에 있어서의 개인의 창발성을 발휘시키기 위한 대책에 관한 성명서」를 발표하여 사적 소유권 보장과 그의 창발성을 중시했습니다. 실제로 이는 헌법에도 반영되었죠. 농가 노동력의 무상동원, 가축의 무상대여행위나 무원칙한 공동노력 조직 등의 폐단을 비판하고, 농촌에서 개인경리가 생산력을 높인다고 봤습니다. 심지어 과도기의 "구체적 형태와 단계를 깊이 연구하지 않고 '자본주의는 악이고 사회주의는 선'이라는 론의만을 일삼는 자들을 랭혹하게 비판"했거든요.

물론 북한 지도부는 국유경제가 사회주의이므로 우월한 생산력을 지닌다고 생각했기 때문에, 국유부문이 개인 상공업을 이끈다는 자신감으로 소유제도 개편을 늦춘 측면도 있었습니다. 그러나 사재기나 밀무역, 고리대나 탈세 등을 수반한 사익추구는 착취로 간주되었고, 물가등귀를 초래하는 주요소로 지목되었습니다. 현물세제 실시의 배경에는 중간상인을 정리한다는 의도도 컸습니다. 기업가와 상인은 입당도 쉽지 않았다고 합니다. 개인 기업에 대한 과세율이 국영부문보다 높았고, 은행대부에서도 배제되었으며, 개인 기업 노동자들에게 배급량을 낮게 책정하는 등 차별이 있었지요. 즉 해방 후 개인 상공업은 생산력 향상과 국영부문의 보완을 위해 보호되기도 했지만, 동시에 사익추구가 곧 경제교란행위로 간주되어

통제대상이 되기도 했던 겁니다.

'사회주의 생산력'에 대한 지나친 자신감

한국전쟁 이후 전후복구 속도는 북한이 남한보다 빨랐다고 평가됩니다. 북한 발표에 따르면, 1954년부터 1960년까지 연평균 20%의 성장률을 보였습니다. 1950년대 말에는 이런 말까지 나왔어요. "남조선의 청년 학생들을 우리한테 보내라. 우리가 다 교육시켜주겠다", "남조선 노동자들을 북으로 보내라." 자신들의 기술과 남한의 인력을 합치자는 주장이었지요. 요즘 남한이 북한에 하는 말들과 비슷하죠? 실지로 북한은 전후복구과정에서 월남한 사람이 많았던 데다 전상자로 노동력 부족이 심각했으므로 남한 인력에 대한 관심이 컸을 겁니다. 하여간 장면 정부 당시에도, 5·16 이후에도, 남한 정부는 북한의 경제성장을 무척 우려하고 있었습니다.

전쟁으로 파괴된 정도는 남한보다 오히려 북한이 컸어요. 평양 등 대도시에는 온전한 건물이 없을 정도였지요. 북한의 경제기반은 혹심하게 파괴되었고, 소농경영은 축력과 노동력 부족으로 단순재생산마저 어려운 처지에 빠졌습니다. 남과 북 모두 원조를 받는 상황에서, 남과 북 모두 상대에 대한 적개심을 생산에 동원해 속도전을 밀어붙였습니다. 초기에는 남한보다 북한의 성과가 더 컸고, 그래서 1950년대 말에 이르러 북한은 "사회주의를 완수했다"고 선언합니다.

김일성은 전후복구책으로 '중공업 우선발전, 경공업·농업 동시발전론'(1953. 8)을 주창했습니다. 생산수단과 생산재생산을 발전시켜야 농업과 경공업도 발전한다는 거였죠. 그에 따라 준비단계, 인민경제 복구발전 3개년계획(1954~1956), 공업화기반 마련을 위한 5개년계획(1957~1961) 등 세 단계로 구성된 '자립적 민족경제노선'이 전개됩니다. 3개년계획을 통해 북한은 소련·중국·동유럽 각국에서 받은 약 5억 6천만 달러의 원조에 힘입어 공업생산 2.9배, 수확물 2.7배, 소비재생산 2.1배 증가를 기록하면서 전쟁 전의 수준을 회복했습니다. 1954~56년간에 각년별로 예산의 34%, 27%, 16%나 차지했던 원조는 1/4이 무상이었고, 시설재와 기술, 식량과 의류 등으로 구성되었습니다. 북한은 이 원조가 자립경제기반을 확립하고 인민의 생활수준을 높였다면서 "썩은 보리쌀과 밀가루와 화장품" 등으로 오히려 산업을 몰락시킨 "미제국주의자들의 남조선에 대한 소위 '전재부흥원조'와는 근본적으로 다르다"고 선전했습니다. 5개년계획도 1년 앞당겨 초과완수할 만큼 성과가 높아, 공업생산이 3.5배(연평균 37%), 국민소득이 2.2배 증가했고, 양곡수확(380만 톤)도 호조였습니다. 이를 배경으로 북한 "사회주의 공업화의 거대한 성과"가 남한을 포함한 전국적 "사회주의 공업화를 위한 거점"이 될 것을 전망하기에 이릅니다.

 북한의 전후복구과정은 사기업과 사적 소유권을 정리해 국유화·협동화 중심으로 급격히 사회주의화하는 과정이었습니다. 무엇보다 전쟁을 계기로 지주와 자본가 등이 대거 월남해 단일한 사회구조가 되었습니다. 북한 입장에서는 전쟁이 "농촌경리의 사회주의적 개조"를 부정하는 "낡은 요소"를 일소해준 셈입니다. '미제'에 대한 적개심은 "농민들의 계급적 각성과 사상-의식"을 제고시켜 전후복구 에너지로 발산되었고, 사회통합 이데

올로기로 활용되었습니다. 확실히 전쟁은 사회주의화의 속도를 "어느 나라보다 빠르게" 하는 데 결정적인 영향을 미쳤지요.

전후의 특수상황에서 거둔 성과는 집단화가 자본주의보다 우월한 생산력을 지닌다는 신념을 굳게 했습니다. 김일성은 개인농이 농업생산의 계획적 발전과 확대재생산에 불리하다면서, 혁명역량이 준비되면 사회주의적 개조를 늦출 필요가 없다고 역설했습니다. 결국 1954년 11월부터 농업협동화가 시작되어 1958년에 완료됩니다. 전쟁으로 몰락한 개인 상공업 부문도 비슷한 과정을 밟게 되었고요.

사회주의 완료를 선언한 1958년부터 전개된 천리마운동은 집단적 경쟁운동으로서 생산부문은 물론 교육·예능·언론 등 모든 분야에 걸친 사회주의적 국가총동원방식이었지요. 1959년에는 '자주적 사회주의 공업화'를 이루기 위한 '당의 총노선'으로 격상됩니다. 노동자의 사상의식이 작업반을 거점으로 생산성을 높이는 적극적 요인이라고 설정한 거지요. 노동의 정신적 유인을 중시하여 공산주의적으로 사상의식을 개조함으로써 일상생활에서도 공산주의적 관계를 확립하기 위한 것이었습니다.

유일체제의 한계노출

북한은 사적 소유를 폐지하여 사회주의로 개즈하고 높은 노동강도와 사상에 의존한 전후복구를 성공적으로 마무리한 것을 계기로 자립적 민족경제와 자주성에 중점을 두게 됩니다. 1961년 제4차 당대회는 3대혁명(사

천리마운동
1958년부터 시작된 북한의 천리마운동은 사회주의 건설에서 생산성을 획기적으로 높이기 위한 집단적 경쟁운동이었다. 생산부문은 물론 사회 모든 분야에 걸친 사회주의적 국가총동원방식으로 진행된 천리마운동은 대중에게 혁명의식을 불어넣기 위해 자기희생정신과 명예심, 혁명정신을 고양시키는 데 주력했다. 그림은 천리마운동을 독려하기 위해 만든 포스터로 "보수주의 소극성을 불사르라"는 구호와 천리마 기수의 손짓과 표정이 강한 선동성을 보여준다.

상·기술·문화)에 의해 사회주의 공업국으로 가는 제1차 7개년계획(1961~1967)을 발표했습니다. 그러나 경제와 국방건설의 병진竝進방침(1962)으로 군비부담이 급증해 3년이나 늦춰진 1970년에야 7개년계획이 완료되었죠. 실제로 병진방침 결정 당시 속도를 늦추자는 견해가 나왔고, 국민소득과 수확량이 빠진 발표에서도 1961~70년간 공업성장률(연평균 12.8%, 3.3배)은 7개년계획의 원래 목표치(18%, 3.2배)에 크게 못 미쳤습니다. 1960년대를 지나면서 사상의식과 노동력의 투입증대에 의존한 성장패턴이 한계를 드러낸 것이었죠.

이미 1950년대 후반에 관료주의의 폐단 문제가 제기되어 청산리협동농장과 대안전기공장에서 행한 김일성의 '현지지도'(1960. 2, 1961. 12)를 통해 '청산리방식'(당과 대중의 긴밀한 연결)과 지배인 유일관리제를 집단관리체계로 바꾸는 대안의 사업체계를 선전한 바 있었습니다. 없거나 부족한 것을 만들어 극복한다는 '혁명정신'이 1950년대 말 '천리마운동'[2]에서부터 1970년대 '3대혁명 붉은기 쟁취운동' 등으로 강화되었습니다. 증산의욕을 고취시키기 위해 수령의 명령에 충실한 '주체형 공산주의 인간형'이 강조되었고요. 이는 1959년부터 시작된 항일빨치산 참가자들의 회상기 읽기운동이나 1970년대의 『피바다』, 『꽃파는 처녀』 등에서 잘 드러납니다. 그러나 관료주의는 해소되지 못했고 정치·사상교육과 동원의존도는 더욱 높아졌습니다.

---

2 주민들의 생산의욕을 고취시켜 생산증대를 이루려는 목적으로 전개된 노동경쟁운동인 동시에 사상개조운동. 천리마 같은 속도로 사회주의 경제를 건설하자는 의미를 담고 있다.

국제환경의 변화도 경제건설의 집중도를 떨어뜨렸습니다. 북한은 1950년대 중반의 중·소분쟁 이후 1960년대 들어 한일국교가 수립되자 미국 제국주의, 소련 수정주의, 중국 교조주의, 일본 군국주의에 포위되었다고 인식하면서 '자립경제노선'을 더욱 강조합니다. 급증한 군비부담과 1960년대 중반 이후 두드러진 대남강경노선은 경제발전에 장애로 작용했지요. 재정의 군사비 비중은 1953~61년(15.2~12.5%) 사이에 감소했지만, 1966년 이후 30%대를 차지했습니다. 대남정책도 낙후해서, '푸에블로호사건' (1968. 1)[3]을 전후해 '무장공비' 남파를 급증시킵니다만 남한사회의 반북의식만 고취시켰을 뿐이었죠.

1970년 제5차 당대회에서는 인민경제발전 6개년계획(1971~76)을 세웠습니다. 중공업 발전, 그리고 중노동과 경노동, 농업노동과 공업노동의 차이를 해소하고 여성을 가사노동에서 해방시키기 위한 3대 기술혁명을 강조하는 내용이었지요. 북한 발표에 따르면 공업실적(연평균 16.3%, 2.5배)은 목표치(14%, 2.2배)를 앞섰습니다. 1976년 수확량(800만 톤)도 목표치보다 50~100만 톤을 초과했습니다. 1977년 12월 최고인민회의는 국내 자원을 바탕으로 한 주체적 건설정책에 따라 중화학공업보다 수출증가와 경공업 및 주택건설 등 인민생활 향상에 역점을 둔 제2차 7개년계획(1978~84)을

---

3 1968년 1월 23일 미국 푸에블로호가 승무원 83명을 태우고 북한 해안 40km 거리 동해상에서 업무수행 중 북한에 나포된 사건. 미국 정부는 승무원 송환을 강력하게 요구하는 한편, 항공모함 엔터프라이즈호와 제7함대의 구축함 2척을 출동시켰다. 결국 1968년 12월 23일 미육군 소장 길버트 우드워드가 북한 영해 침입과 첩보행위를 인정하고 재발방지와 사과를 표하는 문서에 서명함으로써 사건 발생 11개월 만에 판문점을 통해 승무원 82명과 유해 1구가 송환되었다. 현재 푸에블로호는 평양 대동강변에 전시되어 있다.

세웠습니다. 국민소득이 빠진 발표에 따르면, 공업생산은 2.2배(연평균 12.2%) 증가했고 수확량(1,000만 톤)은 1976년보다 크게 늘어났습니다.

그러나 생산성 저하 문제는 1970년대에도 심각했고, 1960년대 말부터 정치·사상교육과 동원에 의존한 증산책은 '주체사상'에 의한 '전일적全一的 지배체제'로 전화되었습니다. 1972년 남한은 유신헌법을, 북한은 주체사상을 명기한 '사회주의헌법'을 발표합니다. 주체사상이 사회변화를 추동할 여지를 극도로 좁힌 반면, 남한은 유신체제 아래서도 민주화운동의 영역이 넓어졌지요. 결국 민주화영역의 발전가능성 여부가 이후 남북 경제력의 격차를 낳은 중요한 배경이었다고 생각합니다.

1960년대를 지나면서 북한사회에는 유일체제가 확고하게 정착되었습니다. 1948년 '인민민주주의헌법'이 제정되고 24년 만인 1972년에 유일체제와 주체사상을 헌법에 규정하고 "사회주의 혁명과 사회주의 건설의 성과들을" 반영한 '사회주의헌법'을 제정합니다(1972. 12. 27). 사회주의적 경제건설방식은 "자본주의가 되살아나지 못하도록" 국유화 중심으로 운영되어야 했고, 이를 위해 '사상사업'이 강조되었죠. 시장, 개인영농이나 상공업의 자율성은 사회주의에 적대적인 것으로 전면 부정되었습니다.

대내외 환경의 악화와 계획경제의 한계

사회주의 계획경제의 가장 큰 문제인 비효율성은, 냉전에서 사회주의가 자본주의에 패배하게 된 원인이기도 합니다. 자본주의에서는 기업의 생명이 기술혁신에 의한 원가절감에 달려 있고, 지출이 수입을 초과하면 파산하지만, 계획경제에서는 국가로부터 노동력과 자본을 얼마나 많이 확보하느냐에 달려 있고 보조금을 통해 생존할 수 있지요. 결국 관료주의와 비효율성이 고착되는 문제가 큽니다. 특히 시장 자체를 원천적으로 적대시하고 숟가락부터 핵무기까지 국가가 모든 걸 계획한다는 발상 자체가 사실은 비합리적이고 비효율적이지요.

북한에게는 대외환경도 불리했습니다. 전후복구와 사회주의 경제건설에 요긴하게 사용된 사회주의 국가들의 원조가 중단되었고, 1975년 이후 빚을 갚지 못하는 채무불이행국이 되었습니다. 폐쇄적이라 할 만큼 완고한 자력갱생의 모토 아래 내부자원 동원에 집중했지만, 가중되는 군사비 부담, 노동력과 자금부족 등의 문제를 피할 수 없었습니다. 사회주의를 지키기 위해 자본주의 요소의 침투를 막아야 했다는 것은, 그만큼 내적으로 사회주의체제가 안정적이지 못했다는 반증이겠지요.

그 와중에 북한은 '합영법'(1984. 9) 제정을 통해 외국인 투자를 허용함으로써 경제운용에서 중요한 변화를 시도합니다. 그러나 외국인 투자유치는 실패했고, 서비스업 중심의 재일동포들의 투자도 '조국에 기부'하는 것으로 끝난 경우가 많아, 1980년대까지 새로운 경제운용방식을 습득할 기회를 만들지 못했습니다. 결국 사회주의권의 붕괴로 이들 국가와의 경제네트워크가 무너지고, 소련이 무역방식을 물물교환에서 현금결제방식으로 바꾼 데다 석유공급까지 줄여 심각한 경제난에 봉착하게 됩니다. 이에 대응하여 '외국인투자법'(1992. 10), '자유경제무역지대법'(1993. 1)을 제정하는 등 서방의 자본과 기술유치에 적극 나섰지만, 핵 문제가 불거지면서 성과를 거두지 못했지요. 거기다 1990년대 중반에는 자연재해까지 겹쳐 대규모 아사자가 발생하는 등 '고난의 행군'이 계속되었습니다. 덧붙여 미국의 봉쇄정책과 북한공격 구상으로 안보위기가 고조되면서 자력갱생 원칙이 더욱 강조되었지요. 즉 외부환경 또한 북한의 개혁개방을 어렵게 한 겁니다.

남한은 IMF 금융위기를 겪으면서도 1인당 소득이 1990~2007년간 3배(6,147달러→20,045달러)로 증가했지만, 북한은 식량난과 마이너스 성장(1990년대)을 겪으면서 정체(1,146달러→1,152달러)되었습니다. 600달러 조금 안 되는 수준에서 남북이 비슷한 수준에 머물렀던 1970년대 초와 비교할 때 현격한 격차가 벌어진 셈이죠.

북한은 특히 1990년대에 외화부족, 원유난, 원자재난 등으로 공장가동률이 급격히 떨어지고, 연이은 자연재해로 경제위기를 맞아 식량난과 생필품 부족이 낳은 암시장이나 이중경제로 배급체제를 위협받게 되었습니다. 2002년 '7·1 경제관리개선조치'는 계획경제의 틀 내에서(원칙) 부분적으로 시장기능을 도입한다는(실리) 것이었지요. 임금과 물가를 수십 배에서 수백 배씩 인상한 것은, 현실적으로 작동하는 시장가격을 흡수한 것이었습니다. 그러나 공급, 즉 배급이 부족하니 물가 문제를 해결하기 어려웠지요. 배급이 줄어들자 기업이나 공장에 독립채산제가 도입되고, 경영자율성이 높아지고, 사회주의하에서 강조된 사회보장제도도 축소되었습니다. 이는 결국 어떤 형태로든 시장화를 진행시키고, 경제의 분권화와 화폐화를 수반할 것으로 보입니다.

20

개성공단과 남북의 평화체제

개성공단은 철저하게 경제논리에 기반하여 남북이 상호이익을 추구하는 '윈윈 비즈니스' 입니다. 그러나 개성공단의 성공은 비단 경제 영역에 머물지 않고 남북한의 평화체제가 성숙하는 데 큰 역할을 할 것입니다. 개성공단의 경제적·정치적 의미를 자세히 살펴볼까요?

개성공단은 어떻게 만들어졌나

2004년 12월 15일 개성공단의 공장이 가동되어 제품생산이 시작되었습니다. 현대아산과 조선아시아태평양위원회 사이에 개발합의서가 체결(2000. 8. 22)된 지 4년 4개월, 분단 59년 만의 역사적 사건이었습니다. 물론 북한이 2008년 12월 1일 개성공단 출입을 제한하고 한국 정부가 적대적 대북정책으로 돌아서는 등 우여곡절을 겪고 있지만, 장기적으로는 중대한 의의를 지닌 것으로 평가할 수 있습니다.

무엇보다 개성공단은 단순교역이나 위탁가공 등 초보적 수준에 머물렀던 이전의 경제협력수준을 넘어서 직접투자 국면으로 전환시켰습니다. 그 결과 물자와 자본뿐 아니라 인적교류의 영역이 급증했죠. 특히 개성은 북한에게 군사요충지입니다. 군사적 위협감은 남북 모두에게 마찬가지지만, 현실적으로 북한이 안보위기의식을 더 크게 느낀다는 점에서, 개성을 남한 기업의 '특구'로 설정한 것은 김정일만이 결정할 수 있었던 사안이었지요. 정주영조차 개성 제안을 받고 깜짝 놀랐다고 하지 않습니까?

개성공단의 규모와 운영방식을 살펴봅시다. 공단 예정 조성규모는 총 2천만 평으로, 그중 공업단지가 850만 평, 기존 개성 시가지(500만 평)와 2개 신도시(총 650만 평) 위에 조성될 생활 및 관광구역이 1,150만 평입니다. 최근 문제가 되고 있는 충청권 행정도시의 면적이 2천만 평이라고 하니 대단히 넓은 면적이지요. 공업단지 조성사업은 1단계 100만 평, 2단계 130만 평, 3단계 620만 평 등 세 단계로 나뉘어 진행 중이었는데, 현재는 1단계 조성 중에 우여곡절을 겪고 있는 셈입니다.

개성공단에는 2009년 6월 말 현재 109개 기업이 입주해 있습니다. 섬유, 화학, 기계·금속, 전기·전자, 식품, 종이·목재 등 노동집약 업종이 대부분인데 섬유업이 가장 많습니다. 생산액은 2005년 말 1,490만 달러, 2007년 1월 말 1억 달러를 넘어, 2009년 6월 말 현재까지 누적된 생산액은 약 6억 3,600만 달러입니다. 그중 중국이나 유럽 등지로의 수출액도 약 1억 7백만 달러에 달하지요.

개성공단에는 남북 노동자가 함께 근무하고 있는데, 2009년 6월 말 현재 북한 노동자가 39,801명에 이릅니다. 북한 노동자는 개성시 인민위원회가 공급하는 방식이고, 아직까지 입주기업이 직접 노동자와 교섭하여 고용하는 단계까지는 가지 못했어요. 근무시간은 주 48시간(월~토) 내이고 북한 직장장과 협의하여 가급금을 지급하고 연장근무나 휴일근무 등을 합니다. 임금인상률은 최고 5%인데, 임금은 월 50달러에서 2008년 8월 1일에 55.125달러로 인상되었습니다. 하지만 입주기업이 사회보험료(임금의 15%)를 납부해야 하니까, 실질적으로는 70달러 내외라고 합니다. 북한 노동자들은 사회문화시책기금(임금의 30% 정도)을 공제한 나머지를 현물(생필품)과 북한 화폐로 지급받습니다. 임금 역시 남한 기업이 북한 노동자에게 직접 주는 단계에는 이르지 못했습니다.

물론 이런 한계들은 공단규모의 확대나 입주기업 유인에 장애요인이 됩니다. 따라서 양자의 필요에 의해, 그리고 북한이 체제위협의 인식에서 벗어나야 해소될 수 있을 것으로 봅니다. 그 과정을 위해 소요되는 시간을 어떻게 줄이는가는 결국 남북이 해결해야 할 과제입니다.

'퍼주기'가 아닌 비즈니스

개성공단 사업에 대한 오해가 많은데, 개성공단 사업은 결코 일방적인 '퍼주기'가 아닙니다. 남북 모두에게 경제적 이익을 가져오는 윈-윈 비즈니스지요.

먼저 일반론을 생각해봅시다. 보수층을 비롯한 우리사회 일부가 갖는 극단적 반북감정을 일으키는 '퍼주기' 개념에는 우선 '평화비용'에 대한 고려가 전혀 없지요. 보통 GDP 규모를 한국 1조 달러, 북한 150억 달러로 평가합니다. '퍼주기'라는 비난대로 김대중·노무현 정부가 10년간 22억 달러를 퍼주었다면, 그게 어느 정도 규모일까요? 우리 국방비와 비교해보면 감이 잡힐 겁니다. 국방부의 『국방통계연보』에 따르면, 노무현 정부 말기인 2006년 국방비는 22조 5,129억 원(1달러=1천 원 환율로 계산하면 225억 달러)이었습니다. 북한에 '퍼준' 액수는 사실상 한 해 국방비의 10%, 10년간 국방비의 1%가 조금 넘는 정도입니다.

결국 '퍼주기'를 비난하는 이들에게는 연간 2억 달러의 평화비용으로 국방비를 줄여보자는 인식이 아예 없는 거죠. 물론 22억 달러에는 남북교역액이 상당 부분 포함되어 있고, 지원은 모두 북한의 상응한 행동조치와 연계되었습니다. 즉 쌀·비료지원은 이산가족 상봉과, 금강산·개성공단은 군사분계선 바로 앞뒤에서의 경제협력으로 인한 긴장완화 및 평화체제 정착과 연계되었습니다. 대북확성기 방송중단은 서해상 남북 함정 간 우발적 충돌을 막기 위한 교신조치와, 북한 선박의 제주해협 통과는 중국이나 러시아로 가는 한국 선박의 북한 영해 통과 및 미국·러시아행 한국

비행기의 북한 영공 통과와 연계되었죠. 어린애들도 주고받는 셈을 할 줄 아는데, 이걸 무턱대고 '퍼주기'라고 하는 이들의 타산법은 뭘까요? 다른 데 의중이 있다고 볼 수밖에 없지요.

이제 개성공단을 봅시다. 한국에는 임금·지대 등 비용이 급증하면서 특히 1990년대 들어 경쟁력이 떨어지는 한계기업들이 늘어나고 있습니다. 이들은 꾸준히 해외진출을 시도했지만 2000년대 들어서는 중국이나 동남아 국가로의 진출도 쉽지 않고, 최근에는 중국으로 진출했던 기업들마저 철수하는 실정이에요. 이런 상황에서 개성공단은 한국 중소기업들에게 활로를 제공하는 장소입니다.

개성공단은 토지분양가나 세금에서 우대조건이 따릅니다. 가장 큰 강점은 임금으로, 현재 개성공단 임금은 중국(100~200달러)이나 한국(788달러)과 비교할 때 경쟁력이 높습니다. 그리고 양적·질적으로 우수한 노동력을 들 수 있어요. 북한 노동자들은 의무교육 기간이 11년이며, 취학률이 98%에 이릅니다. 입주기업들은 북한 노동자들의 기술습득 속도가 빠르다고 하는데, 그만큼 수준이 높다는 뜻이지요. 또 빠질 수 없는 사안이 언어소통의 장점입니다. 게다가 개성은 수도권인 서울과 인천에서 50~60km에 불과해서 물류비가 적게 들지요. 경의선이 개통되면 중국(TCR) 및 러시아(TSR)를 통해 유럽대륙까지 연결되어 개성공단뿐만 아니라 남북의 서해안 지역에서 생산되는 물품의 철로수송이 가능해 물류비를 줄일 수 있게 됩니다. 그 경제적 효과는 어마어마하게 클 겁니다.

남한만 좋은 일이 아닙니다. 북한이 얻는 이득도 대단히 크지요. 극심한 경제난에 봉착한 1990년대 들어 북한이 계획했던 '나진-선봉지구', '신의 주경제특구' 등은 모두 실패했어요. 북한의 힘만으로 경제난을 해결하기란 사실상 불가능합니다. 개성공단을 단순히 정서적 민족의식으로 바라볼 필요는 없습니다. 북한 역시 필요에 의해 적극적으로 개성공단 사업을 진행해온 겁니다. 객관적 현실과 정황으로서 이 점이 오히려 중요하지요.

개성공단은 외부경제와 연동된 북한의 경제정책 가운데 '유일하게' 실질적 성과를 거둔 사례입니다. 우선 가장 절실한 외화벌이에 직접적인 도움을 받았지요. 미국이 개성공단 상품에 제재를 가하고 있어 수출시장으로서 기능하지 못하고 있습니다만, 북미수교단계가 되면 이 문제도 풀릴 것으로 예측됩니다. 또 개성공단은 수만 명, 수십만 명의 북한 노동자들이 기술을 익히고 높은 임금을 받는 취업의 장입니다. 북한은 이를 통해 세계시장에서 통용되는 상품제조 경험을 쌓아 외부경제와 소통하는 셈이 됩니다. 개성공단이 경제적·정치적 성과를 거두면 이런 사례는 북한의 다른 지역으로도 확산될 수 있습니다.

남북 간 평화체제의 시발점, 개성공단

이렇게 되면 적대적 대치를 완화할 수 있는 객관적 조건이 형성되기 시작하는 겁니다. 분단의식 때문에 우리의 상상력이 많이 좁아졌지만, 다시 생각해봅시다. 남북경협이 확대되면 '북한 리스크'에서 오는 부정적 변수도 줄어들고, 최소한으로 억제될 겁니다. 적대적 분단체제를 풀어가는 관건이 '통일이여 어서 오라' 하는 눈물샘을 자극하는 노래일까요?

오히려 남북 어느 쪽도 섣불리 상대를 없애자는 말을 꺼내기 어렵도록 일정 규모 이상의 이해관계로 꽉 물려 있는 게 필요하지 않을까요? 아직은 그런 단계가 못되어 금강산 관광이 두절되고 개성공단이 위기에 놓이고 하는 것입니다.

남북 간 경제협력이 삐걱대는 와중에 북중관계는 더욱 공고해지고 있다는 점을 봐야 합니다. 현재 중국은 동북지방의 자원을 북한 나진항과 청진항을 통해 내륙으로 이동시키려는 '북중 경제협력사업'을 대대적으로 추진하고 있지요? 2009년 11월 중국 국무원이 '창지투(장춘-지린-두만강) 개방선도구'사업을 승인한 것을 계기로, 흑룡강성과 길림성 등의 지하자원과 곡물을 훈춘-라진-상하이 항로, 도문-남양-청진-동해 뱃길을 통해 중국 남부 지역 및 동북아 국가와 연결한다는 계획입니다. 중국이 북한의 나진항과 청진항을 확보했다는 것은, 훈춘 경제특구 건설을 시작으로 하여 러시아와 북한을 상대로 18년간 추진해온 '콰징경제過境經濟(국경을 넘어선 경제활동) 구상이 실현되고 있음을 의미합니다. 가속도가 붙은 북중 경제협력은 낙후한 동북지역을 개발해 빈부격차를 해소하고 '조화사회주의'를 실현하려는 중국과 경제재건이 급선무인 북한의 이해관계가 맞아떨어진 결과입니다. 이를 일시적인 현상으로 봐서는 안 됩니다.

한국은 그동안 한국사를 왜곡하고 탈취하려는 패권적인 중국의 동북공정을 줄기차게 비판해왔지요. 그런데 정작 이명박 정부의 대북정책과 외교는 북한이 중국에 경제재건을 위한 외자유치를 의존하도록 몰고 감으로써 중국의 동북공정을 적극 지원하고 있는 셈입니다. 사실 북한이 금강산 관광에서부터 남한에 손을 내밀게 된 것도, 유난히 주체를 강조하는 북한 입장에서 중국의 위성국 신세가 될까 염려가 컸던 까닭이었습니다. 10·4 선언에서 남북이 개성-신의주 철도 개보수공사에 합의했었지요? 이것 역시 중국이 계속 관심을 보였음에도 북한이 중국을 제쳐두고 남한과 합의한 것이거든요. 그러나 이명박 정부가 6·15선언과 10·4선언을 사실상 폐기하면서, 결국 이 사업은 중국으로 넘어갔습니다. 북한을 중국의 품으로 등 떠민 격이지요. 북한을 시대에 뒤떨어진 세습정치를 하는 한심한 나라라고 비난하는 데만 집중하다가, 정작 한국이 거둬야 할 실리와 기회를 놓치고 있는 겁니다.

통일을 어떻게 할 것인가 하는 구체적 문제는 나중 세대들이 알아서 할 일입니다. 지금 세대에게는 그들이 결정할 수 있는 실마리를 만드는 일이 더 중요하지요. 너무나도 명확한 이 순서를 바꿔 생각하니까 비현실적인 엉뚱한 얘기들이 나오는 겁니다. 가령 개성공단이 완공될 시점의 예상 입주기업은 2,000여 개 업체, 고용인구는 25만 명, 연생산액은 150억 달러에 이르고, 개성지역 관광객은 연 150만에 이를 것으로 추산됩니다. 이쯤 되면 남북 양자의 경제적 이해관계는 엄청나게 커집니다. 이런 것을 섣불리 없애자는 말을 어느 쪽이든 쉽게 할 수 있겠습니까? 남북은 물론 국제적 이해관계까지 큰 비중으로 얽히면 군축단계로 나아갈 수도 있습니다. 평화는 현실적 이해관계의 교통 속에서 비로소 정착되기 시작할 겁니다.

실제로 한국이 안정적인 '선진국'으로 가려면 남남갈등 외에 군사충돌을 걱정해야 하는 적대적 남북대립 상황도 반드시 해결해야 합니다. 이명박 정부의 대북정책을 보면, 자신감을 갖고 북을 상대하면서 위기를 주체적으로 관리하고 상대를 객관적으로 점검하기보다는 망했으면 하는 주관적 바램을 강하게 투영하고 있는 듯합니다. 하지만 그런 의도와는 달리 객관적 현실에서는 화해와 협력의 조건이 형성되고 있어요. 보수권력이 지난 수십 년간 국내정치용으로 활용해오던 대북 적대감 고조정책의 효과도 이제 한계에 이른 것이지요.

대북압박은 결국 한반도의 긴장고조를 불러옵니다. 우발적 충돌 또는 위기상황이 퍼지면 가장 큰 피해를 보는 것도 바로 우리 자신이지요. 무엇보다 당장 경제에 여파를 미칩니다. 20여 년 전과 비교가 안 될 정도로 규모가 커지고 금융시장이 개방된 상황에서, 남북의 위기 또는 충돌은 바로 경제위기로 이어집니다. 보수권력에 의해 보호받고 있다고 느끼는 주식 부자, 부동산 부자일수록 경제위기에 대한 체감도는 훨씬 클 수밖에 없습니다. 물론 그들의 상당수는 여전히 좁은 시야에 갇혀 북한 때리기 정책에 속 시원해 하면서 박수를 보내고 있지만, 평화공존적 남북관계의 정착이 자신들의 현실적 이해관계에 직접적이고 결정적인 영향을 미친다는 사실을 인식하는 데 긴 시간이 소요되지는 않을 것으로 생각됩니다.

그 단초는 이미 분명하게 드러나고 있습니다. 짧지 않은 남북교류의 경험과 이해관계의 축적을 통해 과거의 적대적 관계로 돌아가서는 안 된다는 민심이 2010년 6·2 지방선거에서 확인되었기 때문입니다. 이명박 정권의 출범은 양극화가 심화되고 비정규직이 급증하는 상황에서 '하여간 잘살게 해줄 것'이라는 막연한 믿음 때문이었지, 남북관계를 파탄내라는 것은 아니었지요.

천안함 사태를 계기로 한 북풍몰이가 과거와 달리 위력을 발휘하지 못한 것은 그만큼 민주화 역량이 커졌기 때문이기도 하지만, 평화적 남북관계의 진척과 교류의 경험에서 비롯된 현실적 이해관계가 한국사회에 상당히 뿌리를 내렸기 때문입니다. 예를 들어 전통적으로 여당의 표밭이었던 안보지역 강원도나 특히 금강산 관광 두절로 지역경제에 큰 타격을 입은 고성군, 천안함이 침몰한 서해를 앞바다로 두고 있는 인천시나 강화군에서 여당이 패배했습니다. 남북교류를 통해 남한 내에서도 이해관계영역이 확대되는 것은 그만큼 중요한 의미가 있습니다.

에필로그

21 민주적 '조화경제'를 향하여

앞에서 구한말부터 현재까지 우리 경제사의 각종 이슈를 살펴보았습니다. 이제 과거의 역사적 경험으로부터 미래의 전망을 고민해볼 시점이 되었지요? 21세기 한반도 경제를 어떻게 꾸려갈 것인가. 그 고민의 단초는 '민주'와 '조화'에서 출발해야 합니다.

금융주권은 민주적 '조화경제'의 필수전제

앞서 이야기한 것처럼, 이승만 정부의 3개년계획안에서 시작되어 장면 정부가 실행한 경제개발계획을 박정희 정부가 계승해 1962년 제1차 경제개발 5개년계획이 시행됐지요. 5개년계획은 이후 1996년까지 계속되었습니다. 그 60여 년간 한국 경제는 고도성장을 경험했고, 사회구조를 비롯해서 사람들의 의식 또한 급변했습니다. 상전벽해라 할 정도였지요. 실제로 50대 이상은 보릿고개를 겪던 농촌 출신이 많습니다. 당시의 산업구성으로 보면 당연하지요. 이들은 짧은 기간 동안 농업사회에서 공업사회를 넘어 첨단 IT시대를 체험한 세대입니다.

구체적인 통계로 살펴봅시다. 인구는 1955~2007년간에 2,152만~4,845만 명(2.25배)으로 늘어났습니다. 국내총생산은 1953년 13억 달러에서 1972년 100억 달러, 1986년 1천억 달러, 1995년 5천억 달러를 넘어 2007년에 9,699억 달러로 746배나 급증했습니다. 1954년 이후 국내총생산 성장률은 연평균 6.8%(1980년과 1998년의 마이너스 성장기 포함)나 됩니다. 1인당 소득도 1953년 불과 57달러에서 1977년 1천 달러, 1989년 5천 달러, 1995년에 1만 달러를 넘어 2007년에는 2만 달러 내외로 놀랄 만큼 증가했습니다. 자가용 보유도 급증하여 1970년에는 4만 6천대로 100가구당 1대 수준이었지만, 2007년에는 1,549만 6천여 대로 100가구 중 94가구 이상이 자가용을 보유하게 됩니다. 1949년에는 1천 명 중 불과 2명이 전화기를 보유했지만, 2007년에는 10명 중 9명이 휴대전화기를 갖고 있습니다. 한국은 1988년에 올림픽 개최국이 되고 2010년에는 G20 정상회의[1]

개최국이 될 정도로 국제경제에서 차지하는 비중이나 영향력도 높아졌고, 1970년대 중반을 경계로 북한 경제를 압도하게 되었습니다.

이런 경제성장은 해방 후 종속성을 띠더라도 국가주권을 회복했고 1997년 이전까지 금융주권 또한 명확하게 존재했기 때문에 가능했습니다. 관치금융의 폐해와 전혀 다른 차원에서, 이 시기 경제성장의 한 요인으로 은행과 기업에 대한 주권(소유-통제권)을 잃지 않았다는 점을 간과해서는 안 됩니다. 그리고 국민의 민주의식이 깨어나면서 국가권력이 이를 수용하는 상호작용 속에서 부모들의 강렬한 교육열과 끈질긴 삶의 의지가 기업의욕 등과 어우러진 산물이라고 보아야겠지요.

실제로 민주화운동은 1980년대에 그 이전과 비교도 할 수 없을 정도로 급속하게 확장되었습니다. 이때 대학을 다닌 세대를 486세대라고 별칭할 만큼, 이 시대는 한국사회 변화의 획기적 전환점이 되었습니다. 당연히 분배와 복지에 대한 문제의식도 커졌습니다. 1982년부터 '경제개발계획'

---

1 1974년 오일쇼크 이후 선진 자본주의국가들은 경제정책 협력을 위해 G5(미국, 일본, 영국, 프랑스, 독일)를 구성했다. 곧이어 이탈리아(1975), 캐나다(1976)가 포함된 G7이 성립되어 매년 정상회의와 재무장관회의를 개최했다. 그리고 1997년에 정치분야에 대해 러시아가 참여하는 G8이 성립되었으나, 경제분야에서는 기존의 G7체제가 유지되었다. 1997년 아시아 외환위기 이후 국제금융시장 안정과 전세계의 지속가능한 성장을 위한 국제협력체제의 필요성이 제기되면서, 1999년 주요 선진국과 신흥국의 재무장관과 중앙은행 총재가 모여 국제사회의 주요 경제·금융이슈를 폭넓게 논의하는 G20 재무장관회의가 출범했다. G20 회원국은 G7과 신흥국가 13개국(한국, 중국, 인도, 호주, 브라질, 멕시코, 인도네시아, 아르헨티나, 러시아, 터키, 사우디아라비아, 남아프리카공화국, 유럽연합). 이후 국제금융체제에 대한 여러 대안이 제기되었으나 그간 운영되었던 G20을 활용하는 것이 효과적이라는 공감대가 형성되면서 장관급회의로 운영되던 G20회의가 정상급회의로 격상되고 2008년 11월 미국 워싱턴에서 1차 회의가 열렸다. 2010년 11월에 5차 정상회의가 한국에서 개최되었다.

개념을 전환해서 '경제사회발전계획'으로 이름이 바뀐 것도 이런 사회분위기를 반영합니다.

  1982년에 시작된 제5차 경제사회발전 5개년계획은 1996년에 제7차로 끝났습니다. 이로써 5개년계획으로 정부가 경제정책을 주도하는 시기가 마감됩니다. 이는 정부가 경제규모를 인위적으로 조정할 수 있는 단계를 넘어섰기 때문이지만, 냉전체제 붕괴 이후 극성을 부린 신자유주의 분위기도 깊은 영향을 미쳤다고 봅니다.

선무당이 불러온 유동성 위기, IMF 금융위기

  그러나 한국 경제는 자본·기술·시장·금융 등 각 측면에서 대외의존도가 높았습니다. 국제 경제동향이 국내 경제에 미치는 파급효과가 너무 크고 빨라 수출경쟁력이 수시로 한계를 드러내고 물가고와 민생고를 가중시킵니다. 산업부문 간, 대기업–중소기업 간, 수출입 간의 불균형이 커서 지속가능한 발전을 위해 경제구조 개혁이 요구되는 상황에 이르렀습니다. 게다가 1997년 말 이후 확산된 신자유주의정책은 고용불안정과 빈부격차, 사회양극화를 더욱 심화시켰습니다.

  한국 경제가 구조변화를 모색해야 할 때인 1997년 11월 21일 밤 10시에 임창열 경제부총리는 긴급기자회견을 열어 국제통화기금에 유동성 지원을 요청하기로 했다고 발표합니다. 20여 일 전, 강경식 전 경제부총리가 한국 경제의 펀더멘탈(Fundamental)[2]이 튼튼하다고 장담했던 여운이 채 가

역 대합실 의자에 쪼그리고 앉아서 자고 있는 노숙자

1997년 연말에 불어닥친 IMF 경제위기로 30대 그룹 중 16개 기업이 퇴출되는 등 엄청난 규모의 기업이 도산하고, 대량해고로 실업자가 급증했다. 1998년에 자살률은 50% 상승하고 GDP 성장률은 -6.7%를 기록했다. 한국전쟁 이후 최대의 경제위기를 맞은 것이다. IMF 경제위기를 초래한 것은 인재(人災)였다. 1인당 국민소득 1만 달러 돌파를 선전하고 보란듯이 OECD에 가입한 김영삼 정부가 유동성 위기를 불러올 투기적 금융자본에 대한 통제장치도 없이 자본시장 자유화를 대책 없이 수용한 것이 그 시작이었다.

시지도 않았을 때였죠. 결국 12월 3일 임창렬 부총재와 이경식 한은 총재는 캉드쉬(Michael Camdessus) IMF 총재가 지켜보는 가운데 구제금융을 위한 정책이행각서에 서명하게 됩니다. 경제주권이 IMF로 넘어가 6·25 이후 최대의 국난이라 부르기도 했습니다.

한국 정부는 IMF가 요구한 규제완화, 민영화, 시장개방, 정부역할 축소, 노동시장 유연화 등 신자유주의 핵심내용을 그대로 수용했습니다. 1998년 5월 자본자유화와 외국인 투자유치를 명분으로 증권거래업과 선물거래업 등 21개 업종을 외국인에게 전면개방했지요. 외국인 주식투자 한도 철폐로 투기성 외자가 부도위기에 몰린 국내 알짜 기업들의 지분을 대거 거둬갔습니다. 외자유치 목적으로 정리해고제를 도입하여 노동쟁의가 급증하는 원인이 되었습니다.

IMF 경제위기를 초래한 것은 인재人災였습니다. 1인당 국민소득 1만 달러 돌파를 선전하고 보란 듯이 OECD에 가입하고 싶었던 김영삼 정부의 과시욕구 때문에, 유동성 위기를 불러올 투기적 금융자본에 대한 통제장치도 없이 OECD 가입조건인 자본시장 자유화를 대책 없이 수용한 게 시작이었지요. 실제로 1997년에 종합금융회사 중심으로 1년 이내에 상환해야 하는 단기외채를 빌려 국내 기업에 7~8년짜리 장기자금을 대출한 것이 문제의 발단이 되었거든요. 외화자금을 끌어올 수 없게 되고 환율이 급등하자 해외부채가 늘어난 금융기관들이 줄줄이 무너진 겁니다.

---

2 한 나라의 경제상태를 표현하는 데 가장 기초적인 자료가 되는 경제성장률, 물가상승률, 실업률, 경상수지 등의 주요 거시경제지표.

1997년 12월 20일 현재 대외부채 1,530억 달러 중 절반 이상(52.4%)이 단기차입금이었습니다.

그 결과 대우, 쌍용, 해태, 진로 등 내로라하는 재벌그룹이 몰락했습니다. 30대 그룹 중 16개가 퇴출되었고, 1998년 6월에는 동화은행, 동남은행, 대동은행, 경기은행, 충청은행 등이 퇴출되었습니다. 기업부도와 실업이 양산되었습니다. 1998년에 자살률이 50%나 상승한 가운데 GDP 성장률은 -6.7%를 기록했습니다.

김대중 정부는 수십조 원의 천문학적 공적자금을 은행을 비롯한 보험사 등 비은행권에 투입했습니다. 대통령이 나서서 "외국 자본을 많이 들여올수록 좋다"며 신자유주의정책을 표명하고 대우자동차 해외매각을 적극 추진했지요. 공적자금은 1997년 이후 2006년까지 168조 3천억 원에 이르렀습니다. 그 결과 2001년 8월 IMF에서 빌린 195억 달러를 전액 상환하면서 한국은 4년 만에 IMF 관리체제를 벗어나게 됩니다.

IMF, 외국 투기자본의 수호자

그러나 일방적인 금융개방이 불가피한 선택이었던 건 아닙니다. 2008년 서브프라임 모기지(Subprime Mortgage)[3] 사태로 미국도 금융위기를 맞았지

---

3 신용이 낮은 사람들에게 상대적으로 높은 금리를 받고 주택자금을 빌려주는 비우량 주택담보대출.

요? 그러면 그때 미국이 한국의 IMF 위기 때처럼 시장개방, 정부역할 축소, 고금리 방침을 택했나요? 전혀 아니죠. 오히려 은행금리를 제로에 가깝게 조정했습니다. 반면 한국에서는 IMF가 '권고'한 고금리정책을 시행하여 시중금리가 30% 수준에 이르렀고, 투자는 정체 또는 감소했으며, 저성장 속에서 실업이 급증했습니다. IMF는 외국 자본만 재미 보는 고금리체제를 한국에 강요한 겁니다.

1997년 금융위기는 외국 자본, 한국 정부, 재벌의 공동책임입니다. 부실채권 역시 채무자만 일방적으로 안을 문제가 아니었지요. 채무자의 상황이나 조건을 파악하지 못한 채권자의 책임도 큰 겁니다. 그게 올바른 시장 논리 아닐까요? 그러나 당시 정부는 IMF의 요구를 수용하기에 급급한 가운데 금융주권을 송두리째 내주었지요.

나오미 크레인의 『쇼크독트린(Shock Doctrine)』을 평한 글을 보니, 신자유주의의 침투를 고문拷問에 비유했더군요. 쇼크에 빠져 정신없는 틈을 타서 조종하려는 집단의 의도대로 끌고 가는 점이 비슷하다는 거죠. IMF 금융위기라는 일대 쇼크상황에서 국내외 신자유주의자들이 민영화, 시장만능론 등으로 위기를 극복하자고 외치면, 경제이론에 밝지 못한 지도자들은 얼떨결에 수용한다는 겁니다. 그래서 민주주의가 퇴행하고 신자유주의를 옹호하는 권력체제가 강화된다는 거지요. 당시 한국 정부가 한 일이 꼭 그랬습니다.

세계화와 개방화의 주체인 미국을 봅시다. 경제위기상황이라 해도 미국에서는 은행 주식 10% 이상의 대주주가 되려면 감독기관인 연방준비제도 이사회(FRB)에 매수계획을 제출해야 합니다. 이 경우 관련기업 전체가 금융기관수준의 감독을 받게 되죠. 실제로 미국 은행의 외국 자본 비율은 10% 정도에 불과하고, 미국 시민만 은행 이사가 될 수 있습니다. 또 단기 이익을 추구하는 투기성 사모펀드의 은행소유는 금지되어 있고요. 2003년 외환은행을 매입한 론스타가 외환은행 미국지점을 매각했던 것도 그 때문이었습니다. 대부분의 선진국가는 자본자유화를 표방하면서도 특히 은행에 대해서는 각종 규제를 통한 보호장치를 마련해두고 있습니다.

은행주권의 상실

그러나 IMF 위기 이후 한국의 은행은 어떻게 되었나요? 노무현 정부는 천문학적 규모의 공적자금으로 살려낸 은행을 개방논리에 따라 외국 자본에 '헐값'에 팔면서 어떤 반대급부도 요구하지 않았지요. 1980년대 초 은행민영화 당시 재벌의 은행지배를 막기 위해 설정한 금산분리원칙조차 흔드는 상황을 만든 겁니다.

국민, 신한, 우리, 하나, 외환, 한국씨티은행, 한국SC제일은행 등 7개로 재편된 시중은행 중 한국씨티은행과 SC제일은행은 완전히 외국은행이고, 우리은행 외의 다른 은행도 외국인 지분이 절반을 훨씬 넘습니다. 국민은행 82%, 하나금융지주 79%, 신한금융지주가 63%입니다. 지금은 경영권이 제한적으로 유지되고 있지만 언제 어떻게 될지는 주주만 아는 일이지요. 실제로 외국 자본은 이미 이사를 파견해 은행경영에 개입하고 있습니다. 우리금융지주도 지분매각을 발표했지요.

국가는 주권의식을 갖고 최소한 자본의 성격이라도 가려가면서 자본유입을 통제해야 합니다. 현대경제연구원은 멕시코가 페소화 위기(1995) 이후 외국 자본의 금융잠식으로 국부를 유출당했을 뿐 아니라 금융주권까지 상실하여 경제성장 동력이 약화되었는데, 이는 한국과 비슷한 상황이라고 분석한 바 있습니다. 외국계 은행은 신용카드 대출, 모기지론 등 수익성 높고 안전한 소매금융업에 주력하기 때문에 멕시코의 실물경제에 도움이 안 된다는 거지요.

투기성 외국 자본에 대한 환상

외국 자본이 들어오면 선진경영기법이 전수되고 기업지배구조가 개선되어 폐쇄된 운영의 제 문제가 해결된다는 환상이 있습니다. 이는 외국 자본을 무조건 배척하는 것보다 더 위험합니다. 시중은행을 인수한 뉴브리지캐피탈, 칼라일, 론스타 등은 시장확대와 고용을 수반하는 투자자가 결코 아니에요. 버블의 고수익을 쫓아 '세계화', '자유화'를 타고 이곳저곳 떠돌면서 인수 후 매각, 시세차익을 노리는 '먹튀'자본에 속하지요. 실제로 론스타는 외환은행 주식의 51%를 팔겠다고 발표했습니다.

이들이 은행을 인수한 것은 대주주의 단기이익 추구를 위해서였습니다. 투기자본의 속성상 이들에게 고용을 동반하는 시설투자나 기술투자, 기업대출은 기대할 수 없죠. 손쉬운 가계대출이나 주택담보대출, 구조조정을 선호합니다. 은행이익이 국내 산업이나 금융에 재투자되고 사내유보로 축적되기보다, 단기이익—배당으로 쓰입니다. 이들이 실질소득을 안겨주는 국민경제의 발전이나 자동차, 반도체 등 국내 산업의 방향을 고민할 리 있나요? 투기자본이 주식시장을 지배하면 자본조달 효과도 떨어지죠. 단기이익과 배당만 좇는 주주는 주가하락을 수반하는 유상증자나 장기적 기술·시설투자보다 자사주 매입에 동반될 주가상승을 원할 뿐입니다.

때문에 은행이 증권회사처럼 주식투자에 골몰하게 되면서 본래의 기능인 기업자금의 공급역할도 축소되고 있습니다. 투자부진은 결국 공황을 불러옵니다. 외국 자본이 들어오고 은행이 대형화되어도 금융과 실물경제, 내수촉진을 통한 투자와 연결되지 않아 고용 없는 성장과 사회양극화가 심해집니다. 공적자금으로 살려놓은 은행이 주주자본주의의 이기주의로 무장하고 배당에 주력해서야 장기적 경제전망을 세울 수 없지요.

모든 부가가치의 근원은 실물경제—산업경제입니다. 부가가치를 창출하지 않는 금융자본은 이를 보조하는 역할이고요. 자본주의 초기와 달리, 돈 꿔준 사람이 힘을 발휘하면서 공황의 파괴력이 커졌습니다. 무슨 펀드에서 20%, 30%, 그 이상의 수익률을 냈다는 이야기가 들리곤 하지만, 그만큼 깡통 차는 사람도 있기 마련이죠. 플러스 마이너스를 주고받다가 그 균형이 깨지면 금융공황이 발생하는 겁니다. 돈 꿔주는 사람이 주인이 되어버린 경제가 오늘의 자본주의입니다. 이걸 통제해야 자본주의가 그나마 건전해질 수 있습니다.

금융주권과 금융 민주화, 자율화, 안정화

자본 소유자의 '국적'은 대단히 중요합니다. 경제의 혈맥인 은행은 특히 그렇죠. 흔히 금융 민주화와 자율화를 혼동하면서 금융개방을 거론하기도 하지만, 금융민주화는 사회민주화영역이 넓어지면서 중소 상공인들과 서민들을 금융혜택의 범주에 포괄하려는 거지요. 이를 위해 특성화된 금융기관이 필요하고 정책의 철학과 금융주권이 절대적으로 요구됩니다. 금융민주화는 때로 시장논리에 배치되기 때문에 금융자율화와 상치될 경우도 있죠. 이는 다양한 정책적 (특수)은행의 기능분담으로 해결되어야 합니다.

금융자율화는 '관치금융'과 대비되어 투명하고 전문성이 관철되는 경영과 인사의 원칙을 요구합니다. 정경유착의 부패고리로서 자금배분의 비생산성을 낳았던 관치금융은 금융업을 낙후시켰고 금융위기를 낳은 주범이 되었지요. 1990~1997년간 5대 시중은행과 외국은행 국내지점 간의 수익률 차이가 10배 이상 난 것도 이 때문이었습니다. 5대 시중은행의 몰락도 권력에 좌우된 '정책금융' 때문이었고요. 결국 1997년 한보철강 부실대출이 터지면서 1997년 금융위기를 맞게 된 겁니다.

외자유입을 통해 경쟁력과 전문성을 제고할 수 있는 개방의 마지노선은 은행경영의 투명성과 경쟁력을 높일 수 있는 선까지입니다. 투기자본의 난장판이 되면 이 과제는 해결할 수 없습니다. 이런 근본을 망각한 개방논리는 금융의 민주화와 자율화까지 위협합니다. 즉 관치금융의 폐해를 무원칙한 금융개방으로 해결한다는 왜곡된 인식은 경제혈맥인 은행주권의 중요성을 간과한 데서 비롯된 겁니다.

1997년 이후 금융주권이 형해화되면서 국민경제를 위해 국가주권이 발현되는 정책의 실행효과도 현격하게 떨어졌습니다. 정부가 부동산시장 안정을 위한 담보대출 제한이나 여신확대정책을 시행하려 해도 어렵습니다. 외자에 대한 환상이 국민경제를 위한 정책을 제대로 펼 수 없게 하는 부메랑이 되어 돌아온 거죠. 마땅히 규제해야 할 부분을 해체하고 은행이나 국민들의 기초생존권과 관계있는 공기업을 팔면, 일시적인 재정수입 효과는 거두겠지만 장기적으로 한국 경제가 어려워집니다.

외국 자본은 자국 경제정책의 통제 안에 있어야 투기성이 억제되어 경제의 선순환에 기여할 수 있습니다. 이는 궁극적으로 '자유로운' 세계시장이 오래 지속될 수 있는 기반이기도 합니다. 자본시장 개방은 무역시장 개방과 차원이 다릅니다. 외국 자본은 국민경제를 황폐화시킬 수도, 성장의 지렛대로 기능할 수도 있습니다. 이는 개방하는 주체의 역량과 문제의식, 그 정책에 달려 있습니다.

'민족경제론'을 재해석한다

역설적 상황이 있습니다. '외채위기론'을 강조하고 '잉여유출'을 경계한 1960~70년대의 민족경제론이나, 기층민중의 생존권 문제를 제기한 1980년대의 정치경제학적 문제의식이 잊혀갈 때, 정작 한국 경제가 외채위기와 민중생존권 위기에 빠졌다는 겁니다. 민족경제론은 당시 민주화세력의 문제의식을 함축한 개념이었습니다. 무분별한 차관도입과 외자의 기술독

점에 따른 경제종속을 비판하고, 외자에 의존한 수출 중심 경제구조 대신 향후 통일된 민족경제를 전망하면서 내포적 산업화에 토대를 둔 자립적·민주적 국민경제의 재생산구조를 대안으로 주장했습니다.

민족경제론의 근간인 '자립경제론'은 당시 보편적인 문제의식이었습니다. 4·19 민주항쟁을 계기로 빈곤에서 벗어나기 위해 자력으로 산업화를 이루어야 한다는 인식이 널리 퍼진 결과였지요. 실제로 자립경제 개념은 외자와 수출에 중점을 둔 군사정권의 제1차 경제개발 5개년계획에서부터 제4차 계획까지, 다른 표현으로 계속 포함되었습니다. 이후 민족경제론은 '외채망국론', '경제붕괴론' 등을 거론하고, 종속이론과 결합되기도 했습니다. 실제로 1970년대 말에 외자에 바탕을 둔 중화학공업의 과잉중복투자의 모순이 드러났습니다.

그러나 한국 경제가 1980년대 초 3저 호황에 힘입어 성장을 지속하고 1987년 이후 민주화가 제도화되자, 거듭된 성장을 통해 종속성을 탈각했다는 단정적 주장까지 나왔습니다. 동시에 민족경제론의 문제의식도 잊혔습니다. 그러나 정작 그 이후 현실경제에서는 민족경제론이 우려하던 문제가 더 커지기 시작한 것입니다.

IMF 금융위기는 한국 경제가 과연 종속성을 벗어났는지, 세계화의 파고 속에서 확고한 국민경제기반을 갖췄는지 하는 본질적인 질문을 다시 던졌습니다. 체제 여하를 떠나 경제는 구성원-국민의 삶, 다른 말로 하면 국민경제를 책임질 수 있어야 합니다. 비정규직이 노동자의 절반 정도로 급증하면서 고용불안정, 소득저하, 복지 및 사회안전망의 취약성과 사회양극화가 심해지고 있습니다. 이는 결과적으로 국내시장을 좁게 만들고, 생산성을 떨어뜨리며, 민주주의의 위기를 불러왔습니다.

민주적 '조화경제'를 향하여

한국은 2차대전 이후 독립국 가운데 민주화와 산업화를 함께 이룬 국가로 세계의 주목을 받았습니다. 주권국가와 금융주권, 국민경제와 민주화에 대한 문제의식이 사회적으로 공론화되면서 가능했던 일이었습니다.

금융자본이 자유롭게 국경을 넘나드는 오늘날에도, 세계화에 대응하는 기초단위는 국민경제이고 주권국가가 그 책임을 맡을 수밖에 없습니다. 따라서 정치·경제 등 각 부문에 민주화가 안착되어 민주적 국가가 시장에 개입하고 경제정책을 세워 방향을 조율해야 한다는 민족경제론의 본질적 문제의식은 여전히 중요합니다. 경제민주화와 세계화에 대응한 국민경제의 주권확립은 여전히 중요한 과제입니다.

민주주의는 절차적 제도화로 완성되는 것이 아니라 아래로부터의 변화 요구를 수용하면서 구성원들의 삶의 문제를 포함한 실제 내용을 계속 발전시켜야 하는 동적 개념입니다. 그 내용을 담보할 최종 주체는 주권국가입니다. 세계화는 한국 경제에 위기일 수도, 기회일 수도 있습니다. 그 결과는 국가가 어떻게 중심을 잡는가에 달려 있습니다. 시장이 모든 것을 해결해준다는 위험천만한 시장만능론은 부의 편재와 양극화를 촉진하는 갈등의 저성장을 낳아 결국 한국 자본주의의 모순을 폭발시키는 화약이 될 수도 있습니다.

21세기 민족경제론, 즉 민주적 '한반도경제론'은, 남북 경제공동체를 건설하면서 대내적으로 성장-이윤과 복지-분배의 관계를 보완적으로 설정하는 '조화경제'의 철학에서 시작할 수밖에 없습니다. 그런 정책이 정착될 때 국민경제의 생산성도 높아지고 민주적 경제발전의 틀도 세울 수 있습니다. 민주화의 내실이 채워져야 공동체도 시장도 살 수 있습니다. 시장의 속성상, 강자의 승리로 경쟁이 끝나면 시장은 공정성을 잃고 결국 국민경제의 생산성도 떨어지기 때문입니다.

주권국가는 국민경제를 중심에 두고 시장개방을 조율하는 능력과 철학을 지녀야 합니다. 초국적 금융자본의 요구대로 무조건적 개방을 따르는 시장만능론은 결코 답이 될 수 없을 뿐 아니라 민주주의에도 적대적입니다. 실제로 세계화 광풍이 몰아쳤던 지난 20여 년간, 미국을 포함해서 그 이전보다 높은 성장률을 보인 나라는 거의 없습니다. 세계화는 불균형을 극대화시켰을 뿐입니다.

오늘날 한국사회에는 부의 세습이 학벌과 학력세습으로 이어져 신분사회를 방불케 하는 벽이 만들어지고 있습니다. 빈곤을 대물림할 비정규직이 급증하고, 체념하는 인간군이 많아지면, 국민경제의 안정과 장기적 발전은 기대할 수 없습니다. 국가의 조정역할 수행여부는 아래로부터의 압력, 즉 우리 사회의 민주화수준에 달려 있습니다. 보수적 집권세력이 시장만능론에 의해 삶을 위협당하는 저소득계층의 삶과 정서를 이해하지 못한다면, 한국 경제는 그야말로 큰 위기에 봉착하게 될 것입니다.

부록

참고문헌

이 책에 쓰인 사진의 출처

찾아보기

참고문헌

프롤로그

- 김준보, 『한국자본주의사연구』 I·II·III, 일조각, 1970·76·77.
- 인정식, 『朝鮮農村雜記』, 동도서적, 1943.
- 안병직·中村哲 엮음, 『근대조선공업화의 연구』, 일조각, 1993.
- 장하준 지음, 이종태·황혜선 옮김, 『국가의 역할』, 부키, 2006.
- 정태헌, 『한국의 식민지적 근대 성찰』, 선인, 2007.
- 정태헌, 「경제성장론 역사상의 연원과 모순된 근현대사 인식」, 『일본의 식민지 지배와 식민지적 근대』, 동북아역사재단, 2009.
- 홍성찬, 『한국근대농촌사회의 변동과 지주층』, 지식산업사, 1992.
- 에드워드 사이드 지음, 박홍규 옮김, 『오리엔탈리즘』, 교보문고, 1991.

1부 구한말·대한제국 시기

- 강만길, 『분단시대의 역사인식』, 창비, 1978.
- 강만길 엮음, 『한국자본주의 역사』, 역사비평사, 2000.
- 강만길 엮음, 『조선후기사 연구의 현황과 과제』, 창비, 2000.
- 김용섭, 「일본 관학자들의 한국사관」, 『사상계』 1963년 2월호.
- 김윤희, 『대한제국기 서울지역 금융시장의 변동과 상업발전—대한천일은행 및 대자본가의 활동을 중심으로』, 고려대 박사학위논문, 2002.
- 고동환, 『조선후기 서울상업발달사연구』, 지식산업사, 1998.
- 고병권, 『화폐, 마법의 사중주』, 그린비, 2005.

- 君島和彦, 「조선에 있어서 東拓移民의 전개과정」, 遠山茂樹 외, 『일제하 한국사회구성체론』, 청아출판사, 1986.
- 宮本又郞 지음, 정진성 옮김, 『일본경영사―일본형 기업경영의 발전, 에도에서 현재까지』, 한울아카데미, 2001.
- 나애자, 「대한제국의 권력구조와 광무개혁」, 『한국사』 11, 한길사, 1994.
- 문영주, 『일제하 도시금융조합의 운영체제와 금융활동(1918~1945)』, 고려대 박사학위논문, 2004.
- 배영목, 『한국금융사 1876~1959』, 도서출판 개신.
- 변광석, 『조선후기 시전상인 연구』, 혜안, 2001.
- 송찬식, 『조선후기 사회경제사의 연구』, 일조각, 1997.
- 오두환, 「조선은행의 발권과 산업금융」, 『국사관논총』 36, 1992.
- 윤석범 외, 『한국근대금융사연구』, 세경사, 1996.
- 이승렬, 『제국과 상인』, 역사비평사, 2007.
- 이병천, 『개항기 외국상인의 침입과 조선상인의 대응』, 서울대 박사학위논문, 1985.
- 전우용, 『19세기 말~20세기 초 한인 회사 연구』, 서울대 박사학위논문, 1997.
- 정병욱, 「한말·일제초기 은행설립론과 국가·상인」, 『한국사학보』 17, 2004.
- 정태헌, 『일제의 경제정책과 조선사회』, 역사비평사, 1996.
- 조명근, 「1937~45년 일제의 戰費調達과 조선은행권 발행제도 전환」, 『한국사연구』 127, 2004.
- 조재곤, 『한국근대사회와 보부상』, 혜안, 2001.

참고문헌

- 최원규, 「동양척식주식회사의 이민사업과 동척이민반대운동」, 『한국민족문화』 16, 부산대학교 한국민족문화연구소, 2000.
- 최재성, 『식민지 조선의 사회경제와 금융조합』, 경인문화사, 2006.
- 홍성찬, 「한말·일제하 전남지역 한국인의 은행설립과 경영」, 『성곡논총』, 1999.
- 홍하상, 『개성상인』, 국일미디어, 2004.

2부 일제 식민지 시기

- 강만길 엮음, 『한국자본주의의 역사』, 역사비평사, 2000.
- 강영심, 「일제하의 '조선임야조사사업'에 관한 연구」(상·하), 『韓國學報』 33·34, 일지사, 1983.
- 古庄正, 「連行朝鮮人未拂金供託報告書」, 駒沢大學經濟學會, 『經濟學論集』 제23권 1호, 1991.
- 古庄正 編, 『强制連行の企業責任』, 創史社, 1993.
- 곽건홍, 『일제의 노동정책과 조선 노동자—1938~1945』, 신서원, 2001.
- 金慶海 외, 『鑛山と朝鮮人强制連行』, 明石書店, 1987.
- 김기원, 『미군정기의 경제구조』, 푸른산, 1990.
- 김도형, 『일제의 한국 농업정책사 연구』, 한국연구원, 2009.
- 김명수, 「韓末·日帝下 韓相龍의 기업활동 연구」, 『연세경제연구』 7-2, 2000.
- 김영희, 『일제시대 농촌통제정책 연구』, 경인문화사, 2003.
- 김용달, 『일제의 농업정책과 조선농회』, 혜안, 2003.

- 김용섭,『한국근현대농업사연구』, 일조각, 1995.
- 김준보,『농업경제학서설』, 고려대 출판부, 1967.
- 김준보,『토지 문제와 지대이론』, 한길사, 1987.
- 金贊汀 편저,『證言 朝鮮人 强制連行』, 新人物往來社, 1975.
- 류승렬 외,『일제 식민지배와 강제동원』, 경인문화사, 2010.
- 문영주,『일제하 도시금융조합의 운영체제와 금융활동(1918~1945)』, 고려대 박사학위 논문, 2004.
- 박경식,『朝鮮人强制連行の記錄』, 未來社, 1965.
- 박경식·山田昭次 감수, 양태호 편,『조선인 강제연행 논문집성』, 明石書店, 1993.
- 박현,「한말·일제하 한일은행의 설립과 경영」,『東方學志』128, 2004.
- 박현,『조선총독부의 전시경제정책, 1937~1945』, 연세대 박사학위논문, 2010.
- 배성준,『일제하 경성지역 공업 연구』, 서울대 박사학위논문, 1998.
- 배영순,『韓末, 日帝 初期의 土地調査와 地稅改正』, 영남대 출판부, 2002.
- 山本直好,「人權侵害の賃金未拂い」,『日本企業の戰爭責任』, 創史社, 2000.
- 서정익,『일본근대경제사』, 혜안, 2003.
- 小澤有作 편,『近代民衆の記錄 10 在日朝鮮人』, 新人物往來社, 1978.
- 손정연,『撫松 현준호』, 전남매일신보사, 1977.
- 안자코 유카,『조선총독부의 '총동원체제'(1937~1945) 형성정책』, 고려대 박사학위논 문, 2006.
- 외무부 정무국,『대일배상요구조서』, 1954.

■ 참고문헌

- 이경란, 『일제하 금융조합 연구』, 혜안, 2002.
- 이송순, 『일제하 전시농업정책과 농촌경제』, 선인, 2008.
- 이승일 외, 『일본의 식민지 지배와 식민지적 근대』, 2008.
- 日本鑛山協會資料 제78호, 『半島人勞務者に關する調査報告』, 1940. 12.
- 이윤갑, 「대한제국의 양전·지계발급사업을 둘러싼 제2단계 광무개혁 논쟁」, 『역사와 현실』 제16호, 1995.
- 이종범, 『19세기 말 20세기 초 향촌사회구조와 조세제도의 개편』, 연세대 박사학위논문, 1994.
- 이준식, 『농촌사회 변동과 농민운동』, 민영사, 1993.
- 전강수, 『식민지 조선의 미곡정책에 관한 연구』, 서울대 박사학위논문, 1993.
- 전후보상문제연구회 편, 『전후보상문제자료집』 제2집, 1991.
- 정병욱, 「식민지 금융기구를 통한 자금유출입과 성격」, 『일본의 본질을 다시 묻는다』, 한길사, 1997.
- 정병욱, 『한국 근대금융연구』, 역사비평사, 2004.
- 정연태, 『일제의 한국 농업정책(1905~1945년)』, 서울대 박사학위논문, 1994.
- 정재정, 『일제침략과 한국철도—1892~1945』, 서울대 출판부, 1999.
- 정주영, 『이 땅에 태어나서—나의 살아온 이야기』, 솔, 1998.
- 정태헌, 「1930년대 식민지 농업정책의 성격전환에 관한 연구」, 『일제 말 조선사회와 민족해방운동』, 일송정, 1991.
- 정태헌, 「일제하 자금유출구조와 조세정책」, 『역사와 현실』 18, 1995.

- 정태헌, 『일제의 경제정책과 조선사회』, 역사비평사, 1996.
- 정태헌, 「식민지 재정기구를 통한 세출의 용도와 성격」, 『일본의 본질을 다시 묻는다』, 한길사, 1997.
- 정태헌, 「병참기지화정책」, 『한국사』 50, 국사편찬위원회, 2000.
- 정태헌, 「1910년대 본점은행의 신설 급증과 3대 은행의 영업·자본 집중」, 『동방학지』 112, 2001.
- 정태헌·기광서, 「일제의 반인륜적 조선인 강제노무동원과 임금 탈취」, 『역사와 현실』 50, 2003.
- 정태헌, 『한국의 식민지적 근대 성찰』, 선인, 2007.
- 정태헌, 「漢城銀行의 經營權, 大株主 구성 추이와 일본인 은행화과정」, 『한국사연구』 148, 2010.
- 정혜경, 『일제 말기 조선인 강제연행 강제노동 1, 일본편』, 선인, 2006.
- 지수걸, 『일제하 농민조합운동 연구』, 역사비평사, 1993.
- 최병택, 『일제하 조선임야조사사업과 산림정책』, 푸른역사, 2009.
- 최원규, 『한말 일제 초기 토지조사와 토지법 연구』, 연세대 박사학위논문, 1994.
- 河合和男·尹明憲, 『植民地期の朝鮮工業』, 未來社, 1991.
- 한국역사연구회 근대사분과, 『대한제국의 토지조사사업』, 민음사, 1995.
- 한익교 정리, 김명수 옮김, 『한상룡을 말한다』, 혜안, 2007.
- 허수열, 「해방 직전기 한국 기업의 변화과정」, 『경영경제연구』 25-1, 2002.
- 허수열, 「호서은행과 일제하 조선인 금융업」, 『지방사와 지방문화』 8-1, 2005.

■ 참고문헌

- 허수열, 『개발 없는 개발』, 은행나무, 2005.
- 홍성찬 외, 『일제하 만경강 유역의 사회사』, 혜안, 2006.
- 제17회 외교기록공개 일반안건, 『태평양전쟁 종결에 따른 옛 일본 국적인의 보호인양 관계, 조선인 관계, 유골송환 관계』.

3부 해방 이후

- 강광하, 『경제개발 5개년계획』, 서울대 출판부, 2000.
- 강만길 엮음, 『한국자본주의의 역사』, 역사비평사, 2000.
- 강만길, 『조선민족혁명당과 통일전선』, 역사비평사, 2003.
- 공제욱, 『1950년대 한국의 자본가 연구』, 백산서당, 1993.
- 기미야 다다시, 『박정희 정부의 선택—1960년대 수출지향형 공업화와 냉전체제』, 후마니타스, 2008.
- 김광희, 『박정희와 개발독재』, 선인, 2008.
- 김기승, 「민주당정권의 경제정책과 장면」, 『韓國史學報』 7, 1999.
- 김기원, 『미군정기의 경제구조—귀속기업체 처리와 노동자 자주관리운동을 중심으로』, 푸른산, 1990.
- 김무용, 『해방 후 조선공산당의 노선과 국가건설운동』, 고려대 박사학위논문, 2005.
- 김보영, 『해방후 남북한교역에 관한 연구—1945년 8월~1949년 4월 기간을 중심으로』, 고려대 박사학위논문, 1995.
- 김보현, 『박정희 정권기 경제개발』, 갈무리, 2006.

- 김성보, 『남북한 경제구조의 기원과 전개』, 역사비평사, 2000.
- 김성호 외, 『농지개혁사연구』, 한국농촌경제연구원, 1989.
- 김수행 외, 『박정희체제의 성립과 전개 및 몰락—국제적·국내적 계급관계의 관점』, 서울대 출판부, 2007.
- 김연철, 『북한의 산업화와 경제정책』, 역사비평사, 2001.
- 김연철, 「평화경제의 상상력, 개성공단」, 『한반도 경제론—새로운 발전모델을 찾아서』, 창비, 2007.
- 김연철, 『냉전의 추억』, 후마니타스, 2009.
- 김희곤, 『대한민국임시정부 연구』, 지식산업사, 2004.
- 대한민국 국회도서관, 『대한민국 임시정부의정원문서』, 1974.
- 박명림, 『한국전쟁의 발발과 기원』, 나남, 1996.
- 박삼인, 「개성공단 조성의 경제적 효과분석」, 『금융경제연구』 183호, 2004.
- 박태균, 『원용과 변용—한국 경제개발계획의 기원』, 서울대 출판부, 2000.
- 북한경제포럼, 『북한 경제와 남북한 경제협력』, 오름, 2008.
- 서중석, 「해방 후 주요 정치세력의 국가건설방안」, 『대동문화연구』 27, 1992.
- 서중석, 『조봉암과 1950년대』, 역사비평사, 1999.
- 신병식, 『한국의 토지개혁에 관한 정치경제적 연구』, 서울대 박사학위논문, 1992.
- 신용옥, 『대한민국 헌법상 경제질서의 기원과 전개(1945~54년)』, 고려대 박사학위논문, 2007.
- 양운철, 『북한 경제체제 이행의 비교연구—계획에서 시장으로』, 한울, 2006.

참고문헌

- 이무철 외, 『북한의 경제』, 한울아카데미, 2005.
- 이병천 외, 『개발독재와 박정희시대』, 창비, 2003.
- 이영훈, 「남북경협의 현황 및 평가」, 『금융경제연구』 281호, 2006.
- 이완범, 「제1차 경제개발계획의 입안과 미국의 역할」, 『1960년대의 정치사회변동』, 백산서당, 1999.
- 이종석, 『새로 쓴 현대북한의 이해』, 역사비평사, 2004.
- 이현진, 『미국의 대한경제원조정책 1948~1960』, 혜안, 2009.
- 이혜숙, 『미군정기 지배구조와 한국사회』, 선인, 2008.
- 장상환, 「농지개혁과정에 관한 실증적 연구」, 『해방 전후사의 인식』 2, 1985.
- 정상훈, 『북한 경제의 전개과정』, 경남대 출판부, 1990.
- 정성화 외, 『박정희시대와 한국 현대사』, 선인, 2006.
- 정병준, 「한국 농지개혁 재검토―완료시점, 추진동력, 성격」, 『역사비평』 2003년 겨울.
- 정진아, 『제1공화국기(1948~1960) 이승만 정권의 경제정책론 연구』, 연세대 박사학위 논문, 2007.
- 정태헌, 『한국의 식민지적 근대 성찰』, 선인, 2007.
- 조희연, 『박정희와 개발독재시대』, 역사비평사, 2007.
- 최봉대, 『미군정의 농민정책에 관한 연구―농민층 통합과 한국 국가의 기반형성과정을 중심으로』, 서울대 박사학위논문, 1994.
- 太田修, 『한일교섭―청구권 문제 연구』, 선인, 2008.
- 한국정치연구회, 『박정희를 넘어서』, 푸른숲, 1998.

- 홍성유, 『한국 경제와 미국원조』, 박영사, 1962.
- 홍성찬 엮음, 『농지개혁 연구』, 연세대 출판부, 2001.

에필로그

- 박현채, 『민족경제론』, 한길사, 1978.
- 이덕재, 「민족경제론의 공동체성과 현재적 의의」, 『동향과 전망』 72, 2008.
- 이병천, 「다시 민족경제론을 생각한다—국민경제와 민주주의의 정치경제학」, 『동향과 전망』 2001년 봄.
- 장하준 지음, 이종태·황혜선 옮김, 『국가의 역할』, 부키, 2006.
- 정건화, 「'민족경제론'의 재검토—민족경제론의 형성, 발전과 한국민족주의」, 『동향과 전망』 55, 2002.
- 정태헌, 「민주적 경제성장을 위한 국가 역할의 역사적 검토」, 『역사비평』 84, 2008.
- 조석곤, 「민족경제론 형성의 사회경제적 배경과 그 이론화과정」, 『동향과 전망』 48, 2001.
- 통계청, 『통계로 본 대한민국 60년의 경제·사회상의 변화』, 2008.
- 투기자본감시센터, 『투기자본(론스타)의 금융기관(외환은행) 인수 왜 문제인가?』, 2004.
- 나오미 클라인 지음, 김소희 옮김, 『쇼크 독트린』, 살림, 2008.

이 책에 쓰인 사진의 출처

- 한국금융사박물관   43쪽, 56쪽, 58쪽, 67쪽, 73쪽, 82쪽.
- 우리은행 은행사박물관   71쪽, 115쪽.
- 대한지적공사   94쪽, 97쪽.
- 서울시립대학교 박물관   130쪽, 137쪽, 158쪽.
- 독립기념관   150쪽, 174쪽.
- 국사편찬위원회   183쪽.
- 국가기록원   195쪽, 212쪽, 222쪽, 235쪽.

이 책에 쓰인 사진은 정해진 절차에 따라 저작권자의 사용 허락을 받은 것입니다. 저작권자를 찾지 못한 일부 사진에 대해서는 저작권자가 확인되는 대로 게재 허락을 받고 통상의 기준에 따라 사용료를 지불하도록 하겠습니다.

찾아보기

ㄱ

가격통제령 138
가내공업 140, 144
강제동원 128, 131, 144, 145, 147, 148, 164~169, 172, 173
강제저축 129, 131, 151, 156, 157, 159, 171
개발독재 240
개발론 148
개발-수탈 25, 100, 102, 117
개방 110, 267, 275, 277, 284~287, 290, 291, 294
개성공단 270~276
개성상인 52~55, 57
개인경리 196, 258
객주 49~55, 57, 59~61, 68, 80
객주상회사 61
거민의식 22, 241
건국원칙 181
결부제 98
경강상인 52, 54, 57, 60
경의선 139, 140, 273
경제개발 3개년계획 199, 231, 280
경제개발 5개년계획 280, 292
경제개발계획 22, 199, 230~234, 236, 280, 281
경제계획론 193, 194, 199
경제사회발전계획 282
계획경제 189, 193, 194, 198, 199, 209, 231, 255, 256, 265~267
고난의 행군 267
고리대 51, 70, 121, 123, 127, 143, 186, 206, 219, 225, 258
고율소작료 120, 126, 129, 186, 225
공장취업시간제한령 144
공채비 152~155
공출 128, 129, 131, 138, 147~149, 151, 157, 159, 216, 217, 225
관상유착은행 70
관세주권 111, 121
관치금융 281, 290
광무양전 42, 95, 96, 98, 100, 101

교조적 봉건론 26, 29
국가재건최고회의 236
국가주의 109, 241
국민징용령 166, 168
국유·국영 182, 135, 189, 193, 194, 197~199, 231
국유림 102
국유지 31, 100, 102
국유화 102, 179, 182, 184, 185, 187, 188, 193, 194, 209, 256, 257, 260, 265
국제주의 108
국제통화기금 282, 284~286
군수산업 138, 142, 207
군수회사 142
궁박판매 122
귀속재산 31, 198, 202, 206, 208~210, 221
귀족은행 87, 89
근대주의 24~26, 28~30, 41, 42, 46, 240
근대화정책 28, 29, 46
근로자의 이익분배 균점권 194, 199
금난전권 53, 54, 59
금본위제 70, 72, 80
금융개혁 204
금융공황 62, 88, 114, 289
금융위기 110, 251, 267, 282, 285, 286, 290, 292
금융자본 110, 284, 289, 293, 294
금융자율화 290
금융조합 83, 122, 127, 156
금융주권 64~66, 72, 85, 280, 281, 286, 288, 290, 291, 293
기아판매 122, 217
기업정비령 138, 142, 143
긴급조치 9호 241

ㄴ

남북교류 277, 278
남북교역 202, 272
남조선 과도입법의원 220, 221
남조선 과도정부 210
내장원 61, 72

냉전체제 111, 202, 220, 242, 282
노동생산성 141, 232, 257
노동자자주관리운동 208
노비 93, 95, 228
농가수지 123
농공은행 83, 85, 122
농민운동 126, 127
농사개량사업 125
농업공황 126
농업생산책임제 129
농지개혁 22, 188, 196, 210, 218, 220, 221, 223~225, 234
농지개혁법 210, 218, 221, 225
농촌진흥운동 27, 126, 127

| ㄷ |

단순비례세 122
대공황 110, 126, 135
대생산기관 국유화 179, 182, 184, 189
대일위체차방계정총잔액 205
대지주 85, 89, 102, 121~123, 125, 217, 219
대한민국임시정부 180~182, 184, 185, 187, 188, 192, 244
대한민국건국강령 182
대한민국임시약헌 181
대한민국임시헌장 184
대한민국임시헌장선포문 181
대한제국 21, 42, 52, 54, 59, 61, 62, 64~66, 68, 70, 72, 80, 92, 95, 98~103, 206
대한천일은행 55, 69, 70, 81, 85, 86, 114
독립채산제 267
동양척식주식회사 14, 47, 102, 156, 216
동일은행 89, 90
동화정책 29, 128
두락 98

| ㅁ |

모라토리엄 87

무관세 111
무상몰수 무상분배 196, 218, 219, 256
물동계획 166, 230
물자통제령 138
미곡수집령 216
미곡통제령 216
미군정 160, 201, 202, 204~206, 208, 209, 211, 216~218, 220, 221
미불임금 164, 169, 172, 173, 175
미소공동위원회 220
미숙련노동 144, 145
미작개량정책 125
민간불하 189, 198
민족경제론 291~294
민족자본 109, 110, 189

| ㅂ |

박정희 190, 229, 234, 237, 240, 242~244, 250~252, 280
발권제도 74, 159
배급제 129, 138, 213, 216
백동화 64~66
병참기지화 135, 136, 138, 140
보부상 52, 53, 57, 65
보충금 151~153
보호무역 106, 107
봉건 26~29, 36, 37, 46
부락책임공출제 129
부채정리사업 127
부흥계획 230, 232
분단국가 180, 192, 193, 196, 197, 248, 252

| ㅅ |

사개송도치부법 55
사상私商 52~55
사상도고 52, 54, 57
사영私營경제 182, 187, 189, 193
4·19 민주항쟁 45, 232~234, 292

찾아보기

사전할당제 129
사회보장제도 267
사회주의 경제 187, 196, 263, 266
사회주의 생산력 259
사회주의적 경제계획론 199
사회주의헌법 265
산미증식계획 123~126
산업개발위원회 231
산업부흥 5개년계획 203
삼균주의 181, 182
3대혁명 붉은기 쟁취운동 263
삼림법 102, 124
삼백산업 211
3선개헌 237
3·1제 소작료 217
3·7제 소작료 219, 256
상리국 57, 59
생활필수품통제령 138
서민지주 39, 52, 93
선대제 51, 53
소농체제 187, 220
소비조합 257
소작농민 186
소작료 57, 120~122, 126, 127, 129, 186, 187, 217, 219, 224, 225, 256
속도전 259
송상松商 → 개성상인
수리조합 123, 125
수입대체 공업화 233
수출지향적 공업화 233
수탈론 26, 148
시장경제 16, 51, 102, 107, 113, 114, 179, 190, 198, 199
시전상인 53~55, 59, 60
식량배급조합 129
식량임시긴급조치법 217
식량통제 129, 216
식민권력 16, 26, 117
식민사관 16, 19, 24, 29, 40, 44~46, 51, 244
식민사학 25, 28, 30, 44, 45, 47, 52

식민정책 15, 28, 50, 52, 85, 106, 114, 152, 154, 167
식민지 공업화 135, 142, 204
식민지 금융기구 72, 75, 121, 122, 125, 127, 155, 156
식민지 금융체제 122
식민지 반봉건사회구성체론 28, 30
식민지 은행정책 83, 85
식민지 지주제 101, 111, 112, 120, 121, 126
식민지근대화론 15, 16, 30, 32
식민지자본주의 15~19, 24, 26, 29, 31, 64, 85, 100, 102, 113, 114, 116, 117, 123, 148, 185, 192, 197, 202
식민지적 근대 18, 19, 25
식민지적 발권제도 159
식민통치 18, 27, 75, 100, 101, 114, 127, 128, 135, 152, 154
식산은행 85, 88
신식화폐발행장정 65, 70
신한공사 102, 216, 218, 221
신해통공 54

| ㅇ |

아나키스트 108
IMF 금융위기 110, 267, 282, 286, 292
양곡관리법 217
양곡매입법 217
양안量案 92, 93, 95, 96
양인 93, 95
양전 42, 92, 93, 95, 96, 98, 100~102
양지아문 96
여각 52~55, 61
오리엔탈리즘 14, 42, 240
5·10 단독선거 221
외국인투자법 266
외채위기론 291
원시적 수탈론 26
원조 203, 210, 211, 213, 221, 224, 230, 232, 234, 259, 260, 266

월남특수　237
유상분배　185, 188, 196, 220
유신체제　241, 242, 245, 265
유신헌법　237, 241, 245, 265
유엔군 대여금　205, 210
육의전　53, 54
은본위제　65
은사공채　87
은행등자급운용령　138
은행령　84
은행자본가　55, 87
은행주권　287, 290
은행합병　84, 86, 89
인민경제계획　196, 256, 257
인민민주주의헌법　256, 265
일물일권　102
일물중권　102
일본 국채　141, 156, 159, 204, 205
일본은행권　74, 151, 159, 161
일본인 은행　62, 81, 83~86, 89
일본인 자본　16, 114, 116, 155
일본제일은행　65, 66, 68, 72, 80, 81, 85, 87
임시자금조정법　138
임시토지수득세법　224
임야조사사업　31, 92, 102
임정 → 대한민국임시정부

| ㅈ |

자립경제노선　264
자립경제론　292
자본생산성　141
자본주의 맹아론　39, 44~46
자본주의적 경제개발계획론　199
자본축적　22, 62, 110, 113, 166, 245, 246
자영소농　113
자유경제무역지대법　266
자작농　15, 123, 187, 220, 224
자작농지 창설유지사업　127
자주적 사회주의 공업화　261

재정금융정책　64
재정주권　65, 66
적산공장　202, 206
적산기업　202
적산농지　216, 220
'적산에 관한 건'　205
전시 공업화　145
전황錢荒　62
절량농가　225
점령지행정구호원조(GARIOA)　211
정부대상금　205
제국주의 이중성론　26, 29
제국주의 자본　15, 110
제일은행권　65, 66, 72
제헌헌법　193, 194, 196, 221
조국광복회　187
조선공산당　189, 219
조선공업화　134, 135, 140, 145, 207
조선금융조합연합회　155
조선농지령　127
조선물품 판매가격 취체규칙　138
조선미곡배급조정령　129
조선미곡주식회사령　129
조선민족혁명당　182
조선산금령　139
조선산미증식계획요강　124
조선소작조정령　127
조선식량관리령　129
조선식산은행　83~85, 122, 155
조선은행　68, 69, 72, 74, 75, 83, 84, 86~88, 90, 155, 156, 159~161, 204, 205
조선은행권　72, 74, 75, 159~161, 204, 205
조선은행권 증발　160
조선인 은행　80, 83, 85~88
조선인 은행자본　83
조선인 자본가　53, 113, 142
조선인강제연행진상조사단　172
조선인민당　189
조선임야조사령　102
조선증미계획　128

찾아보기

조선총독부　27~29, 31, 81, 85, 87~89, 92, 96, 100, 101, 103, 114, 116, 117, 120~125, 129, 135, 144, 145, 151~153, 157, 160, 165~168, 171, 185, 206
조선토지조사사업　96, 100
조선회사령　52, 116
조세저항　157
조화경제　280, 293, 294
조흥은행　90
종속적 자본주의　210
좌우연합론　193, 194
좌우합작　188, 193, 219
주류경제학　106, 112, 114
주체사상　243, 265
중공주의重工主義　189
중소기업 사영화　182
중앙은행　64, 70, 72, 74, 75, 83, 281
중앙집중제　37, 38
중앙협화회　165, 168
중요산업 국유화론　193
중요산업통제법　135, 136
증산정책　121, 124, 128
지가증권　210, 224
지계　96, 98
지계아문　96
지금은地金銀　206
지불유예　204
지세地稅　100, 101, 121, 122
지조개정地租改正　98, 99
지주-소작관계　121, 122, 218
지주제　101, 111, 112, 120, 121, 126, 127, 187, 218
진보당　231
징병　128, 145, 155, 159, 164, 165

| ㅊ |

천리마운동　261, 263
철도정책　139
추곡수매자금　205
7·1 경제관리개선조치　267

| ㅌ |

토막민　123, 186
토지가옥소유권증명규칙　99
토지가옥증명규칙　99
토지개량사업　125
토지개혁　185~188, 196, 217~221, 223, 256
토지국유제　101, 103
토지국유화　182, 184, 185, 187
토지대장　92
토지생산성　125
토지소유권　91, 92, 96, 223
토지약탈론　101
토지조사사업　31, 42, 92, 95, 96, 98, 100~102, 122
통감부　42, 72, 81, 85, 99, 114, 122
통화개혁　205
투기자본　285, 288~290
트루먼 독트린　220
특수은행　83~86

| ㅍ |

평화공존　192, 277
평화산업　189, 202, 207
포스트모더니즘　108, 109

| ㅎ |

한국경제부흥계획　230
한국독립당　189, 209
한국민주당　185, 189, 209, 218, 219
한국은행　72, 74, 83, 85, 205
한국은행조례　72
한미경제원조협정　205, 213
한성은행　69, 80, 81, 85~90, 114
한일 국교정상화　236
한일은행　81, 85, 89, 90
합영법　266
해동은행　89
혁명적 농민조합　121, 127

찾아보기　**311**

현물세　188, 220, 256, 258
협동조합　216, 258
혜상공국　57
호남은행　86, 88, 89
호서은행　86, 89, 90
화전민　124, 186
화폐개혁　66, 204
화폐공황　66, 70, 80, 81, 83
화폐-금융주권　65, 85
화폐정리　52, 62, 66, 80, 86, 114
화폐조례　64, 70, 80
화폐주권　62, 64~66, 70
황국중앙총상회　54, 57
황국협회　57, 59
황실소유지　100~102
황실은행　70